Memórias do Cuidar

Memórias do Cuidar

Setenta Anos da Escola Paulista de Enfermagem

ORGANIZADORES

MÁRCIA BARBIERI E JAIME RODRIGUES

EDITORA UNIFESP

Ficha catalográfica elaborada pela Biblioteca Central da Unifesp

Memórias do Cuidar: Setenta Anos da Escola Paulista de Enfermagem / Organizadores Márcia Barbieri e Jaime Rodrigues. – São Paulo: Editora Unifesp, 2010.
280 p. ; 23 cm

ISBN 978-85-61673-13-0

1. Enfermagem 2. História da Enfermagem I. Barbieri, Márcia. II. Rodrigues, Jaime. III. Título

CDD- 610.730 9

Editora Unifesp
Fundação de Apoio à Universidade Federal de São Paulo
Rua José de Magalhães, 80
Vila Clementino
04026-090 – São Paulo – SP – Brasil
(11) 2368-4022
www.fapunifesp.edu.br/editora
editora@fapunifesp.edu.br

Impresso no Brasil 2010

Foi feito o depósito legal

Sumário

Abreviaturas

Abed	Associação Brasileira de Enfermeiras Diplomadas
ABEE	Associação Brasileira de Escolas de Enfermagem
ABEn	Associação Brasileira de Enfermagem
ACMSP	Arquivo da Cúria Metropolitana de São Paulo
CFE	Conselho Federal de Educação
CNE	Conselho Nacional de Educação
CNEn	Congresso Nacional de Enfermagem
CTA	Conselho Técnico Administrativo da EPM
EEHSP	Escola de Enfermeiras do Hospital São Paulo
EPE	Escola Paulista de Enfermagem
EPM	Escola Paulista de Medicina
IAPC	Instituto de Aposentadorias e Pensões dos Comerciários
Iapetec	Instituto de Aposentadoria e Pensões dos Empregados em Transporte e Cargas
MEC	Ministério da Educação / Ministério da Educação e Saúde
SPDE	Sociedade Paulista para o Desenvolvimento da Enfermagem
SPDM	Sociedade Paulista para o Desenvolvimento da Medicina

Uceb	União Católica de Enfermeiras do Brasil
Unifesp	Universidade Federal de São Paulo
Ureb	União de Religiosas Enfermeiras do Brasil

Agradecimentos

Os organizadores e os autores agradecem a todos os abaixo relacionados, que se dispuseram a conceder informações para a pesquisa que resultou neste livro, tanto sob a forma de depoimentos orais como escritos, respondendo aos questionários em formato eletrônico ou fornecendo textos e fotografias:

Adriana Medeiros Sales de Azevedo, Alba Lucia Bottura Leite de Barros, Alessandra de Lucca, Aline Malheiro da Costa Nogueira, Aline Uchoa Araújo, Amélia Maria Scarpa de Albuquerque Maranhão, Camila de Melo Picone, Carolina Ribeiro Barreto, Clarice Tomoko Shiraishi Anzai, Cleide Lavieri Martins, Conceição Vieira da Silva Ohara, Denise Galvano Mattes Russo, Elisabeth Niglio de Figueiredo, Elizabeth Sayuri Hitomi, Érica Assunção Oliveira, Érica da Paixão Crescêncio, Érica Trovisco Martins Ramires, Flavia Westphal, Hélio Egydio Nogueira, Kelly Cristina S. Calado, Laís Helena Ramos, Ligia Lacerda Borges da Costa, Lilian Ferrezin, Lúcia Hisako Takase Gonçalves, Luciana Mara M. dos Santos, Lucila Amaral Carneiro Vianna, madre Maria Áurea Vieira da Cruz, madre Maria de Santo Antão,

Márcia Barbieri, Marcos Hirata Soares, Maria das Graças Barreto da Silva, Maria Fernanda Terra, Maria Gaby Rivero de Gutiérrez, Maria Goreti da Silva Cruz, Maria Isabel Sampaio Carmagnani, Mariana Fernandes de Souza, Marianna Augusto, Norma Yuriko Matsubara Ivano, Priscilla Sete de Carvalho, Regina Issuzu Hirooka de Borba, Renata Gonçalves, Renata Maria Coelho Crepaldi, Rhavana Pilz Canônico, Rosa Aparecida Pimenta de Castro, Ruth Osava, Sonia Maria Oliveira de Barros, Suely Sueko Viski Zanei, Tereza Yoshiko Kakehashi, Thatiane Cristina Cardoso Faria, Vera Lúcia Barbosa, Veridiana Chimirri e Wanderci Ruiz Braga.

Pela parceria e apoio, agradecem também a:

Durval Rosa Borges, Fernanda Benévolo Lugão, Maria Cristina Sanna e Maria Lúcia Mott.

Prefácio

Alba Lucia Bottura Leite de Barros

Prefaciar as *Memórias do Cuidar: Setenta Anos da Escola Paulista de Enfermagem* é uma honra.

Os autores debruçaram-se sobre diversas fontes, tais como documentos escritos, depoimentos orais e fotografias, numa reflexão crítica com o intuito de contribuir para a memória cultural do país.

O resultado encontra-se estruturado em capítulos que evidenciam a enfermagem sob diferentes aspectos, possibilitando ao leitor compreender a história dessa profissão, contextualizando-a politicamente.

Há que se destacar o precioso acervo legado pelas fundadoras, preservado ao longo dessas décadas. Sempre surpreende e encanta a todos que nele buscam subsídios para suas pesquisas.

O apoio oferecido pela Fundação de Apoio à Universidade Federal de São Paulo (Fap-Unifesp), sob a presidência do prof. dr. Durval Rosa Borges, foi fundamental desde a concepção da obra.

A liderança exercida pelos professores dra. Márcia Barbieri e dr. Jaime Rodrigues, responsáveis por coordenar esta obra, foi muito importante. Eles acompanharam continuamente os demais autores, estimulando-os e instrumentalizando-os na execução dos capítulos. O trabalho escrito por Jaime Rodrigues e seus bolsistas, que fizeram as entrevistas e a coleta de materiais do acervo arquivístico, também merece destaque.

Parabenizo a todos que se dedicaram à feitura do livro e expresso o meu orgulho por pertencer ao corpo docente desta Escola que, ao publicar estas memórias, oferece sua contribuição à cultura brasileira.

Apresentação

Jaime Rodrigues

Estamos bastante acostumados a ouvir que os brasileiros não têm memória. O senso comum repete a fórmula à exaustão e, por vezes, concordamos com ele sem sequer refletir sobre o significado, as raízes e as consequências dessa repetição sobre as novas gerações.

É certo que vivemos em um país onde muitas memórias se perdem, tanto de indivíduos, famílias e grupos como de instituições e lugares. No Brasil, fazer setenta anos não é algo tão comum, daí a celebração quando se chega a esse aniversário. Anos que nunca são cumpridos sem dificuldades e alegrias, transformações e permanências.

O livro que o leitor tem em mãos é a história de um centro de formação profissional que completa setenta anos: o curso de Enfermagem da Universidade Federal de São Paulo, criado em 1939. Desde a criação, muitas dificuldades foram enfrentadas – por exemplo, para conseguir manter-se, atrair alunos e lidar com as inúmeras idas e vindas nas relações com os governos e as fontes de financiamento. As alegrias foram inúmeras, como as de vencer os problemas, crescer, criar outras instituições que mais tarde ganhariam autonomia e ser reconhecido em sua excelência. Transformações também não faltaram: o reconhecimento como curso superior, as mudanças curriculares, a orientação leiga em lugar da católica, a criação da pós-graduação, a federalização, a departamentalização e a mudança de nomenclatura e de instalações físicas. Já entre as permanências, valoriza-se a formação com ênfase no "cuidar" como objetivo precípuo da(o)s enfermeira(o)s aqui diplomada(o)s desde as primeiras turmas.

O ato de cuidar, como tudo que é histórico, passou por transformações. Todavia, manteve entre suas referências essenciais a ideia de que o bem-estar do outro – o que se vale dos serviços de enfermagem em hospitais e em programas de saúde pública ou de planejamento – precisa ser atingido. Os meios para isso se alteraram ao longo do tempo: do primado dos preceitos religiosos nas origens, chegamos aos procedimentos científicos da atualidade.

A História é esse processo, ocorrido no tempo e no espaço, na sucessão de gerações e em seus embates, conquistas, derrotas e mudanças de rota. Os autores deste livro estão ligados de diferentes formas à enfermagem e quase todos são, ao mesmo tempo, sujeito e objeto do estudo. A iniciativa de escrevê-lo teve início nos trabalhos da comissão de história formada no Departamento de Enfermagem, em 2007, com a intenção de planejar a celebração dos setenta anos da criação do curso em 2009. Das inúmeras reuniões que fizemos, saíamos todos com questões, tarefas e ânimo para prosseguir. A pesquisa foi nos conduzindo para um conjunto de temas que não poderiam deixar de ser abordados, e que apresentamos a seguir.

No primeiro capítulo, discutimos as negociações em torno da criação da EEHSP, em 1939. Em seguida, ensaiamos a biografia de uma das fundadoras – madre Marie Domineuc – e analisamos o funcionamento do curso desde os primeiros tempos, passando pela Segunda Guerra Mundial e pelas transformações da Escola até sua incorporação à EPM como Departamento de Enfermagem, em 1977.

O capítulo 2 visita o mesmo período, mas concentra-se nas reformas curriculares da graduação, subdividida em decênios. Os autores analisam cada período em conexão com os antecedentes e apresentam comparações, êxitos e distorções provocadas por mudanças que nem sempre foram decididas no âmbito da enfermagem profissional, mas também no cenário da política nacional.

No capítulo 3, o tema é a delicada relação com a EPM e sua importância para a história da EEHSP/EPE/Departamento de Enfermagem – as três nomenclaturas que a Escola teve ao longo de sua trajetória septuagenária. A política interna, as necessidades de expansão e autonomia, nem sempre bem compreendidas, e a (in)subordinação profissional são apenas alguns dos assuntos abordados com mais rigor no texto.

A pós-graduação, marco na história da Escola Paulista de Enfermagem, é o tema do quarto capítulo. O marco não é apenas acadêmico, mas também político e legal. Todos esses sentidos foram abordados para dar conta do passado e do presente dos programas de especialização, mestrado e doutorado. A qualificação profissional advinda da criação e dos desdobramentos da pós-graduação contribuiu enormemente para a autonomia da enfermagem, tanto no interior da instituição onde se desenvolveu como na formação de profissionais de alto nível no Brasil e em outros países cujos estudantes foram aqui recebidos.

O capítulo 5 avalia o impacto social do curso de Enfermagem, não pela formação de profissionais aptos a atuar em todos os campos do seu saber, mas por meio de iniciativas originadas na EEHSP/EPE/Departamento de Enfermagem. O texto cobre um período extenso e analisa o esforço e a força dos profissionais que criaram e desenvolveram serviços como o HSP, o Amparo Maternal, a Comunidade Infantil (atual Escola Paulistinha de Educação) e diversos outros projetos de assistência à infância e à família, em especial às mães.

No capítulo 6, discutimos a imagem das(os) enfermeiras(os) na sociedade, as razões do predomínio feminino nesse campo profissional, as possíveis mudanças oriundas de uma presença masculina mais numerosa e o modo como essas questões aparecem na trajetória do curso de Enfermagem da EEHSP/EPE/Departamento de Enfermagem.

Por fim, o sétimo capítulo é uma cronologia dos principais eventos dessa história, das origens aos dias de hoje. O valor dessa cronologia, alimentada ao longo da pesquisa e da escrita do livro, também é instrumental: a partir dela, outras leituras poderão surgir, estimulando outros pesquisadores a trabalharem o tema.

As Referências Bibliográficas relacionam os materiais citados ao longo de todos os capítulos. O objetivo é orientar o leitor que se interesse por um ou outro texto, e permitir que outros pesquisadores refaçam os caminhos que trilhamos para chegar até aqui.

Este livro é um sinal de que temos memória, diferentemente do que o início da apresentação anunciou. No nosso caso, as memórias estão nos textos e nas imagens do acervo histórico, nas falas das professoras que entrevistamos, nas mensagens dos egressos e na própria autoria dos textos, já que quase todos os autores são professoras do curso de Enfermagem da Unifesp, além de um colega professor do curso de História da mesma universidade.

Memórias residem em muitos lugares e têm diferentes sentidos. O que talvez não tenhamos seja o hábito de refletir sobre o passado e nele buscar origens, questionamentos e, eventualmente, inspiração para solucionar os problemas que nos assolam no presente.

1

Da Escola de Enfermeiras do Hospital São Paulo ao Departamento de Enfermagem da Escola Paulista de Medicina (1939-1977)

Jaime Rodrigues e Márcia Barbieri

PALAVRAS-CHAVE
História de São Paulo / História da Enfermagem / Curso de Enfermagem / Escolas de Enfermagem

TEMÁRIO

Negociações em torno da criação da EEHSP / Madre Marie Domineuc: um ensaio biográfico / Funcionamento do curso; os primeiros tempos; tempos de guerra; do pós-guerra à Escola Paulista de Enfermagem; da Escola Paulista de Enfermagem ao Departamento de Enfermagem

NEGOCIAÇÕES EM TORNO DA CRIAÇÃO DA EEHSP

Fundada em 1939, a Escola de Enfermeiras do Hospital São Paulo foi uma das primeiras instituições de ensino de enfermagem da cidade de São Paulo. Essa assertiva, em sua simplicidade e em tom de constatação, não deve fazer subsumir os antecedentes da criação, marcados por projetos, negociações e transformações na intenção inicial de fundar um curso à altura das necessidades percebidas na época.

A historiografia da EPM costuma abordar o curso de Enfermagem com ligeireza, deixando de lado grande parte das informações que nos ajudam a compreender o seu processo de criação e consolidação. No livro comemorativo dos sessenta anos de criação da EPM, por exemplo, os episódios são narrados rapidamente, iniciando-se pela primeira referência à intenção de se criar um curso de enfermeiras – intenção que aparece em carta de Octávio de Carvalho a Leitão da Cunha, em 10 de setembro de 1937. Em seguida, o marco assinalado é fevereiro de 1938, quando a EEHSP recebeu autorização para se instalar. Afirma-

-se, ainda, que a Escola surgiu da soma de esforços da EPM e da Arquidiocese de São Paulo, que fez um acordo com a Congregação das Franciscanas Missionárias de Maria para sua organização. Em março de 1939, ela foi autorizada a se instalar; o curso foi reconhecido como de nível superior em 1962, e sua federalização e incorporação à EPM como Departamento de Enfermagem ocorreu em 1977[1]. Em pouco mais de três páginas, a obra sintetiza quase quarenta anos de trajetória com uma linearidade confiante, que só o formato cronológico é capaz de apresentar ao leitor.

A cronologia, no entanto, não encerra toda a História, entendida como processo, nem permite entender o papel dos sujeitos históricos na composição de suas próprias trajetórias, com todos os problemas enfrentados no percurso e as estratégias empregadas para superá-los. É disso que se trata aqui: entender o curso de Enfermagem desde suas origens como um processo histórico, bem como a agência dos sujeitos que o levaram a cabo, a partir dos condicionamentos da época e do lugar social de cada um desses sujeitos (individuais ou coletivos), suas vontades, subjetividades e possibilidades de atuação. Entender a História desse modo pressupõe, ainda, ensaiar interpretações a partir de dados muitas vezes imprecisos e lidar com lacunas nas evidências empíricas – que, no caso deste estudo sobre o curso de Enfermagem da Unifesp, são inúmeras e concentradas em períodos cruciais.

Tratar das origens do curso, no estágio atual de conhecimento das fontes e da reflexão histórica sobre esse objeto, exige conhecer um pouco mais sobre o papel de algumas personagens ao longo do processo.

De fato, foi da lavra de Octávio de Carvalho que saiu a primeira referência à intenção de criar uma Escola de Enfermagem. Em carta a Raul Leitão da Cunha, datada de 10 de setembro de 1937, ele indaga sobre o funcionamento da escola, sua direção e a contratação de

1. *Escola Paulista de Medicina: 60 Anos de História*, pp. 211-213. Cf. também o decreto n. 79.656, de 4 de maio de 1977.

professoras e diretoras[2]. Aparentemente, Leitão da Cunha não foi o único interlocutor de Carvalho sobre o assunto: ainda no mês de setembro, este último recebia uma carta de Barros Barreto em resposta às questões que havia formulado sobre a contratação de professoras para a pretendida Escola[3].

Até aqui, vimos aflorar intenções e diálogos entre Octávio de Carvalho (um dos fundadores da EPM e seu primeiro diretor)[4], Leitão da Cunha (que teria um papel de destaque no reconhecimento do curso de Medicina da EPM)[5] e Barros Barreto (que acreditamos ser o médico João de Barros Barreto, na época diretor do Departamento Nacional de Saúde, no Rio de Janeiro)[6]. Mas a intenção de expandir-se, desta

2. Acervo Histórico do Denf-Unifesp/EPE, *Livro 1 – Histórico da Escola de Enfermeiras do HSP (1939-1942)*, fl. 1.
3. Carta de Barros Barreto a Octávio de Carvalho (Rio de Janeiro, 18 de setembro de 1937). Acervo Histórico do Denf-Unifesp/EPE, *Livro 1 – Histórico da Escola de Enfermeiras do HSP (1939-1942)*, fl. 2.
4. Uma problematização dos dados biográficos de Carvalho e da memória da EPM podem ser vistos no texto de Karen M. Lisboa, "Comemorações, Memória, História e Identidade".
5. Raul Leitão da Cunha (RJ, 1881-1946) era médico pela Faculdade de Medicina do Rio de Janeiro, onde também foi professor e diretor. "Exerceu vários cargos técnicos e administrativos no Estado do Rio e no Governo Federal." Cf. http://portal.mec.gov.br/index.php?option=contentetask=vieweid=207eItemid=339, acesso em jan. 2009. Mais tarde, entre outubro de 1945 e janeiro de 1946, ocuparia a cadeira de ministro da Educação e Saúde Pública. Sua importância simbólica para a EPM e, mais tarde, para a Unifesp atesta-se pela homenagem feita com a atribuição de seu nome ao auditório nobre da Universidade, onde se realizam as reuniões de conselhos e as cerimônias acadêmicas, situado à rua Botucatu, n. 720 – no primeiro edifício erguido pela Escola na Vila Clementino. Todo o edifício ficou conhecido como "Leitão da Cunha".
6. João de Barros Barreto (RJ, 1890-1956) batiza, desde 1957, o Sanatório de Belém (atual Hospital Universitário da UFPA). Ocupou diversos cargos públicos em São Paulo, no Paraná e no Rio de Janeiro (nestes dois últimos estados, atuou também como professor em cursos de Medicina). Cf. http://www2.ufpa.br/webhujbb/ e http://pt.wikipedia.org/wiki/Jo%C3%A3o_de_Barros_Barreto, acesso em jan. 2009.

feita na área de enfermagem, não nos deve fazer esquecer que, simultaneamente, a EPM enfrentava severos problemas internos que, embora fossem tributários dos graves problemas políticos nacionais, tinha motivações próprias. O ano de 1938 começou sob o signo de uma crise financeira, agravada pela crescente necessidade de obter fundos para construir o hospital. Isso motivou a separação jurídica entre a EPM e o HSP e um comentário paradoxal de Paulo Mangabeira Albernaz, médico e autor de uma história da EPM: "As dificuldades surgiam de todos os lados. Era, apenas, a iniciação do calamitoso Estado Novo, ferindo o organismo nacional". Qualificado "calamitoso", foi esse mesmo governo que socorreu a Escola por meio de empréstimo concedido pela Caixa Econômica Federal, permitindo uma "vida nova à instituição"[7].

A crise financeira certamente foi um dos motivos que levou Octávio de Carvalho a pedir demissão, em meio a uma tumultuada reunião da Congregação da EPM, em 12 de março de 1938. Em seu lugar, Álvaro de Lemos Torres assumiu a direção da Escola e permaneceu no cargo até falecer, em 1942. Dias antes de sua demissão, porém, Carvalho colocava o então vice-diretor, Álvaro Guimarães Filho, a par das providências para a criação da Escola de Enfermagem e lhe pedia orçamentos e relatórios sobre o assunto[8]. Até aqui, os protagonistas do processo encontravam-se no âmbito da EPM, mas alguns passos começariam a ser dados na direção de um acordo com a Arquidiocese de São Paulo para estabelecer uma parceria que permitisse a instalação da Escola.

Algumas memórias e fontes visuais e a maioria dos estudos históricos acerca da Escola de Enfermagem creditam ao arcebispo dom José Gaspar de Afonseca e Silva a liderança das negociações com a EPM

7. Paulo Mangabeira Albernaz, *A Escola Paulista de Medicina: Notícia Histórica dos Primeiros 25 Anos*, p. 29.
8. Octávio de Carvalho a Álvaro Guimarães Filho, 3 de março de 1938. Acervo Histórico do Denf-Unifesp/EPE, *Livro 1 – Histórico da Escola de Enfermeiras do HSP (1939-1942)*, fl. 3.

para a criação do curso de Enfermagem. Dentre tantas, uma análise recente afirma que ele "foi o responsável pela mediação com um grupo de enfermeiras 'diplomadas' pertencentes à ordem das Franciscanas Missionárias de Maria, de origem francesa, que vieram dirigir a Escola de Enfermagem"[9].

De fato, esse arcebispo amarrou as negociações e levou adiante o convênio que desembocou na criação da EEHSP. Todavia, temos elementos que permitem aventar que o início dessa negociação foi ligeiramente anterior e relaciona-se também a questões institucionais até agora não levadas em conta, referentes às relações entre o Estado brasileiro e o Vaticano e seus representantes no país.

O antecessor de dom José Gaspar foi dom Duarte Leopoldo e Silva, primeiro arcebispo de São Paulo, entre 7 de julho de 1908 até sua morte, em 13 de novembro de 1938[10]. Boa parte de seu episcopado deu-se sob Pio XI, entre 6 de fevereiro de 1922 e 10 de fevereiro de 1939. Nesse pontificado foi assinada uma concordata com o Reino da Itália – o conhecido Tratado de Latrão, de 1929. Liderado por Mussolini, o governo italiano reconhecia a soberania do papa sobre o Vaticano, encravado na cidade de Roma. Essa cidade, por sua vez, passava a ser reconhecida pelo papa como a capital italiana, ao mesmo tempo em que a Igreja renunciava às pretensões territoriais sobre os antigos Estados Papais, incorporados à Itália no processo de unificação, na segunda metade do século XIX.

No que se refere às relações com o Brasil, o pontificado de Pio XI viu surgir brechas na rígida separação entre Igreja e Estado, posta em vigor quando da promulgação da primeira Constituição republicana brasileira (1891). Uma das primeiras brechas refere-se à proibição do ensino religioso nas escolas públicas, definida em termos constitu-

9. Márcia Regina B. da Silva, *Estratégias da Ciência: a História da Escola Paulista de Medicina (1933-1956)*, p. 162. Ver também Marília Largura, *Madre Marie Domineuc*, p. 27.
10. Cf. *A Igreja nos Quatro Séculos de São Paulo*, p. 84.

Figura 1. Autoridades religiosas, dirigentes da EPM, docentes da EEHSP e alunas defronte ao primeiro edifício da EPM na Vila Clementino (atualmente conhecido como Leitão da Cunha). Essa escadaria constituiu-se em um lugar da memória da Universidade, já que quase todas as imagens oficiais reunindo autoridades internas ou convidados foram feitas nesse espaço, desde a década de 1930 até o presente. Nesta fotografia, como em muitas outras de caráter oficial, a disposição dos retratados não é aleatória, mas posada: a centralidade de dom José Gaspar de Afonseca e Silva condiz com a importância de sua figura, tanto na esfera do catolicismo como na memória das origens do curso de Enfermagem. A hierarquia do conjunto vai do centro para os lados: a partir das personalidades religiosas, seguem-se os leigos e, em seguida, perfilam-se as alunas do curso. Tão significativa quanto a disposição das pessoas na imagem é o local reservado a ela: ricamente emoldurada, uma cópia ampliada dessa fotografia decora a sala do Conselho da Escola de Enfermagem, na parede posterior à cabeceira da mesa do presidente das sessões – o que obriga todos os membros do Conselho a olharem para a imagem em reuniões solenes ou cotidianas. Na mesma sala, encontra-se ainda a galeria de retratos das diretoras da EEHSP e da EPE, e das chefes do Departamento de Enfermagem da Unifesp, desde a fundação até hoje. Foto: Acervo Histórico do Denf-Unifesp/EPE.

cionais, que foi modificada por legislação dos primeiros tempos da Era Vargas, facultando a oferta desse conteúdo e regulamentando sua forma[11]. Em 1934, a nova Constituição promulgada potencializou o a aproximação entre Igreja e Estado:

> No mesmo artigo em que se vedava aos governos federal, estaduais e municipais terem "relação de aliança ou de dependência com qualquer culto ou igreja", acrescentava-se a ressalva "sem prejuízo da colaboração recíproca em prol do interesse coletivo". A Constituição de 1934 foi, então, promulgada com um artigo sobre o *Ensino Religioso* (ao invés da *Instrução Religiosa* do decreto de 1931). As escolas públicas primárias, secundárias, profissionais e normais eram obrigadas a oferecê-lo pois tal ensino constituiria *matéria dos horários*. Todavia, a presença continuava facultativa para os alunos, com os pais ou responsáveis podendo manifestar sua preferência pelas distintas confissões religiosas. Na prática, apenas o catolicismo era ministrado nas escolas públicas[12].

Prosseguindo sua análise para o período ditatorial varguista, os autores citados afirmam que as "convergências ideológicas entre o Estado Novo brasileiro e a Igreja católica foram muito amplas [...]. As consultas entre o ministro da Educação e os dirigentes católicos, clérigos e leigos foram frequentes e amistosas no período 1937-1945, servindo para acertar posições e interesses"[13].

11. Decreto n. 19.941, de 30 de abril de 1931 – Dispõe sobre a instrução religiosa nos cursos primário, secundário e normal. Sobre esse assunto, ver também o capítulo 3 deste livro.
12. José Augusto Pacheco e Luiz Antônio Cunha, "A Presença da Religião no Currículo das Escolas Públicas Portuguesas e Brasileiras no Período do 'Estado Novo'", p. 2.
13. *Idem*, p. 18. Em linha semelhante, ver a análise sobre o ensino religioso nas constituições brasileiras feita por Evaldo Luis Pauly, "O Dilema Epistemológico do Ensino Religioso". Outras informações acerca das relações entre o Estado brasileiro e a Igreja católica no período podem ser vistas em José Oscar Beozzo, "A Igreja entre a Revolução de 1930, o Estado Novo e a Redemocratização".

Em meio às renovadas possibilidades de colaboração entre Estado e Igreja católica no Brasil, particularmente nas questões do ensino formal, não há razões para supor que as escolas privadas tenham ficado à margem dessas iniciativas. É nesse contexto que podemos incluir as negociações entre a EPM e a Arquidiocese de São Paulo. Por orientação papal, o núncio apostólico[14] no Brasil emitiu uma circular na qual afirmava haver uma "escassez do clero" no país e fazia indagações. Uma delas, que nos interessa mais diretamente, era se o destinatário da circular "desejaria receber igualmente alguma Congregação de homens ou de senhoras, e em quais condições"[15].

Considerando que, nessa data, a direção da EPM provavelmente já teria acenado ao arcebispo com a intenção de abrir uma escola de enfermagem no HSP, não podemos descartar a hipótese de que dom Duarte Leopoldo tenha considerado a oferta do Vaticano como um meio de concretizar a parceria e ampliar a já forte presença católica no ensino oferecido em escolas da capital paulista em uma área ainda pouco explorada: a do ensino profissional. É possível ter passado por seus pensamentos que talvez não fosse o caso de trazer uma nova congregação feminina para viabilizar o ensino de orientação católica na projetada escola de enfermagem, e sim engrossar o contingente de uma congregação já presente nas obras assistenciais em São Paulo: as Franciscanas Missionárias de Maria.

Desde 1º de fevereiro de 1935, a Congregação ou Instituto das Franciscanas Missionárias de Maria estava estabelecida na Arquidiocese paulistana. A superiora na cidade era madre Maria de Saint Hermeland, nomeada em 19 de janeiro de 1935. Madre Maria do Menino Jesus respondia como superiora provincial, sediada na cidade do Rio

14. Cargo diplomático da Santa Sé nos demais Estados nacionais, equivalente ao embaixador de outros países.

15. Ofício de Benedetto de Cesares, núncio apostólico no Brasil, ao Arcebispo de São Paulo, 16 jul. 1938. *ACMSP*, Pasta CBA 04-03-23 (*Correspondência dos Bispos e Arcebispos, Dom Duarte Leopoldo e Silva, 1938*).

de Janeiro. Sua primeira instalação na capital paulista fora a Escola de Educação Doméstica da Liga das Senhoras Católicas, que funcionava à rua Alexandre Levy, no Cambuci. Essa escola, destinada à educação e assistência médico-social à infância, foi fundada no mesmo dia em que a congregação instalou-se em São Paulo. Seguiram-se a Casa da Infância, à rua Marina de Oliveira, na Freguesia do Ó, voltada à assistência de "menores abandonados" e fundada em 8 de maio de 1937, e o Ninho Jardim Condessa Marina Crespi, à rua João Antonio de Oliveira, na Mooca – uma creche para os filhos de operários fundada em 10 de maio de 1938. Essa rede precedia a criação da EEHSP – que, pela informação prestada à Chancelaria do Arcebispado de São Paulo, fora fundada em 17 de fevereiro de 1939 com o objetivo de prover "formação de enfermeiras e assistência aos doentes". As instituições de assistência da congregação ampliaram-se em maio de 1946, quando instalou-se o Noviciado do Campo Limpo, em uma fazenda situada naquela região da zona sul paulistana[16]. Até a década de 1950, a rede de assistência das Franciscanas Missionárias de Maria teria poucas ampliações – entre elas a criação ou incorporação do Colégio N. S. do Rosário, na Vila Mariana. Outras mudanças, nesse período, fizeram-se no sentido de sacralizar o nome dos estabelecimentos mantidos pelas religiosas: a Escola de Educação Doméstica passou a se chamar Casa Nossa Senhora Aparecida; a antiga Casa da Infância tornou-se Casa Nossa Senhora dos Anjos; a creche Ninho Jardim era Casa Santíssima Maria Menina; o noviciado recebeu o nome de Nossa Senhora, e a EEHSP passou a denominar-se, no âmbito da Igreja católica, *Casa do Cristo Redentor*[17].

16. Questionário preenchido pelo Instituto das Franciscanas Missionárias de Maria e enviado ao cônego Paulo Rolim Loureiro, chanceler do Arcebispado de São Paulo, 15 out. 1947. *ACMSP*, Pasta CBA 03-03-04 (*Correspondência dos Bispos e Arcebispos, Franciscanas Missionárias de Maria, 1935-1972*).
17. Questionário preenchido pelo Instituto das Franciscanas Missionárias de Maria e enviado ao Arcebispado de São Paulo, 22 jun. 1950. *ACMSP*, Pasta CBA 03-03-04 (*Correspondência dos Bispos e Arcebispos, Franciscanas Missionárias de Maria, 1935-1972*). Até as comemorações do quarto centenário da fundação

É bastante plausível que dom Duarte Leopoldo conhecesse bem o trabalho das Franciscanas Missionárias de Maria e tenha convivido com madre Marie Domineuc, estabelecida na principal casa da congregação na cidade – a Escola de Educação Doméstica – desde fins de 1935. Conhecedor das habilidades e da tradição de cuidado dos enfermos, enfatizado na formação de enfermeiras religiosas francesas[18], o arcebispo pode ter articulado a experiência da Congregação das Franciscanas Missionárias em São Paulo à oferta do núncio apostólico (em julho de 1938) e à demanda da EPM. Afinal, essas religiosas eram suas conhecidas, haviam se instalado na cidade durante seu episcopado e reuniam os requisitos para a instalação de uma Escola de Enfermagem nos termos que a direção da EPM buscava. A partir daí, o processo teve andamento rápido: já em outubro de 1938 firmava-se a colaboração entre a EPM e a Igreja católica para que a Congregação das Missionárias Franciscanas de Maria enviasse oito enfermeiras diplomadas. Em dezembro do mesmo ano, Lemos Torres e a madre geral das Franciscanas Missionárias tinham em mãos os termos do acordo para dar início à EEHSP, termos esses que foram enviados à sede da congregação em Roma e devolvidos em janeiro de 1939[19].

de São Paulo, essas instituições continuavam a funcionar e havia o acréscimo de uma escola, ao menos. O livro comemorativo *A Igreja nos Quatro Séculos de São Paulo* relaciona, em meio às ordens e congregações femininas e as instituições por elas administradas (pp. 197-202), os órgãos mantidos pelas Franciscanas Missionárias de Maria: Casa N. S. Aparecida (av. Jabaquara, 1681), Casa N. S. dos Anjos (Freguesia do Ó), Casa Maria SS. Menina (rua João Antônio de Oliveira, 59), Rosário de Montelis, Colégio N. S. do Rosário (rua Domingos de Morais, 2 598). Não consta nessa lista a EEHSP (cf. p. 200).

18. Sobre a formação francesa em enfermagem e sua influência no país, ver Taka Oguisso, "Influência Francesa na Enfermagem Brasileira", p. 192.
19. Ofícios: de Álvaro Guimarães Filho a Álvaro de Lemos Torres, 3 out. 1938; de Lemos Torres à Madre Geral das Franciscanas Missionárias de Maria, 14 dez. 1938; da Madre Geral a Lemos Torres (em francês, Roma), 11 jan. 1939. Acervo Histórico do Denf-Unifesp/EPE, *Livro 1 – Histórico da Escola de Enfermeiras do HSP 1939-1942*, fls. 4, 30 e 31, respectivamente. A sede da congregação, em Roma (a Casa de Santa Helena), funcionava no n. 12 da via Giusti.

Nos anos seguintes, o número de religiosas ligadas à EEHSP aumentaria significativamente: pelos dados disponíveis, somavam vinte em 1947 e 25 em 1950[20].

O envio da proposta da EPM a Roma fez-se em 14 de dezembro de 1938[21], um mês após a morte de dom Duarte Leopoldo, ocorrida em 13 de novembro daquele ano. Ainda que ele não tenha tido tempo de ler a versão final do acordo, certamente pavimentou o caminho da colaboração que seria firmada. Dom José Gaspar de Afonseca e Silva,

20. Em 1947, as religiosas vinculadas à EEHSP eram madre Maria de Saint Hermeland (luxemburguesa), madre Maria Domineuc (francesa), madre Maria de Saint Domice (francesa), madre Maria Hermann Joseph (francesa), madre Maria Lenaik (francesa), madre Maria de Notre Dame de Fontenelle (francesa), madre Maria de Santo Antão (brasileira), madre Maria de S. Vicente Ferrer (espanhola), madre Maria José Paulo (brasileira), madre Maria Heloísa (brasileira), madre Maria Adonai (turca), irmã Maria Nivarda (húngara), irmã Maria Nikesjuska (polonesa), irmã Maria Giacoma (italiana), irmã Maria Fromunda (austríaca), irmã Maria Luiza Ângela (portuguesa), irmã Maria Luiza Joana (portuguesa), irmã Maria Plácida Paula (espanhola), irmã Maria de S. Celso (brasileira) e irmã Maria Honoria (argentina). Outras treze viviam na Escola de Educação Doméstica, oito no Ninho Jardim, seis no Noviciado e nove na Casa da Infância. Em 1950, cuidavam da EEHSP (nomeada Casa Cristo Redentor) as seguintes religiosas: a luxemburguesa madre Maria de Saint Hermeland; as francesas madre Maria Domineuc, madre Maria de Saint Domice, madre Maria Hermann Joseph, madre Maria Lenaik, madre Maria de N. D. de Fontenelle; as brasileiras madre Maria de Santo Antão, madre Maria Heloisa, madre Maria Áurea da Cruz, madre Maria do Cristo Redentor, madre Maria Basília, madre Maria Valentina, irmã Maria de S. Celso e irmã Maria Ildegária; as espanholas madre Maria de S. Vicente Ferrer e irmã Maria Plácida Paula; a turca madre Maria Adonai; as italianas madre Maria Addolorata e irmã Maria Giacoma; a canadense madre Maria Florus; a "hungareza" irmã Maria Nivarda; a polonesa irmã Maria Nikesjuska; a portuguesa irmã Maria Luiza Ângela e as austríacas irmã Maria Fromunda e irmã Maria Isabel. Cf. Questionários preenchidos pelo Instituto das Franciscanas Missionárias de Maria, docs. cit., 15 out. 1947 e 22 jun. 1950. Madre Maria Adonai, nascida em uma família de judeus residentes em Esmirna, na Turquia, converteu-se ao catolicismo e ingressou na EEHSP em 1942, conforme depoimento dela. Ver Referências Bibliográficas.

21. Largura, *op. cit.*, p. 27.

seu sucessor, também teve um papel importante na negociação, pois atuou como seu auxiliar nos últimos anos do episcopado. Todavia, dom José tornou-se o segundo arcebispo de São Paulo somente em 1º de agosto de 1939, e sua posse só ocorreu em 17 de setembro de 1939[22] – quando a EEHSP já funcionava havia um semestre.

Na "Pastoral de Saudação do Exmo. Sr. Dom José Gaspar de Afonseca e Silva", escrita em agosto de 1939 e na qual o arcebispo fez-se anunciar aos grupos destacados da comunidade cujos espíritos iria governar, lemos um trecho destinado às enfermeiras:

> Enfermeiras, desvelai-vos com todo o imenso afeto que Deus vos acedeu no coração! Naquele enfermo que geme no leito, no doente agoniado que por um nada se exaspera, sofre e pena todavia o próprio Senhor Nosso. Amemos, pois, a Deus que está a padecer no corpo dos nossos irmãos, porque tudo quanto por ele fizermos, Jesus o tem por feito a si mesmo [...][23].

Dom José pedia ainda a mobilização das várias congregações instaladas na cidade, mencionando entre elas as Missionárias Franciscanas de Maria: "[...] mobilizai vossas preces e vossas tribulações, que de tudo precisa o pastor para o bem do seu rebanho. Sereis a oração perene, a expiação contínua pelas necessidades da Arquidiocese de São Paulo. Haverá de pagar-vos o próprio Jesus que entre os lírios caminha"[24].

A negociação entre a EPM e as autoridades da Igreja católica já se encontrava bem encaminhada quando dom José Gaspar iniciou seu episcopado. Mantinham-se como preocupações do novo arcebispo as questões relativas à autorização legal para o funcionamento da EEHSP. Ele foi comunicado em primeira mão da autorização dada pelo CNE (em novembro de 1939) para o funcionamento da EEHSP e repassou a informação ao vice-diretor da EPM – embora o comunica-

22. Cf. *A Igreja nos Quatro Séculos de São Paulo*, p. 85.
23. *Boletim Eclesiástico*, 17(2), set. 1939, p. 37.
24. *Idem*, p. 38.

do oficial do governo federal tenha sido enviado a Guimarães Filho diretamente pelo CNE[25].

Somente após essa autorização, a Arquidiocese passou a divulgar a EEHSP, fazendo chamamentos às católicas que ali quisessem estudar e apresentando a Escola como obra das autoridades eclesiásticas. As primeiras peças de divulgação foram internas. Iniciam-se em fins de 1939 com uma informação ao núncio apostólico sobre o apoio a ser dado "à escola de enfermagem católica"[26]. Seguiu-se uma circular, escrita em julho e publicada em agosto de 1940, recomendando a Escola de Enfermeiras "fundada por iniciativa do Exmo. Sr. Arcebispo no Hospital São Paulo":

> Revma. Irmã Superiora
>
> *Laudetur Jesus Christus!*[27]
>
> Fundada por iniciativa do Exmo. Senhor Arcebispo, a Escola de Enfermeiras do Hospital São Paulo, anexa à Escola Paulista de Medicina, vem funcionando regularmente desde março de 1939.
>
> Em São Paulo, visa a Escola de Enfermeiras a formação de uma escola de enfermeiras católicas. Em primeiro plano as religiosas e, aparelhada para tal fim, dispõe dos meios adequados para ministrar sólido preparo técnico. Uma só congregação religiosa, até esta data, correspondeu ao apelo que a todas foi dirigido: as religiosas Franciscanas do Coração de Maria. Reiterando o apelo, a Escola de Enfermeiras informa que está autorizada a funcionar pelo Conselho

25. Cf. bilhete do padre Leonel Franca encaminhado ao arcebispo de São Paulo e datado do Rio de Janeiro, 19 nov. 1939. O jesuíta Franca viria a ser o primeiro reitor da primeira faculdade católica do Brasil (que originaria a PUC-RJ), fundada no Rio de Janeiro em 1941. Ver também comunicado do cônego Paulo Rolim Loureiro, secretário do arcebispo de São Paulo, a Álvaro Guimarães Filho, 1º dez. 1939, ambos em Acervo Histórico do Denf-Unifesp/EPE, *Livro 1 – Histórico da Escola de Enfermeiras do HSP, 1939-1942*, fl. 32v.
26. ACMSP, Pasta CBA 04-03-25 (*Correspondência dos bispos e arcebispos – dom José Gaspar de Afonseca e Silva, 1939*), 5 dez. 1939.
27. "Jesus Cristo seja louvado!", em latim, no original.

Nacional de Educação (parecer n. 280) e confere diploma de enfermeira, após um curso de 3 anos, sendo o ensino da enfermagem ministrado pelas enfermeiras diplomadas no Instituto das Franciscanas Missionárias de Maria.

Atendendo as diferentes circunstâncias das candidatas, a Escola funciona sob o regime de internato e semi-internato, alternando-se as práticas religiosas: missa quotidiana, na capela do próprio estabelecimento, como também Exposição e Benção do Santíssimo Sacramento das 18h30 às 19h30.

As inscrições para matrícula estão abertas até o próximo 15 de agosto. É oportuno esclarecer que o certificado de enfermeira "prática licenciada" não constitui medida ideal, mas aceitável apenas em caráter provisório.

Sua Excia. Revma., o senhor Arcebispo encarecidamente recomenda a Escola de Enfermeiras, do Hospital São Paulo, e das congregações religiosas que se dedicam ao serviço dos enfermos espera que providenciem suas enfermeiras devidamente diplomadas, poupando-se destarte futuros dissabores e acautelando o exercício do seu apostolado.

De ordem de Sua Excia. Revma. São Paulo, 29 de julho de 1940. (a) Cônego Paulo Rolim Loureiro/Chanceler do Arcebispado[28].

Tanto no livro de tombo como na circular da Arquidiocese, nomeia-se o arcebispo como o responsável pela iniciativa. Talvez isso seja apenas uma força de expressão, e a menção a ele possa ser lida como referência à Arquidiocese. Todavia, não parece ser este o tratamento que a expressão ensejou nos estudos históricos sobre a EEHSP. Em sentido estrito, a construção do texto permite essa afirmação: a iniciativa teria partido do arcebispo e não da Arquidiocese, a quem podemos atribuir o encaminhamento institucional, mas não a "paternidade" da Escola, se nos prendermos apenas às palavras escritas. A partir dessa leitura, dom José Gaspar aparece nos estudos como o fundador da

28. O registro de que a Chancelaria da Cúria publicaria uma circular consta do *Livro de Tombo da Cúria Metropolitana de São Paulo (1931-1941)*, fl. 117. ACMSP, Livro 19-2-35. A circular (n. 3) foi publicada no *Boletim Eclesiástico*, 17(13), ago. 1940, p. 236.

Escola de Enfermeiras, junto com a direção da EPM, mas não se fez registro das iniciativas de dom Duarte Leopoldo, seu antecessor.

A circular demonstrava confiança na capacidade da EEHSP em formar a elite católica da enfermagem, e nisso mostrou-se também profética. A garantia da boa formação a ser oferecida vinha do preparo técnico que as religiosas contratadas como professoras traziam, e o aparelhamento, mencionado *en passant*, pode ser entendido como uma alusão aos equipamentos e instalações recém-inaugurados do HSP.

O elogio às Franciscanas Missionárias[29] sugere que outras congregações teriam sido contatadas para colaborar na instalação da Escola de Enfermeiras. A documentação disponível, porém, sugere algo diferente. Em primeiro lugar, não há registro de correspondência ou contato de qualquer natureza entre a Arquidiocese e diferentes congregações – e menos ainda entre estas e a EPM, que parece ter deixado aos bons préstimos da Arquidiocese a procura das profissionais religiosas com o perfil adequado. Dom Duarte e dom José, cada qual a seu tempo, entenderam que as Franciscanas Missionárias de Maria enquadravam-se nas exigências. Sendo assim, afirmar que outras congregações teriam sido procuradas e apenas essa atendia às demandas era um argumento retórico e visava a estimulá-las para a empreitada, além de apresentar a EEHSP ao público como um lugar adequado à formação de enfermeiras sob o ponto de vista da seriedade profissional e doutrinária. Ao referir-se ao regime e às atividades diárias de culto, a circular não deixava dúvidas acerca do primado católico na formação das estudantes – já que se tratava de documento publicado em periódico oficial

29. Os elogios também tinham origens laicas, como as palavras de José Ribeiro do Valle no livro comemorativo do aniversário de quarenta anos da EPM: “Faltam-me expressões para traduzir e louvar o que fizeram as Revmas. Madres Franciscanas de Maria nos primórdios da assistência hospitalar na Escola Paulista, primeiro no Pavilhão Maria Tereza e depois no Hospital São Paulo, a partir da fase final de construção, por isso, em instalações precárias ou provisórias”. Cf. *A Escola Paulista de Medicina: Dados Comemorativos de Seu 40º Aniversário (1933-1973) e Anotações Recentes*, p. 266.

da Arquidiocese e que tinha, portanto, o objetivo de divulgar o curso junto às religiosas de outras organizações católicas da cidade.

A partir da autorização para o funcionamento do curso, as ações de dom José Gaspar prosseguiram. Por volta de 1941, em sua correspondência com Gustavo Capanema, então ministro da Educação e Saúde, o arcebispo de São Paulo tratou de assuntos como a vinda de religiosas para atuar como docentes na Escola e da equiparação da EEHSP[30]. A equiparação (reconhecimento do curso) ocorreria em 1942[31].

MADRE MARIE DOMINEUC: UM ENSAIO BIOGRÁFICO

O ano de 1935 ia avançado quando Jeanne Josephine Roquet chegou ao Brasil, no dia 13 de outubro, aos 24 anos de idade. Nascida na Bretanha, nessa época Jeanne já não usava mais seu nome de batismo. Desde que optou pela vida religiosa na França natal, ao ingressar na Congregação das Franciscanas Missionárias de Maria, chamava-se madre Marie Domineuc. Em São Paulo, ela passou a atuar como enfermeira na Escola de Educação Doméstica da Liga das Senhoras Católicas[32]. Fundada em 1924, essa escola destinava-se, entre outras atividades, à alfabetização de jovens mulheres.

30. Acervo Histórico do Denf-Unifesp/EPE, *Livro 1 – Histórico da Escola de Enfermeiras do HSP, 1939-1942*, fls. 72-75, fls. 32 e 32v.

31. Cf. Carta de Lais Netto dos Reys a madre Maria das Dores, Rio de Janeiro, 25 fev. 1942. Acervo Histórico do Denf-Unifesp/EPE, *Livro 1 – Histórico da Escola de Enfermeiras do HSP, 1939-1942*, fl. 261. Providências e felicitações encontram-se nas fls. 262-267. A equiparação foi confirmada por meio do decreto n. 9.101, de 24 mar. 1952.

32. Cf. Victoria Secaf e Hebe C. Costa, *Enfermeiras do Brasil: História das Pioneiras*, p. 89; "Notícias e Comentários: Madre Marie Domineuc", p. 261. A Liga das Senhoras Católicas foi fundada em 1922 pelo primeiro arcebispo de São Paulo, dom Duarte Leopoldo e Silva. Na época em que madre Domineuc chegou à cidade, a instituição era presidida por Olga de Paiva Meira (entre maio de 1934 e dezembro de 1939). Cf. *A Igreja nos Quatro Séculos de São Paulo*, p. 545.

Madre Domineuc foi objeto de um número expressivo de relatos biográficos, que procuraremos sistematizar aqui, juntamente com novas fontes. Em todos os estudos publicados, privilegia-se sua vida como religiosa e enfermeira, e menos atenção se dá à sua infância e ao início de sua juventude.

Jeanne cresceu em meio à Primeira Guerra Mundial e às angústias e incertezas do período. No caso dela, esse clima de tensão seguramente contribuiu para o desenvolvimento de sua sensibilidade humanística e da fé religiosa católica. No entanto, a vocação para a religiosidade engajada parece ter surgido por volta dos treze anos de idade, quando ela sofreu um acidente: chocou-se com um cavalo ao tentar defender sua avó, na iminência de ser pisoteada pelo animal. A jovem fraturou uma perna e foi internada em um hospital de religiosas, onde ficou completamente engessada. Durante a convalescença, resolveu folhear as páginas da *Bíblia* e, de acordo com uma de suas biógrafas, foi envolvida por motivação e entusiasmo. Passou noites a ler e a esforçar-se para compreender o significado do que lia. Aos dezoito anos, ingressou na Congregação das Franciscanas Missionárias de Maria, em Chatelet, na França[33].

Sabemos que Domineuc chegou ao Brasil formada em 1932 pela *École de Enfermières de L'Assistance Publique* como enfermeira e assistente médico-social, com ênfase no atendimento aos tuberculosos. Em 1933 realizou o curso de visitadora de higiene social e enfermagem em puericultura. Há relatos de que, em 1952, ela teria se diplomado em enfermagem obstétrica, no curso da própria Escola de Enfermeiras[34]. A importância da formação de Domineuc e do grupo de enfermeiras religiosas que a acompanhou na fundação da EEHSP foi conhecida e reconhecida por colegas e alunas que, mais tarde, viriam a se tornar docentes da Escola. Madre Maria de Santo Antão, após longos anos de convivência com Domineuc, mencionou em seu de-

33. Largura, *op. cit.*, pp. 14-25.
34. Cf. Amália C. de Carvalho, "Saudação à Madre Domineuc", p. 278.

poimento que a formação francesa das enfermeiras incluía conteúdos de assistência social[35]. A conjunção desses conteúdos definia o que Amélia Maranhão, ingressante como estudante em 1955 e docente por volta de 1977, denominou de "assistência integrada":

> Havia um trabalho muito bonito que já vinha sendo feito pelas enfermeiras mais antigas, principalmente as mais religiosas que vieram da França para formar o corpo de enfermagem do HSP. Elas eram enfermeiras formadas na Universidade de Paris, na Faculdade de Enfermagem e Serviço Social. Juntas, então, elas tinham uma visão muito grande da então chamada assistência integrada[36].

De maneira semelhante, a docente Laís Helena Ramos via na origem francesa um ponto favorável à formação das estudantes e ao reconhecimento do curso de Enfermagem:

> – Para a senhora, qual a importância da implantação da pós-graduação na trajetória da Escola?
>
> – Esta Escola tem uma especialização, e foi a primeira especialização, em obstetrícia. O currículo era pequeno naquela época, as freiras daqui eram avançadas em algumas coisas por conta da sua origem francesa, então criou-se aqui este curso, que já ganhou prêmios e já fez muito pela obstetrícia[37].

Compreendida a importância da formação europeia de Domineuc e de suas companheiras na fundação e nos desdobramentos da EEHSP, vejamos como se deu a experiência anterior da madre, após a chegada ao Brasil. Durante alguns anos, ela trabalhou como enfermeira puericultora na Escola de Educação Doméstica mantida pela Liga das Senhoras Católicas. Ao mesmo tempo, a direção da EPM e a Arquidio-

35. Entrevista concedida por madre Maria de Santo Antão em 18 dez. 2007.
36. Entrevista concedida por Amélia Maranhão em 12 nov. 2008.
37. Entrevista concedida por Laís Helena Ramos em 17 out. 2008. A entrevistada ingressou como aluna na EEHSP em 1967, após três anos de voluntariado no HSP.

cese de São Paulo negociavam a criação de um curso de enfermagem na cidade, para atender às crescentes necessidades de assistência, decorrentes da criação e expansão do atendimento hospitalar.

Inicialmente, esse atendimento se fazia nos cem leitos das enfermarias da clínica de propedêutica médica que funcionava no Pavilhão Maria Thereza de Azevedo, edifício residencial reformado da antiga Chácara Schiffini, localizada no quadrilátero delimitado pelas atuais ruas Botucatu, Pedro de Toledo, Napoleão de Barros e Borges Lagoa. Esse edifício fora adquirido pela EPM em 1935[38]. Mais tarde, o atendimento seria ampliado com a construção do Hospital São Paulo, cuja pedra fundamental foi lançada em 1936, tendo a inauguração ocorrido em 1939, com ampliações posteriores. Desde 1937, pelo menos, começaram a ser tomadas providências acerca do funcionamento da projetada escola de enfermeiras, sua direção e a contratação de docentes. Dias depois de manifestada a primeira intenção por Octávio de Carvalho, Getúlio Vargas cancelou as eleições presidenciais previstas para janeiro de 1938 e deu um golpe, implantando o Estado Novo, período ditatorial que duraria até 1945. Ainda em 1937, em plena crise política, o vice-diretor da EPM Álvaro Guimarães Filho pedia autorização à congregação da Escola e à Divisão de Ensino Superior do MEC para implantar o curso de Enfermagem Obstétrica[39].

A crise política na qual o país encontrava-se marcou o contexto de criação da Escola de Enfermeiras, fundada com o objetivo de qualificar a equipe de assistência hospitalar do Pavilhão Maria Tereza e do Hospital São Paulo, o primeiro hospital-escola do Brasil, cujas obras estavam em andamento. A direção da EPM tinha a convicção de que "seria impossível a direção técnica do grande Hospital São Paulo, se

38. *Escola Paulista de Medicina: 60 Anos de História*, p. 125. Ver também Ana Lúcia L. Nemi, "A Escola Paulista de Medicina entre Tradição e Modernidade (1933-1956)", pp. 110-112.

39. Marianna Augusto e Amélia M. S. de A. Maranhão, "Resenha Histórica do Departamento de Enfermagem da Escola Paulista de Medicina", p. 17.

não houvesse um curso de enfermagem que oferecesse uniformização das técnicas adotadas e que ainda constituísse um grande centro de atuação para mulheres que desejassem se tornar enfermeiras"[40].

Como já vimos, a crise atingia igualmente a EPM no início de 1938. Mas nem todos os acontecimentos daquele ano foram ruins. Pelo decreto n. 2.703, de 31 de maio, o mesmo governo "calamitoso" finalmente reconhecia o funcionamento da Escola Paulista de Medicina, uma instituição de ensino superior privada, que formaria sua primeira turma em dezembro, em cerimônia ocorrida no Teatro Municipal de São Paulo. De outro lado, começava a ampliação do ensino na área da saúde, com as novas providências para a implantação dos cursos de enfermagem. Em ofício de 14 de dezembro, enviado à madre geral da Congregação das Franciscanas Missionárias de Maria, e na Reunião do CTA de 21 de dezembro, encaminharam-se medidas para a vinda da "Congregação de Religiosas para o serviço hospitalar", com o objetivo de "empreender a criação de uma escola de enfermeiras, do tipo da Escola Anna Nery do Rio de Janeiro"[41].

Antes dessas providências, em 17 de setembro de 1938, Domineuc transferiu-se da Escola de Educação Doméstica da Liga das Senhoras Católicas para o Pavilhão Maria Thereza, onde liderou a organização do serviço de enfermagem – ponto de partida para a criação da Escola de Enfermeiras do Hospital São Paulo, a partir da decisão que fora tomada na congregação da EPM em 3 de outubro desse ano:

> A Congregação da EPM, reunida na presença do prof. Álvaro Guimarães Filho, vice-diretor da escola, representando o diretor Álvaro Lemos Torres, prof. Pedro de Alcântara, madre Maria de Saint Hermeland representando o Insti-

40. Maria Regina Guimarães Silva, *A Criação da Escola de Enfermeiras do Hospital São Paulo e o Desenho do seu Primeiro Currículo (1939-1942)*, p. 27.
41. Albernaz, *op. cit.*, pp. 29-33. Lucila Vianna notou que, embora autoritário, o Estado Novo estimulou o "desenvolvimento social, principalmente nos campos da ciência e educação" e que foi nesse contexto que se discutiu a implantação da Escola de Enfermagem segundo o padrão da Escola Anna Nery. Cf. "Enfermagem: da Vida Abnegada à Auto-determinação Profissional", p. 18.

tuto das Franciscanas Missionárias de Maria e madre Maria Domineuc, enfermeira diplomada deste instituto, aprova a criação da Escola de Enfermeiras em 3 de outubro de 1938 e delibera que os mesmos [os cursos] devem iniciar-se em 1º de março do próximo ano, nas salas do prédio novo do Hospital São Paulo, indicando para a direção interina madre Maria Domineuc[42].

A Escola de Enfermeiras, anexa à EPM e ao HSP, com seus cursos de Enfermagem, Enfermagem Obstétrica e Auxiliar Técnico de Laboratório, começou a funcionar em 15 de março de 1939[43]. Como afirma Márcia R. Silva, o curso de Enfermagem Obstétrica foi criado como anexo à cadeira de Clínica Obstétrica da EPM[44]. Cinco dias depois do início do funcionamento, era assinado um convênio entre a EPM e a Congregação das Franciscanas Missionárias de Maria. O CTA contratou os serviços com madre Maria do Menino Jesus, representante da madre geral do Instituto das Franciscanas Missionárias de Maria, e designou ainda o corpo docente para a Escola de Enfermeiras[45]. Madre Marie Domineuc assumiu o cargo de diretora de Enfermagem do HSP entre os anos de 1937 e 1947[46] e teve influência decisiva sobre os rumos do ensino na EEHSP, embora, por determinação regimental, nunca tenha assumido efetivamente a direção da Escola. As marcas que imprimiu à formação das enfermeiras ainda seriam reconhecíveis décadas depois. As freiras lideradas por ela valorizavam o conhecimen-

42. Livro de Atas da Congregação, vol. 1, fl. 45, 3 out. 1938. Ver também "Notícias e Comentários", *op. cit.*, p. 261; Secaf e Costa, *op. cit.*, p. 89.
43. Valle, *op. cit.*, p. 266; *Escola Paulista de Medicina: 60 Anos de História*, p. 211; Alba L. B. L. de Barros, *O Trabalho Docente Assistencial de Enfermagem no Hospital São Paulo da Unifesp/EPM*, p. 10; Augusto e Maranhão, *op. cit.*, pp. 17-18; Janine Schirmer *et al.*, "Enfermagem Obstétrica: 60 Anos de História", p. 73; Vianna, "Enfermagem...", *op. cit.*, p. 21. O estudioso Carlos da Silva Lacaz informa, erroneamente, que a criação dos cursos de enfermagem, de parteiras e de técnicos de laboratório ocorreu em 1938. Cf. *Três Escolas de Medicina de São Paulo*, p. 56.
44. Márcia R. B. da Silva, *op. cit.*, 2003, p. 161.
45. Albernaz, *op. cit.*, pp. 34-35.
46. Barros, *O Trabalho Docente Assistencial*, p. 11.

to e a aquisição da cultura geral, além de instaurar "um forte caráter assistencialista ao curso, que logo se destacou pelo aspecto prático"[47].

Se essas providências significavam uma modernização nos serviços de enfermagem quando comparadas ao quadro vigente nas instituições hospitalares da época, de outro lado o corpo docente liderado por Domineuc na Escola de Enfermeiras manteve a marca católica no ensino e no exercício profissional. Ela conservava a tradição da forte influência religiosa na assistência aos enfermos – influência que, vinda dos tempos coloniais e do Império brasileiro, ainda se manteria por muitos anos no regime republicano. Sabemos que as Santas Casas foram as primeiras – e, por séculos, as únicas – instituições de atendimento hospitalar e que, até meados do século XX, o Estado ainda não assumira plenamente suas funções na área da saúde pública, principalmente no que tangia à assistência hospitalar. Em 1943, por exemplo, havia mais de quinze mil religiosas em serviço nos hospitais brasileiros e, cinco anos depois, apenas 2% delas eram diplomadas. Até o início da década seguinte, a Igreja católica era responsável pela maior parte dos hospitais em funcionamento no país e por quase todos os hospitais de indigentes ou de caridade[48]. A criação da Escola de Enfermeiras, com um corpo docente formado majoritariamente por religiosas, "obedecia aos requisitos da formação técnica da prática assistencial de enfermagem, sob o lema *não viver senão para servir*"[49].

47. Guímaro e Prata (eds.), *A Universidade da Saúde: Escola Paulista de Medicina 70 Anos (1933-2003)*, pp. 28-29. Em agosto de 1942, madre Maria das Dores pediu licença no cargo de diretora por seis meses. Em 1944, tendo em vista sua delicada situação de saúde, madre Áurea Vieira da Cruz assumiu a direção da escola. Esta última era diplomada pela EEHSP, e sua gestão foi fortemente influenciada por madre Domineuc. Cf. Maria Regina Guimarães Silva, *op. cit.*
48. Denise Pires, *Hegemonia Médica na Saúde e a Enfermagem: Brasil 1500 a 1930*, p. 81; Helena Vaghetti e Marta Regina C. Vaz, "Década de 40: uma Reflexão sobre o Contexto Socioeconômico e Político Brasileiro e sua Influência na Enfermagem", p. 19.
49. Marly Bittencourt Galindo, *Interdisciplinaridade na Graduação de Enfermagem*, p. 24.

Figura 2. O lema inserido no emblema da EEHSP representava o perfil desejado para enfermeiras e docentes da Escola a partir de estudo realizado em 1943 pelas madres e alunas recém-formadas. Tinha por base a competência e os valores éticos, morais e espirituais, a partir dos quais se colocavam a assistência ao paciente como prioridade em relação a qualquer outra atividade da vida profissional ou particular. Cabe dizer que, ao longo dos anos, o emblema sofreu poucas alterações, como a inserção do nome da Escola Paulista de Enfermagem e da Unifesp, e segue em uso até os dias de hoje.

A ênfase religiosa não foi um empecilho ao funcionamento modernizado nem uma exclusividade da Escola de Enfermeiras do Hospital São Paulo. A orientação católica era comum a outras escolas de enfermagem criadas no Brasil nos anos 1940 e 1950 e situadas na segunda fase da enfermagem no país – aquela cujas profissionais se destinaram, sobretudo, à rede de hospitais que se expandia, com o aumento da industrialização e da urbanização e um certo incremento da rede previdenciária e dos gastos em assistência médica, "cujo aspecto marcante foi o surgimento de hospitais públicos com fins educacionais, como o Hospital das Clínicas de São Paulo e o Hospital

São Paulo"[50]. A presença numerosa de religiosas enfermeiras não parece ter sido um empecilho à organização profissional: Domineuc, por exemplo, era uma das defensoras da necessidade de sindicalização, posição que expressou ao Ministério do Trabalho em 1943[51].

Ao final desse mesmo ano, ela e a EEHSP estiveram envolvidas em dois importantes eventos relacionados ao ensino e à organização profissional. Entre 20 e 27 de novembro, na Escola Anna Nery (Rio de Janeiro), as diretoras de escolas de enfermagem do Brasil tiveram a primeira de uma série de reuniões periódicas. A EEHSP se fez representar por madre Domineuc – que relatou o ponto *Escolas de Enfermagem e sua Organização* – e madre Maria de Fontenelle – relatora do ponto *Programa Mínimo para Escolas de Enfermagem*. Ao mesmo tempo em que a participação nesse encontro se fazia pela existência de questões comuns a escolas leigas e religiosas, polêmicas entre as duas orientações para a formação de enfermeiras também vieram à tona. Como a pauta era bastante extensa, as discussões concentraram-se no currículo mínimo, com discordâncias acerca da carga horária e da duração do chamado "período preliminar" ou básico:

> De acordo com a tese de madre Domineuc, o período preliminar deveria ocorrer em um ano e tinha como principal opositora Edith Fraenkel, que defendia para o mesmo um período de seis meses. Posta em votação, a proposta de um

50. Pires, *op. cit.*, p. 80. Ver também Vaghetti e Vaz, *op. cit.*, pp. 18-19. A primeira fase da formação em enfermagem, de acordo com as autoras citadas, deu-se entre as décadas de 1920 e 1930, sendo considerada a fase de implantação da profissão. Outras escolas de enfermagem, como a Carlos Chagas (hoje incorporada à Universidade Federal de Minas Gerais) tiveram forte influência de religiosas católicas em sua administração e no ensino. A Carlos Chagas, embora tenha surgido como escola laica em 1933, passou a ser dirigida pelas Filhas de Caridade de São Vicente de Paulo entre 1949 e 1967. Cf. Estelina Souto do Nascimento *et al.*, *Criação, Quotidiano e Trajetória da Escola de Enfermagem da UFMG: um Mergulho no Passado*.
51. Largura, *op. cit.*, p. 35.

ano, defendida pela religiosa, foi aprovada, embora ficasse compreendido por todas as representantes a necessidade de retomar a discussão acerca desse tema[52].

A princípio, a simples duração do ciclo básico não parece motivo suficiente para opor leigas e religiosas. Todavia, podemos aventar a hipótese de que as franciscanas que ditavam as normas na EEHSP – Domineuc secundada por Fontenelle, que relatou o ponto sobre o currículo na reunião – utilizassem o período inicial da formação como teste de abnegação para o exercício profissional na perspectiva religiosa que propugnavam. Um ano em regime de internato ou semi-internato, alternando ensino, trabalho e práticas religiosas, era o tempo necessário para checar vocações. As escolas leigas, por sua vez, pareciam apostar com mais firmeza na formação baseada em vocação para o trabalho, sem foco dirigido aos princípios do catolicismo, o que poderia ser feito em seis meses de ensino básico com investimento posterior nas especialidades da enfermagem, para atender às demandas do mercado crescente.

As madres voltaram a São Paulo sob o signo dessa discussão, emendando a presença no I Congresso de Enfermeiras Religiosas, reunido por iniciativa de madre Domineuc[53]. Foi o segundo evento importante do final daquele ano.

Religião e profissão apareciam unidas não só no ensino mas também na organização da categoria, na visão de Domineuc e de muitas das enfermeiras atuantes em São Paulo e no Brasil daqueles anos. Um

52. Antônio José de Almeida Filho *et al.*, "Reunião de Diretorias de Escolas de Enfermagem: um Cenário de Lutas Simbólicas no Campo da Educação em Enfermagem (1943-1945)", p. 530. Edith de Magalhães Fraenkel cumpria, então, seu segundo mandato na presidência da Associação Nacional de Enfermeiras Diplomadas Brasileiras (ANEDB, 1941-1943), período em que também recebeu a incumbência de organizar a Escola de Enfermagem da USP, sob forte influência da Rockefeller Foundation e do padrão norte-americano de Enfermagem. Cf. Secaf e Costa, *op. cit.*, pp. 23-25.

53. Anayde Corrêa de Carvalho, *Associação Brasileira de Enfermagem, 1926-1976: Documentário*, p. 417; "Notícias e Comentários", *op. cit.*, p. 261. Esse congresso ocorreu de 27 a 30 de novembro de 1943.

dos emblemas disso pode ser percebido na União de Religiosas Enfermeiras do Brasil.

Sobre a Ureb, os estudos apresentam algumas informações desencontradas. A data da fundação não é precisa: para algumas estudiosas, a entidade fora criada antes de 1943 – pois nesse ano a sede transferiu-se do Rio de Janeiro para São Paulo, por iniciativa de Domineuc[54]. Se o protagonismo da madre não é objeto de controvérsia, a data apresenta-se incerta: para alguns, a Ureb foi fruto da liderança da missionária sobre ex-alunas religiosas da EEHSP, que se reuniram e fundaram a União em 1944[55], talvez a partir de reflexões aprofundadas no Congresso de Enfermeiras Religiosas de 1943 e com o objetivo de "fornecer à Igreja, responsável por 65% das obras de assistência hospitalar, um órgão técnico indispensável de apostolado católico"[56].

Ao comemorar dez anos de criação em 1954, o festivo ano do IV Centenário da Fundação de São Paulo, a Ureb mereceu uma página no livro que inventariava o papel da Igreja na história paulistana: "É graças a entidades como esta que nas casas de saúde, quase sempre à cabeceira dos doentes, podemos ver desenvolvendo suas atividades assistenciais e espirituais as enfermeiras religiosas. Ninguém como estas privilegiadas criaturas é mais vigilante no cumprimento de sua nobilíssima missão". A Ureb colaborava para a elevação do nível da enfermagem no Brasil: "tem conseguido o prodígio de aumentar, cada vez mais, o número de Escolas de Enfermeiras, dirigidas com largo des-

54. Secaf e Costa, *op. cit.*, p. 90.

55. "Notícias e Comentários", p. 261; e Tatiana de Oliveira Gomes *et al.*, "Enfermeiras Católicas em Busca de Melhores Posições no Campo da Educação e da Prática em Enfermagem nos Anos 40 e 50 no Brasil, no Século XX", p. 507. O ano de 1944 é citado com mais frequência como o ano de fundação da entidade: no livro *A Igreja nos Quatro Séculos de São Paulo*, p. 323, afirma-se que "em 1947, três anos após sua fundação, [a Ureb] torna-se membro do Comitê Internacional Católico de Enfermeiras e Assistentes Médico-sociais (Ciciams)".

56. Anayde de Carvalho, *op. cit.*, p. 417. A autora afirma que o primeiro núcleo da Ureb teria sido formado no Rio de Janeiro em 18 de maio de 1944.

cortínio por abnegados [*sic*] Religiosas [...]". Entre suas presidentes, contam-se irmã de Santo Antão (provavelmente 1949) e irmã Áurea da Cruz (1952-1955), ambas Franciscanas Missionárias de Maria[57].

O envolvimento em polêmicas parecia próprio do caráter de Domineuc e de sua disposição para a luta. Ela continuou a participar dos encontros de diretoras de Escolas de Enfermagem. Domineuc esteve na segunda reunião (juntamente com madre Maria de A. Damião) e a direção da EEHSP ausentou-se da terceira, ambas ocorridas no Rio de Janeiro em 1944. No segundo encontro, surgiu uma clara divisão entre as escolas religiosas católicas e as escolas leigas, colocando em campos opostos Laís Neto dos Reys e Edith de Magalhães Fraenkel. A primeira, diretora da EAN, era defensora da inspeção federal e da exigência de implantar o padrão "Anna Nery" no reconhecimento dos cursos de enfermagem no país, mas esse processo começava a sofrer questionamentos: "[...] a Escola Anna Nery, apesar de reconhecida a sua proficiência no campo da educação em enfermagem, não estaria conseguindo assegurar, às novas escolas de enfermagem, o 'alto padrão' conquistado pela enfermagem brasileira". Ressalta-se, também, que as três escolas que haviam conseguido equiparar-se à EAN "comungavam do ideário católico", o que ratificaria a importância de Laís Reys para a educação em enfermagem conjugada aos interesses do catolicismo. Fraenkel, por sua vez, atuando na EEUSP, acreditava ser irregular a inspeção das escolas de enfermagem tendo por parâmetro e por inspetores uma única escola (a EAN), prática que "não era observada em qualquer outro ramo do ensino"[58]. Domineuc não se manifestou oficialmente, mas certamente suas posturas aproximavam-se mais às de Reys e traziam a polêmica para o território paulistano, onde atuavam Fraenkel e a madre, em escolas diferentes.

Embora ausente da terceira reunião, a manifestação de uma vontade de Domineuc motivou uma discussão com as duas outras proe-

57. Cf. *A Igreja nos Quatro Séculos de São Paulo*, p. 323.
58. Almeida Filho *et al.*, *op. cit.*, p. 531.

minentes enfermeiras, dessa vez alinhadas. Ela queria que a sede do próximo encontro fosse em São Paulo, enquanto Reys e Fraenkel afirmavam não terem sido comunicadas sobre qualquer mudança no local das reuniões[59].

A direção da EEHSP ausentou-se da quarta reunião, em 1944, uma das mais esvaziadas da série. O quinto encontro, ocorrido no Rio de Janeiro em julho de 1945, trouxe novamente madre Domineuc para o centro das polêmicas em torno da formação leiga *versus* religiosa. A oposição se deu quase simultaneamente ao final da Segunda Guerra Mundial, um mês antes do lançamento das bombas atômicas estadunidenses sobre o Japão. Se no Pacífico a guerra ainda se desenrolava, na Europa a vitória dos Aliados já encerrara os combates. Para os ocidentais, os norte-americanos tinham derrotado os nazistas e isso os alçava ao patamar máximo da liderança mundial. Talvez embaladas por essa imagem, as enfermeiras norte-americanas presentes na quinta reunião de dirigentes de Escolas de Enfermagem do Brasil defendiam sua posição: eram militares e leigas, e estiveram aqui para apoiar o primado do ensino laico. De outro lado, posicionaram-se as dirigentes de escolas brasileiras de orientação religiosa e duas irmãs norte-americanas, da Universidade Católica de Washington. Mais uma vez, Reys, Fraenkel e Domineuc divergiram acerca do currículo, mais especificamente quanto à obrigatoriedade do estágio em saúde pública – defendido pelas duas primeiras e concebido como facultativo pela última. Em votação, a posição da madre prevaleceu:

> A ausência de obrigatoriedade do estágio de saúde pública era defendida pelas religiosas por solicitação do Arcebispo do Rio de Janeiro, sob o argumento de que deveria concentrar os esforços do grupo de religiosas nos espaços hospitalares, onde realmente atuavam. Adicionalmente, contribuiria para resguardar as religiosas do contato direto com a população de ambos os sexos, de diferentes faixas etárias e fora do ambiente hospitalar, onde estavam acostu-

59. *Idem*, p. 532.

madas a exercer suas atividades profissionais, sob a égide da disciplina através das normas e rotinas, as quais não se aplicariam no ambiente doméstico[60].

Desde junho de 1946, a sede da Ureb tinha sido transferida para São Paulo, passando a funcionar na Escola de Auxiliares de Enfermagem da Santa Casa, na qual Domineuc também tivera papel de fundadora. Poucos meses depois da transferência, a entidade extinguiu-se e tornou-se a seção paulista da Abed, entidade que adotaria o nome de Associação Brasileira de Enfermagem (ABEn) a partir de 1954[61]. As primeiras reuniões da nova entidade foram realizadas na EEUSP e na EEHSP, e foi por meio dela que se "conseguiu o nível universitário para os enfermeiros estaduais no governo Carvalho Pinto, depois de vencer inúmeras dificuldades com esse governo e os anteriores"[62].

A mudança não ocorreu apenas no nome: ela também pode ser entendida como uma tentativa de lutar pelos interesses profissionais do conjunto das enfermeiras e reaproximar-se de Edith de Magalhães Fraenkel, depois das divergências explicitadas nas reuniões de diretoras. Tais objetivos não eram excludentes, e sim complementares. Apesar das discordâncias que pontuamos até aqui, também havia convergências entre as duas: desde 1944, madre Domineuc vinha dando incentivo e prestando auxílio a Fraenkel e à enfermeira norte-americana Ella Hasenjaeger para reerguer a Abed: "[...] em 1946 sugeriu que fosse realizado um congresso nacional de enfermagem, o que aconteceu no ano seguinte, com sua inteira ajuda. Era pensamento de madre Domineuc que somente um congresso de âmbito nacional poderia unir as enfermeiras e evitar a separação em grupos, que se prenunciava"[63].

60. *Idem*, p. 534. Os autores notam ainda que as constantes diferenças entre Reys e Fraenkel não envolviam o valor atribuído ao estágio em saúde pública, cuja inexistência significaria "tirar o papel social da enfermagem".
61. Cf. Eucléa G. Vale e Josicélia D. Fernandes, "Ensino da Graduação em Enfermagem: a Contribuição da Associação Brasileira de Enfermagem".
62. Secaf e Costa, *op. cit.*, p. 90; Anayde de Carvalho, *op. cit.*, pp. 97 e 100.
63. Amália Carvalho, *op. cit.*, p. 418.

A "separação em grupos" é um eufemismo para a divisão entre enfermeiras leigas e religiosas, com as inspirações e os financiamentos de que cada grupo dispunha.

Divergências e convergências entre os grupos e suas representantes puderam ser equilibradas também devido à ação de terceiros, como Haydée Guanais Dourado. Essa enfermeira era uma ferrenha defensora da unidade da Abed. Ela teria se empenhado em "aparar as arestas" entre os grupos da USP e da Rockefeller Foundation e "as irmãs da EE do Hospital São Paulo, de orientação antiamericana", rivalidade em função da qual se criou a Ureb[64]. Protestante, Dourado hospedou-se em uma instituição católica ao chegar a Salvador em 1947, quando se instalou na cidade a fim de fundar a Escola de Enfermagem da Bahia, da qual foi a primeira diretora. Esse gesto revelava tolerância e também argúcia política: nas palavras dela, era "profissionalmente mais conveniente" ser ecumênica, por ser professante de uma fé minoritária no Brasil[65]. Em seu empenho para unir a categoria, ela não poupou elogios às religiosas da EEHSP pela liderança delas na discussão de um projeto de legislação sobre o ensino de enfermagem, que acabou arquivado em setembro de 1964, depois de muitos anos em pauta:

> Haydée Guanais Dourado, referindo-se ao trabalho desenvolvido pelas Irmãs Missionárias de Maria, da Escola Paulista de Enfermagem, em todas as fases de atuação da ABEn nesse projeto, disse que essas irmãs, que exerceram indiscutível liderança nesse campo, tudo fizeram para que prevalecesse o ponto de vista dos enfermeiros, tendo dado assim "talvez, uma das maiores contribuições à enfermagem nacional"[66].

O primeiro CNEn, realizado em maio de 1947, reuniu-se na EEUSP, com a colaboração de Hasenjaeger, sob o tema *Elaborar, em conjun-*

64. Secaf e Costa, *op. cit.*, pp. 101-102.
65. *Idem*, p. 102.
66. Anayde de Carvalho, *op. cit.*, pp. 154-155.

to, um programa eficiente de enfermagem, visando o desenvolvimento da profissão num plano elevado[67]. Fortalecida a ideia da unidade para defender os direitos da categoria profissional, nem por isso as enfermeiras religiosas abriram mão de demarcar seu campo. Para isso, e mais uma vez sob a liderança de Domineuc e das madres e irmãs da EEHSP, criaram a Uceb em 1948, em São Paulo, buscando fortalecer o movimento religioso na enfermagem[68].

Nesse ano, a EEHSP já se encontrava sob a direção de madre Maria Áurea Vieira da Cruz, nomeada em 1944 – embora Domineuc continuasse a ser uma presença forte. Em reunião do conselho diretor da Escola, foram debatidas questões acerca do serviço prestado pelas enfermeiras e os custos e benefícios decorrentes disso. Madre Domineuc comunicou que as enfermeiras do HSP haviam resolvido enviar ofício ao Ministério do Trabalho solicitando o direito de trabalhar sem serem inquietadas pelos fiscais desse órgão federal. De outro lado, o serviço de enfermagem nas alas públicas do hospital já demandava abnegação suficiente por parte das religiosas. Sobrecarregadas as enfermeiras, a Escola sugeria que algumas tarefas fossem cumpridas por alunas em fase de finalização do curso, e que quando as enfermeiras fossem solicitadas por doentes "pensionistas" em plantão permanen-

67. Cf. Rosimere Rosemira da Silva Pêgas, *Os Desafios da Formação: o Enfermeiro no Contexto Hospitalar*, pp. 50-51; C. Curtis, "A Enfermagem e o Progresso Social do Brasil", p. 6; "Notícias e Comentários", p. 262; Anayde de Carvalho, *op. cit.*, p. 98; Rosa Maria Godoy Serpa da Fonseca, Hideko Takeuchi Forcella e Maria Rita Bertolozi, *Congressos Brasileiros de Enfermagem: Meio Século de Compromisso da ABEn*, pp. 22-23; Taka Oguisso e Genival Fernandes de Freitas, "Ensino e Pesquisa sobre História da Enfermagem na Graduação e Pós-graduação da Escola de Enfermagem da Universidade de São Paulo", p. 82. A partir do IX Congresso, o evento passaria a se chamar Congresso Brasileiro de Enfermagem.
68. Gomes *et al.*, *op. cit.*, p. 507, e Amália Carvalho, *op. cit.*, p. 419. Para esta última autora, "a ideia de reunir as religiosas enfermeiras em um grupo distinto partiu da EEHSP, atual EPE, por iniciativa de madre Marie Domineuc, fundadora da Escola e membro atuante da Associação Brasileira de Enfermeiras Diplomadas" (p. 417).

te, fosse cobrada uma taxa suplementar, que seria creditada à EEHSP. As propostas indicavam um meio de financiamento para a Escola, transformando alguns serviços de enfermagem do HSP em fonte de receita. Mas, segundo Domineuc, isso não diminuía o caráter de abnegação e disponibilidade irrestrita das enfermeiras na assistência aos doentes. Nessa mesma reunião, ela comunicou "que as enfermeiras e alunas pensam que tem obrigação restrita de se fixarem no Hospital São Paulo durante cinco anos em virtude da divina gratidão que têm com a escola devido ao ensino recebido [...]"[69].

A influência católica não precisa ser entendida necessariamente numa escala hierárquica de valores que a situaria acima dos interesses profissionais. A forte presença de religiosas nessa categoria profissional levava a discussões constantes acerca do perfil das enfermeiras, o que não significa que as religiosas não tivessem uma atuação importante na defesa do reconhecimento social da profissão. Mudanças nesse perfil não dependiam apenas do tipo de escola onde se dava a formação das enfermeiras, mas também da decisão da Igreja católica de manter uma presença sensível nesse segmento profissional.

Desde o início do século XX, essa decisão não sofrera nenhuma mudança de rumo, mas em meados dos anos 1950 as autoridades eclesiásticas começaram a redefinir a trajetória da presença de enfermeiras religiosas na rede hospitalar pública. A criação do Departamento de Saúde da Conferência dos Religiosos do Brasil, em 1954[70], pode ser entendida como um marco dessa transformação: a partir daí, a atuação das enfermeiras religiosas iria cada vez mais ao encontro das orienta-

69. Acervo Histórico do Denf-Unifesp/EPE, *Livro de Atas de Reuniões do Conselho Diretor da EEHSP*, Ata de 25 maio 1948, fl. 56. Uma cópia da ata pode ser encontrada no Arquivo da Prograd, caixa 1195 – Inspetoria Federal, Enfermagem (1948), fl. 4. Os "pensionistas" citados eram os trabalhadores que passaram a contar com os benefícios previdenciários dos institutos governamentais. Domineuc provavelmente referiu-se ao convênio firmado entre o HSP e o IAPC e o Iapetec em 1946, para atendimento nas enfermarias. Cf. Albernaz, *op. cit.*, pp. 73 e 75.

70. Amália Carvalho, *op. cit.*, p. 419.

ções e ações desse departamento e menos de encontro aos temas discutidos em entidades de enfermeiras profissionais.

Se podemos perceber uma mudança de rumos em meados da década de 1950, contudo não podemos afirmar que a transformação tenha sido brusca. Sinal disso foi a continuidade da presença de religiosas enfermeiras nos debates sobre os destinos da profissão, como na comissão designada pelo MEC em 1957 para estudar a reforma do ensino de enfermagem e apresentar sugestões para a elaboração de um projeto de lei sobre as profissões de enfermeira e auxiliar de enfermagem. Madre Domineuc compôs essa comissão, ao lado de Celina Viegas, Waleska Paixão, Maria Rosa S. Pinheiro e Madeleine Taafe Sebastiany[71].

* * *

A implantação dos serviços de assistência hospitalar e a criação da Escola de Enfermeiras não foram os únicos resultados auspiciosos de 1939. Em agosto, Domineuc liderou a criação do Amparo Maternal, esforço conjugado entre a recém-fundada EEHSP, a EPM e colaboradores leigos e religiosos[72], com o objetivo de dar assistência à mulher grávida desam-

71. *Idem*, p. 148.
72. Curtis, *op. cit.*, p. 89; "Notícias e Comentários", p. 261; entrevista concedida por Rosa A. Pimenta de Castro em 14 out. 2008. No livro *Escola Paulista de Medicina: 60 Anos de História*, p. 213, afirma-se erroneamente que a criação do Amparo Maternal ocorreu em 1941. Madre Áurea Vieira da Cruz, em entrevista concedida em 18 dez. 2007, afirmou que "a Escola de Medicina deu todo o apoio. Porque o professor Guimarães, sendo obstetra, quando as irmãs chegaram, disse: 'Agora eu passo para vocês, aqui estão essas gestantes que estão ficando no hospital há pouco tempo, com risco no parto, crianças que as mães às vezes tinham abandonado'. Então, nasceu dentro do Hospital São Paulo o Amparo Maternal". Ainda de acordo com ela, o Amparo "começa em uma casa de família, uma casa que abrigou umas mães e umas crianças que vinham dar à luz no hospital e depois iam pra lá. Então foi numa casa particular, depois foi em outra. Depois fizeram um prédio, que foi no tempo de Ademar de Barros". Madre Santo Antão, em entrevista concedida em 18 dez. 2007, e

parada. A inspiração e a definição do trabalho que se realizaria ali, ao que tudo indica, foram frutos da experiência da operária Jeanne Josephine Roquet quando trabalhava em uma fábrica na França: "[...] um dia uma colega ficou grávida e foi falar para o patrão. Ele disse para ela fazer como as outras... isto é, abortar. E a madre pensou: 'de jeito nenhum!'. Quando veio para o Brasil, fundou o Amparo, por isso ele é conhecido como o hospital das mães solteiras"[73].

Mesmo sem se referir a essa experiência, a docente aposentada do Departamento de Enfermagem Rosa P. de Castro falou acerca do significado do Amparo Maternal. Suas considerações seguem em linha semelhante, pois destacam o compromisso em solucionar um problema visível e socialmente incômodo:

– O Amparo Maternal foi criado [...] com o sentido de atender as mães solteiras que tinham seus filhos fora do âmbito familiar. Porque, na realidade, a preocupação com a área materno-infantil é aquilo que move a própria formação desta Escola de Enfermagem. Madre Domineuc, sua preocupação com o social, levou à criação desse lugar. O ano de inauguração do Amparo coincide com a criação desta Escola; as aulas aqui se iniciaram em março de 1939 e em meados de 1939 foi também iniciado o Amparo Maternal.

– Isso aconteceu porque o serviço público não atendia?

– Naquela época, dentro do atendimento materno-infantil em São Paulo, o único lugar que tinha um atendimento social um pouquinho mais direcionado era a Maternidade São Paulo. O Hospital das Clínicas é posterior a

Marianna Augusto, em entrevista de 29 set. 2008, também relatam o início do funcionamento do Amparo Maternal em imóveis residenciais. Na biografia de Domineuc escrita por Largura, *op. cit.*, p. 42, afirma-se que "durante quatorze anos, a residência do Amparo Maternal peregrinou através da Vila Clementino ao sabor dos contratos de aluguel: rua Loefgreen, rua Pedro de Toledo, rua Diogo de Faria, rua [dr.] Bacelar, rua Leandro Dupré, rua Sena Madureira, rua do Tanque [...]".

73. Entrevista concedida por Márcia Barbieri em 10 out. 2008. Ver também Largura, *op. cit.*, p. 1.

esses fatos. São Paulo não possuía grandes atendimentos para essa camada de mulheres que precisavam. Ao mesmo tempo, esse lugar serviu de estágio para os alunos tanto da Escola de Enfermagem quanto da EPM, e a equipe de obstetrícia também fez atendimento lá[74].

Considerações mais densas sobre o Amparo Maternal e seu significado terão lugar no quinto capítulo deste livro. Aqui, ressaltamos que boa parte da comunidade do Departamento de Enfermagem da Unifesp/Escola Paulista de Enfermagem, tanto docentes como egressos(as), referiram-se à importância dessa instituição, não apenas como campo de estágio mas também pela similaridade com as formas de ação da EEHSP e sua direção católica, liderada por madre Domineuc.

Maria Gaby R. de Gutierréz afirmou que, embora sua turma não tenha tido no Amparo Maternal um campo de estágio importante, naquela época (primeira metade da década de 1960) "a filosofia básica [...] era o acolhimento, acolher quem chega à sua porta"[75]. Já a docente aposentada Amélia Maranhão referiu-se à situação social das mulheres abandonadas pela família ou pelo marido/campanheiro como um dos motivos que levaram madre Domineuc a lutar pela instituição do Amparo Maternal. Para as alunas da EEHSP, a situação não se limitava ao enfrentamento de uma questão profissional:

– [...] quantas enfermeiras receberam mulheres em suas casas para ficarem um tempo até se ajustarem [...]. Essas pessoas que influenciaram e formaram o Amparo tiveram muita importância em nível estadual e municipal para que fossem criadas instituições na assistência social. Como campo de estágio foi algo maravilhoso, começou a funcionar dentro do HSP, tinha mulheres que ficavam

74. Entrevista concedida por Rosa A. Pimenta de Castro, *doc. cit.* Na entrevista de Castro, ganham relevo a parceria entre EPM e Cúria Metropolitana e o papel das Franciscanas Missionárias, lideradas por madre Domineuc, para a criação tanto da EEHSP como do Amparo Maternal.

75. Entrevista concedida por Maria Gaby Rivero de Gutiérrez em 3 out. 2008.

dentro da Escola de Enfermagem, no quarto de alunas tinha bebezinhos para serem criados. Na pós-graduação *lato sensu* cada aluno, durante o curso de um ano, tinha a obrigação de ter ao seu cuidado quinze mulheres, então a gente acompanhava a gestação, o parto, o puerpério, o bebezinho a gente levava para registrar, acompanhava enquanto durasse o curso aquelas mulheres e aquelas crianças. Difícil, pesado? Era, mas para quem gostava era um prazer!

– Pelo que a senhora está dizendo, o Amparo trouxe essa filosofia das religiosas.

– Sim, é o que me parece[76].

O acolhimento e os cuidados com grávidas ou parturientes em suas próprias casas ou no alojamento das estudantes (a partir da inauguração do prédio onde hoje funciona o Departamento de Enfermagem/Escola Paulista de Enfermagem, desde 1970) faziam parte da formação das enfermeiras. Nesse sentido, o ato de cuidar não se restringia ao âmbito hospitalar nem aos cuidados com a saúde corporal: abrangia o bem-estar social e mental daquelas às quais os cuidados se dirigiam.

A concepção de saúde, portanto, não fragmentava o conforto entre corpo e mente nem privilegiava apenas o hospital como lugar do atendimento – este era entendido como ato de cuidar que não tinha espaço delimitado para ser exercido. Nas palavras de Maranhão, a orientação trazida pelas religiosas francesas que fundaram a EEHSP e o Amparo Maternal não se prendia aos aspectos dogmáticos do catolicismo, mas abarcava as discussões contemporâneas acerca da assistência social exercida profissionalmente. Essa orientação se fez sentir inclusive na pós-graduação, quando os ensinamentos acerca dos cuidados a serem desempenhados pelas enfermeiras se aprofundavam. Certamente, a origem do entendimento da enfermagem como modalidade de assistência integral, especialmente nas questões materno-

76. Entrevista concedida por Amélia Maria Scarpa de Albuquerque Maranhão em 12 nov. 2008.

-infantis, que caracteriza a formação na EPE, pode ser encontrada desde os primeiros anos do funcionamento do curso e do Amparo.

O entendimento da assistência integral como elemento central da formação oferecida no curso de Enfermagem é percebido nas falas de outras docentes que também foram alunas da EEHSP/EPE. Uma delas, Mariana Fernandes de Souza, ressaltou a importância do estágio feito no Amparo Maternal, em higiene infantil:

> Como é que a madre Domineuc fazia conosco no estágio de higiene infantil? Num quarto grande ficavam duas ou três crianças e sua cama era ali, no mínimo de oito a dez dias internada com eles. A gente visitava as *mãezinhas,* que muitas vezes não tinham mais para onde ir, e por conta delas mais tarde fundou-se o Jardim Sabiá. Então, o Amparo era totalmente nosso campo de estágio[77].

Tempos depois, a linha de atendimento às mães que tinham seus filhos no Amparo Maternal teve prosseguimento com a Comunidade Sabiá (ou Centro Familiar Vigiado), também criado por iniciativa de madre Domineuc em cinquenta lotes de terra doados ao Amparo Maternal no final da década de 1960. Na bibliografia e nas entrevistas, não foi possível datar com precisão o início do funcionamento da Comunidade Sabiá[78]. Mas a linha de complementaridade com o atendimento no Amparo fica evidente:

> [...] ele foi uma continuação do Amparo Maternal. As mulheres tinham filhos, que foram crescendo, e elas ficavam aqui no Amparo. Quando o HSP não aguentava mais tanta mulher que tinha lá, a prefeitura estava terminando a construção do Amparo, mas não terminava nunca! Aí, de repente, a madre

77. Entrevista concedida por Mariana Fernandes de Souza em 17 out. 2008. As mulheres assistidas no Amparo Maternal eram chamadas de mãezinhas por madre Domineuc. Cf. Largura, *op. cit.*, p. 72.

78. Largura, *op. cit.*, p. 88 e informações prestadas por Marianna Augusto em fev. 2009. Ver também *Escola Paulista de Medicina*, *op. cit.*; Secaf e Costa, *op. cit.*, p. 90; "Notícias e Comentários", p. 262. Para mais detalhes, ver o capítulo 5.

Domineuc mudou com essas mulheres para o Amparo, mesmo com as janelas sem vidro. Quantas vezes as alunas foram lá para ajudar a passar a noite [...]. Mas essas mulheres, depois de terem os bebês, precisavam ir para algum lugar, daí foi doado o terreno lá no Jardim Sabiá. Quem participou intensamente disso foi a Disciplina de Enfermagem Pediátrica, num trabalho belíssimo[79].

As professoras Marianna e Esmeralda Augusto, da Enfermagem Pediátrica, estiveram bastante envolvidas na organização e no funcionamento dessa "comunidade das mulheres [e crianças] que não tinham para onde ir [...], [que] dava margem a uma realização muito grande aos alunos em termos de trabalho comunitário", nos termos de uma entrevistada[80]. Marianna Augusto foi categórica ao afirmar que os trabalhos feitos no Amparo e no Sabiá compunham e complementavam a formação iniciada no HSP e na EEHSP, porque sem eles "a gente não teria noção dessa pobreza que as mães viviam".

As atitudes de Domineuc em relação às mulheres assistidas incluía lances inusitados, como o que foi narrado pela mesma entrevistada. "A madre fazia algumas coisas que ninguém nunca entendia", conta. De acordo com ela, eram comuns os furtos no Amparo e, certa vez, uma dessas mulheres que furtavam foi presa, por outros motivos. Madre Domineuc foi chamada à delegacia onde, "com uma certa ironia", perguntou ao delegado o motivo da presença dela ali. O delegado informou que prendera "uma mulher que tinha muito material desse Amparo Maternal, aí a madre olhou para o delegado e disse: 'Não estou lhe entendendo'. Ele disse: 'A senhora não sabe o que é roubo?'. Ela disse: 'Eu sei sim, mas aquela casa é das mães solteiras e tudo aquilo que elas pegarem é delas!'. Daí a madre levantou, deu as costas e saiu andando"[81].

A relevância da Comunidade Sabiá para o projeto de atendimento integral de madre Domineuc, aplicado também ao ensino na EEHSP,

79. Entrevista concedida por Amélia Maranhão em 12 nov. 2008.
80. Entrevista concedida por Lucila Amaral C. Vianna em 13 nov. 2008.
81. Entrevista concedida por Marianna Augusto em 29 set. 2008.

pode ser percebido claramente nas palavras das entrevistadas. Como destacou Maranhão, as estudantes de enfermagem, nessa época religiosas em sua totalidade, atendiam as mães instaladas tanto no edifício do Amparo, em obras, como no Sabiá. O aprendizado, portanto, não se limitava a períodos de aulas nem ao espaço do HSP ou da Escola de Enfermeiras, mas incluía desde sempre a responsabilidade pelos pacientes estendida ao campo da assistência social – mesmo depois de encerrada a fase de necessidade mais aguda de cuidados, a do parto.

Embora continuem funcionando até hoje, o Amparo Maternal e o Sabiá não têm mais a relevância que tiveram no passado como campos de estágio na formação das enfermeiras do Departamento de Enfermagem/Escola Paulista de Enfermagem. Lucila Vianna mencionou essa transformação ao afirmar que a mudança se deu por divergência entre a EPM e a Cúria Metropolitana: o parto passou a ser encarado diferentemente por médicos e enfermeiras, de um lado, e pelos religiosos, de outro. Para os médicos, o parto obstétrico passou a ser privilegiado, e "a direção do Amparo era totalmente contra isso [...]. O desfecho foi o desentendimento entre a obstetrícia da medicina e o ideal do Amparo Maternal"[82]. Isso levou à ruptura entre a EPM e o Amparo e à consequente busca de outros lugares para a realização do estágio, tanto de médicos como de enfermeiras da área de obstetrícia.

Para além da questão do tipo de parto realizado no Amparo, havia o tema mais espinhoso do aborto terapêutico, realizado quando a vida da mãe corria risco durante a gravidez. Madre Domineuc seguia as orientações da Igreja católica no Amparo Maternal e "orientava as mulheres [...] a não praticar o aborto, assumir a vida da criança e confiar na providência divina". A docente Mariana Fernandes de Souza

82. Entrevista concedida por Lucila Amaral C. Vianna em 13 nov. 2008. Em sua entrevista já citada, Mariana Fernandes de Souza mencionou o desgaste na relação do Amparo Maternal com o curso de Enfermagem e a Escola Paulista de Medicina, "principalmente depois que a madre Domineuc saiu de lá". O assunto também veio à tona na entrevista concedida por Rosa A. Pimenta de Castro.

definiu sutilmente a posição da madre sobre o assunto como produto de sua crença e de sua formação:

> Madre Domineuc tinha ideias muito próprias. Além de enfermeira ela era assistente social, já veio da França como assistente social. Ela era uma mulher com um caráter de ferro, com uma capacidade de trabalho fora do comum, e eu acho que ela se opunha a algumas ideias, porque como religiosa ela era muito cristã, se opunha a abortamentos [...][83].

Para os médicos, a questão colocava-se em outros termos, e os debates sobre o assunto ganharam corpo na Comissão de Ética em 1960. A biógrafa de Domineuc refere-se a um certo abrandamento do dogmatismo em relação ao aborto terapêutico (entre outros temas), em nome das reformas do Concílio Vaticano II e do feminismo, que ganhava terreno e representatividade social no mesmo período. Ainda que oficialmente a Igreja católica não aceitasse o procedimento, cresceu o número dos que "se posicionaram contra o pensamento oficial da Igreja, vendo a questão [de] um prisma diferente do seu magistério"[84].

Madre Domineuc situou-se no centro da polêmica. Ela viajou a Paris em 17 de maio de 1961 para pedir seu desligamento da Congregação, a fim de dedicar-se ao Amparo Maternal como leiga. Na época, circulou a versão de que ela fazia isso em obediência às ordens da própria Congregação. A saída de Domineuc dos espaços do aprendizado (EEHSP) e do exercício profissional (HSP, Amparo Maternal) em São Paulo não passou despercebida: um mês depois da viagem dela ao Velho Mundo, a ABEn enviou um ofício ao então arcebispo de São Paulo, dom Carlos Carmelo de Vasconcelos Motta. Ia anexo um documento de duas laudas realçando as ações de Domineuc em prol do desenvolvimento da profissão de enfermeiro no Brasil ao longo dos 26 anos de sua estadia no país. Marina de Andrade Resende,

83. Entrevista concedida por Mariana Fernandes de Souza em 17 out. 2008.
84. Largura, *op. cit.*, pp. 54-55.

que presidia a entidade na ocasião, agradecia ao cardeal "pelo muito que dela a enfermagem recebeu" e, ao mesmo tempo, pedia que, oportunamente, fosse promovido o regresso da madre ao Brasil[85].

A correspondência da EEHSP, da EPM e do Arcebispado indicam pistas, mas não explicitam os motivos que levaram Domineuc a deixar a Congregação e as obras em São Paulo, nem por que a Escola de Enfermagem afastou-se do Amparo Maternal e da Comunidade Sabiá. Se a forma de proceder ao parto ou ao aborto terapêutico estava no centro das divergências, as partes apegaram-se às suas posições e há poucos indícios escritos de que uma negociação fosse possível.

A EPM recusava-se a discutir os termos do regulamento do Amparo, e a representante das Franciscanas Missionárias, madre Maria Camilla de S. Francisco, era instruída por telegramas vindos da sede da Congregação em Roma. As primeiras instruções de que temos notícia são de 23 de outubro de 1961 – tempo mais do que suficiente para que tenham chegado à Itália os relatos de Domineuc em Paris sobre o que vinha ocorrendo nas obras paulistanas. Maria Camilla escreveu a Álvaro Guimarães em 28 de outubro, informando que o Conselho Geral da Congregação a notificaria sobre a saída de todas as religiosas do Amparo, "caso o professor recusar um regulamento aceitável". Os termos aceitáveis de um regulamento para o Amparo Maternal eram o motivo da discórdia, mas pela correspondência não é possível saber quais eram os pontos exatos. Madre Camilla dizia haver tratado do assunto com dom Vicente Zioni, bispo auxiliar de São Paulo, e escreveu a Guimarães:

> Monsenhor ficou muito impressionado, mas compreendeu perfeitamente que o Instituto estaria obrigado a deixar a Obra, já que esperando mais de um mês, não temos nenhuma resposta, nem o Sr. chamou a ninguém para estudar

85. Ofício da presidência da ABEn ao Arcebispo de São Paulo. Rio de Janeiro, 21 jun. 1961. *ACMSP*, pasta CBA 03-03-04 (*Correspondência dos bispos e arcebispos/ Franciscanas Missionárias de Maria, 1935-1972*).

juntos o regulamento apresentado, como simples projeto, exigido também pelo Sr. Cardeal.

Dom Zioni falou que eu devia dar conta ao Sr. professor de tudo isso por carta, dizendo que ele gostaria [de] falar com o Sr. ou pelo menos que o Sr. desse uma resposta escrita.

Peço pois ao Sr. o favor de fazer-me conhecer suas intenções, para saber o que devo responder à Nossa Rma. Madre Geral, antes de realizar a minha viagem para o Norte que penso fazer dentro de poucos dias.

Camilla reportou, ainda, a chegada de dois outros telegramas, com instruções para que as Franciscanas Missionárias deixassem o Amparo em três meses se não houvesse um novo regulamento posto em vigor dali a um mês. Um trimestre parecia ser o tempo necessário para encontrar substitutas para a obra[86]. Camilla viajou para o norte levando na bagagem o silêncio de Álvaro Guimarães Filho, que não se pronunciou até o início do mês seguinte. A madre deixou o caso nas mãos das próprias religiosas do Amparo e da vigária do HSP, que lhe comunicariam "qualquer decisão da diretoria leiga do Amparo Maternal, que até agora não deu nenhuma resposta concreta"[87].

Enquanto isso, madre Domineuc vivia enclausurada na França. Ela obteve um indulto de exclaustração em 27 de março de 1962 e voltou ao Brasil. A Congregação, no entanto, suspeitava de suas obras: "era acusada de incentivar as moças a ficarem grávidas, abrigar mães solteiras pobres e mulheres prostituídas". A madre regressou para o Amparo Maternal: no dia de sua volta, em 1962, as Francisca-

86. Ofício de Madre Maria Camilla de S. Francisco, da Congregação das Franciscanas Missionárias, a Álvaro Guimarães Filho. São Paulo, 28 out. 1961. ACMSP, pasta CBA 03-03-04 (*Correspondência dos bispos e arcebispos/Franciscanas Missionárias de Maria, 1935-1972*).

87. Ofícios de Maria Camilla de San Francisco a dom Vicente Zioni, bispo auxiliar de São Paulo. São Paulo, 29 out. 1961 e 9 nov. 1961. ACMSP, pasta CBA 03-03-04 (*Correspondência dos bispos e arcebispos/Franciscanas Missionárias de Maria, 1935-1972*).

nas Missionárias deixaram o lugar e ela "ficou absolutamente só, com cerca de trezentos abrigados"[88]. A relação entre a madre e o restante da Congregação manteve-se assim até que fosse atendido o pedido, feito por Domineuc, de dispensa de seu vínculo com as Franciscanas, em 18 de setembro de 1964[89]. Embora tenha mantido os votos do grupo religioso no qual ingressara em 1929, formalmente Domineuc deixou de ser uma Franciscana Missionária de Maria.

Secularizada, ela recebeu alguns prêmios em reconhecimento pelos serviços prestados à enfermagem no Brasil. Foram homenagens em congressos (1974 e 1982) e no Conselho Federal de Enfermagem (1988), além de uma medalha do Mérito de Enfermagem em 1983. Seu último trabalho foi a criação da Casa do Poço, também voltada à assistência à infância e a mães de crianças com problemas mentais, em 1988. Dez anos depois, apresentando as sequelas da doença de Alzheimer, ela faleceu em Taubaté, em uma casa mantida por sua antiga Congregação.

FUNCIONAMENTO DO CURSO

Os primeiros tempos

Quando a nova sede da EPM foi inaugurada, na rua Botucatu, em outubro de 1936, Octávio de Carvalho anunciou "a intenção de criar a Escola de Enfermagem, anexa à Escola [Paulista de Medicina] e ao hospital, com o objetivo de profissionalizar o serviço assistencial oferecido pela EPM"[90]. Das negociações que antecederam a criação do curso (em março de 1939) aos esforços das religiosas e da direção da EPM desde 1937, um trabalho intensivo havia sido feito. Mas a tarefa de fazer funcionar a EEHSP não se limitou a intenções ou ao

88. Largura, *op. cit.*, pp. 69 e 78.
89. O documento de dispensa da Congregação está reproduzido em Largura, *op. cit.*, pp. 57-58.
90. Guímaro e Prata, *op. cit.*, p. 27.

ato inaugural: depois de iniciados os cursos, ainda era preciso tomar providências de toda ordem.

Formalmente, as negociações que levaram à criação da EEHSP começaram a ter desdobramentos a partir da reunião ocorrida em 12 de fevereiro de 1939 – a primeira em que se reuniu o Conselho Diretor da Escola de Enfermeiras para fundar a referida escola e aprovar seu regimento interno[91].

Desde 1939, com o funcionamento do novo curso, as diretrizes gerais mantiveram o rigor por parte das religiosas franciscanas, tanto na formação como na fiscalização da moralidade das alunas matriculadas no que dizia respeito a comportamentos, hábitos, atitudes e valores: "[...] as irmãs controlavam a vida das meninas. Em certo sentido, exerciam o papel de mães e pais, estabelecendo horário para voltar para casa e fiscalizando as visitas masculinas"[92]. Exemplos desse controle davam-se com frequência nas reuniões da Associação de Alunas Enfermeiras. Em maio de 1945, um convite para que todas as alunas fossem a um baile foi votado; decidiu-se que elas não compareceriam. Na mesma reunião, à qual estava presente madre Domineuc, discutiu-se o que fazer a respeito de alguns livros adquiridos pela EEHSP e que haviam sido censurados. A decisão seguiu uma sugestão da madre: as alunas que quisessem poderiam comprar

91. A essa reunião estiveram presentes Álvaro Lemos Torres, Álvaro Guimarães Filho, Pedro de Alcântara e as irmãs Maria Saint Hermeland e Maria Domineuc. Cf. cópia da ata da primeira reunião do conselho diretor da EEHSP, Acervo Histórico do Denf-Unifesp/EPE, *Livro 1 – Histórico da Escola de Enfermeiras do HSP 1939-1942*, fls. 72-75. Poucos meses antes teve início um curso de Enfermagem Obstétrica, como parte das atividades da cadeira de Clínica Obstetrícia da EPM, a partir do atendimento na maternidade, ao qual haviam sido destinados dezessete leitos do HSP em 28 de outubro de 1938, por Álvaro Guimarães Filho. Duas alunas foram matriculadas nesse curso. Cf. Maria Regina G. Silva, *op. cit.*, pp. 32-33. Ver também *Escola Paulista de Medicina*, *op. cit.*, p. 211; Albernaz, *op. cit.*, p. 32; Augusto e Maranhão, *op. cit.*, p. 17; Schirmer *et al.*, *op. cit.*, p. 73; Márcia Regina B. da Silva, *op. cit.*, 2003, p. 164.

92. Guímaro e Prata, *op. cit.*, p. 28.

os livros – mas parece que a censura sobre o acervo da Escola prevaleceu[93]. O ano de 1946 começaria agitado com o debate sobre a expulsão da aluna Ophelia de Barros Castro, que já recebera duas advertências da direção. Um dos membros do conselho sugeriu, e os demais acataram, que a Escola permitisse a transferência e a conclusão do curso em outra instituição[94]. Ainda em 1946, quando começaram a organizar o Natal dos Pobres, as alunas aceitaram a ajuda de estudantes da EPM; talvez devido a uma interação mais animada (e indesejada), a parceria com os alunos de medicina não se repetiu no ano seguinte, por intervenção de Domineuc[95]. Outros temas prosaicos, como restrições ao uso da vitrola da Escola e pedidos para evitar conversas durante as aulas e colas nas provas[96] também faziam parte do controle pretendido sobre as estudantes. Alguns assuntos de cunho ao mesmo tempo político e moralizante passaram por discussão na AAEHSP, como o pedido enviado pelo Centro de Estudos do Petróleo para que a Escola se manifestasse a respeito da exploração desse produto no Brasil. As alunas pediram a opinião de Álvaro Guimarães, que se posicionou contra, afirmando que se tratava de uma campanha arquitetada pelo Partido Comunista. As alunas optaram por uma resposta neutra, pois desejavam participar do Congresso da UNE – e, de acordo com elas, esta sim era comunista. Como se vê, as estudantes de enfermagem sabiam contornar problemas e abrir

93. Acervo Histórico do Denf-Unifesp/EPE, *Livro 2 – Atas da Associação das Alunas Enfermeiras do Hospital São Paulo*, fls. 23v-24v.

94. Acervo Histórico do Denf-Unifesp/EPE, *Livro de Atas de Reuniões do Conselho Diretor da EEHSP*, reunião de 19 jan. 1946, fl. 51. Madre Domineuc foi voto contrário e vencido nessa questão, mas informou aos presentes à reunião de 10 dez. 1946 que a aluna estava matriculada na EEUSP e que era tida como uma das melhores alunas daquele curso (*idem*, fl. 52).

95. Acervo Histórico do Denf-Unifesp/EPE, *Livro 2 – Atas da Associação das Alunas Enfermeiras do Hospital São Paulo*, reuniões de 26 out. 1946 e 11 dez. 1947, fls. 38-38v e 44-44v, respectivamente.

96. *Idem*, reuniões de 6 abr. 1949 e 21 jun. 1948, fls. 44v-45 e 53-54, respectivamente.

brechas para conseguir fazer o que julgavam importante, mesmo sob estrita vigilância[97].

As alunas moravam na escola em regime de internato, tal como as experiências de formação francesa ditavam. Algumas delas recebiam isenção do pagamento de mensalidade ou bolsa de estudos e, em contrapartida, deveriam dedicar-se exclusivamente ao Hospital e aos estudos[98]. As bolsas destinadas às alunas representavam um valor significativo em relação ao volume total de bolsas atribuídas pela EPM: no ano de 1945, por exemplo, dos Cr$ 266.028,70 destinados às bolsas de estudos, Cr$ 101.949,20 foram para estudantes da Escola de Enfermeiras[99]. Naquele mesmo ano, "em virtude do encarecimento da vida", as bolsas para as alunas da EEHSP haviam sido reajustadas para Cr$ 350,00[100]. Ainda que não saibamos qual era o valor pago anteriormente, a menção à inflação nos remete às dificuldades enfrentadas no período da Segunda Guerra Mundial. Dois anos antes, o CTA discutira a possibilidade de pagar bolsas a duas estudantes de enfermagem (as únicas freiras de uma turma de dez alunas[101]) que não estavam em dia com suas mensalidades, mas "fizeram inúmeros plantões no Hospital, substituindo funcionárias durante os três anos de estudo". As alunas pediram um prazo para efetuar o pagamento dos atrasados, mas o

97. *Idem*, reunião de 26 out. 1948, fls. 48-49. O Centro de Estudos e Defesa do Petróleo foi criado em abril de 1948 e de seus quadros sairia a liderança de uma campanha nacionalista cujo lema era "O petróleo é nosso". As ligações do Centro com o PCB eram evidentes, o que tornava a entidade um alvo constante da polícia política no governo Eurico Gaspar Dutra (1946-1951).

98. Cf. Oguisso, *op. cit.*, p. 193, sobre a formação na Escola de Enfermagem de Salpêtrière, que aponta para uma experiência similar.

99. Arquivo da Prograd, caixa 1226 – Inspetoria Federal, Medicina (1945 a 1946), Relatório final de 1945.

100. Cópia de Ata da Reunião do Conselho Diretor da EEHSP, 18 set. 1945. Arquivo da Prograd, caixa 1195 – Inspetoria Federal, Enfermagem (1945), fl. 89.

101. Arquivo da Prograd, caixa 1195 – Inspetoria Federal, Enfermagem (1945), fls. 3-4.

conselho resolveu suspender a dívida[102]. Os pagamentos prosseguiram: em 1946, sabemos que 47% das alunas do curso eram bolsistas; em 1948, as bolsistas passaram de cinco (até abril) a dezesseis (a partir desse mês), número mantido em 1949 e ampliado para 21 em 1950, 33 em 1951, 38 em 1952 e setenta em 1953. Após um intervalo de quatro anos, as bolsas voltaram a ser atribuídas, embora de maneira mais escassa: foram apenas três em 1958, o mesmo número em 1959, nove em 1960, quatorze em 1961, nove em 1962 e 26 em 1963[103], último ano no qual os Relatórios de Inspeção Federal, que prosseguiram até 1973, mencionam a atribuição de bolsas de estudos.

Apesar do reconhecimento da Escola pelo governo federal nos padrões da Anna Nery, a influência francesa original ainda continuava a ser sentida décadas depois da criação do curso. Seguramente, a permanência das religiosas da Congregação das Franciscanas Missionárias de Maria na direção do curso ao longo desse período é uma das razões que explicam a manutenção dessa influência. Essa continuidade pode ser exemplificada na carreira de Marianna Augusto, docente cuja atuação foi fundamental para a implantação da pós-graduação em Enfermagem na Escola[104].

102. Cópias de atas de reuniões do CTA, ago.-set. 1943. Arquivo da Prograd, caixa 1225 – Inspetoria Federal, Medicina (1943 a 1944), Relatório final de 1943.

103. Os dados sobre as bolsas foram recolhidos em diferentes documentos do Arquivo da Prograd, a saber: caixa 1195 – Inspetoria Federal, Enfermagem (1946), fls. 283/Inspetoria Federal, Enfermagem (1948), fl. 91/Inspetoria Federal, Enfermagem (1949), v. IX, fl. 85; Arquivo da Prograd, caixa 1196 – Inspetoria Federal, Enfermagem (1950), fl. 82/Inspetoria Federal, Enfermagem (1951), fl. 92/Inspetoria Federal, Enfermagem (1952), fl. 99/Inspetoria Federal, Enfermagem (1953), fl. 100; Arquivo da Prograd, caixa 1198 – Inspetoria Federal, Enfermagem (1959), fl. 120/Inspetoria Federal, Enfermagem (1960), fl. 114/Inspetoria Federal, Enfermagem (1961), fl. 120/Inspetoria Federal, Enfermagem (1962), fl. 102/Inspetoria Federal, Enfermagem (1963), fl. 52.

104. A formação de Marianna Augusto exemplifica essa mescla de influências e seu depoimento demarca a preferência pelo modelo de aprendizado do ofí-

Para o ingresso no curso, nos tempos iniciais, exigia-se das candidatas serem brasileiras, com comprovação por meio de documentos de registro; certidão de nascimento; atestado de vacina recente contra varíola e febre tifoide; certificado de ensino secundário (correspondente ao nosso atual ensino fundamental); atestado de idoneidade moral; declaração de pai, responsável ou tutor apresentando a candidata; atestado médico e odontológico em impressos fornecidos pela própria Escola; atestado de experiência anterior em serviço clínico, hospitalar, educacional ou comercial; e duas fotografias 3 x 4. Além disso, nos casos de viuvez, era preciso apresentar documentos comprobatórios. Caso a candidata não possuísse o curso fundamental, seria submetida a um exame preliminar de língua portuguesa, matemática, geografia, história do Brasil e natural, física e química, perante uma comissão formada por três professoras da Escola.

Em termos legais, um regimento interno detalhava a grade curricular do novo curso, especificando seu período de duração e as formas de se proceder aos exames de admissão e às matrículas, além de fixar as despesas da nova instituição de ensino. A duração do curso seria de três anos. O padrão da Escola Anna Nery previa, entre outros itens, a direção a cargo de uma enfermeira diplomada com curso de aperfeiçoamento e experiência de ensino e administração, e o cumprimento de um currículo de aproximadamente quarenta disciplinas, distribuídas em teóricas e práticas, com estágios em clínica médica e cirúrgica, divididas em quatro períodos. Durante os quatro últimos meses do curso, as alunas poderiam escolher uma área da enfermagem para especializar-se, a saber: enfermagem clínica, enfermagem em saúde pública e administração hospitalar.

Na EEHSP, as alunas teriam aulas teóricas das disciplinas básicas e clínicas com os catedráticos do curso de Medicina, e as disciplinas teóricas e práticas de Enfermagem com as religiosas.

cio. Ver entrevista concedida por ela em 29 set. 2008, em particular o trecho citado no capítulo 5.

Também foi preciso fazer uma alteração no regimento interno da EPM, com a criação de um capítulo referente à Escola de Enfermeiras, mencionando a carga horária do curso e a maneira como ele seria dirigido[105]. Entre o início do funcionamento do curso e os resultados da inspeção federal pelo CNE, a EEHSP instalou-se no prédio do HSP e concedeu bolsas de estudos às alunas que desempenhassem funções no hospital[106].

O regimento do curso e a criação da Escola de Enfermeiras foram aprovados nos termos do parecer n. 380 do CNE, em 13 de novembro de 1939, aplicável à EEHSP e aos cursos de Enfermagem Obstétrica e de Auxiliares Técnicos de Laboratório. A inspeção que antecedeu ao parecer, feita por Laís Moura Netto dos Reys, então diretora da Escola Anna Nery[107], concluiu que a EEHSP preenchia as condições exigidas pelo governo para funcionar. Entre essas condições, algumas diziam respeito à EPM, como o compartilhamento de instalações e docentes pelos estudantes de medicina e de enfermagem. Outros requisitos referiam-se ao funcionamento da própria EEHSP, onde "a técnica de enfermagem é dada por enfermeiras diplomadas", assim como as monitoras também o eram. Três outras constatações feitas na inspeção embasaram o parecer positivo do CNE: o fato de a enfermeira diretora da Escola – madre Maria das Dores – ser brasileira e diplomada pela Anna Nery[108]; o funcionamento regular e ininterrupto da Escola; e

105. A íntegra do *Regimento Interno da Escola de Enfermeiras do HSP* encontra-se no Acervo Histórico do Denf-Unifesp/EPE, *Livro 1 – Histórico da Escola de Enfermeiras do HSP 1939-1942*, fls. 72-75. O capítulo referente à EEHSP no Regimento da EPM encontra-se no mesmo livro, nas fls. 70-71.

106. Cópia de Ata da Reunião do CTA de 18 jul. 1939. Arquivo da Prograd, caixa 1223 – Inspetoria Federal, Medicina (1938 a 1939), Relatório final de 1939.

107. O site da EAN informa que, na época, a escola era dirigida pela estadunidense Bertha Lucille Pullen (http://www.eean.ufrj.br/sobre/sobre.htm, acesso em jan. 2009). Todavia, a assinatura no parecer do CNE era Laís Reys, e outras fontes informam que ela ocupou a direção da EAN entre 1938 e 1950. Cf. Secaf e Costa, *op. cit.*, p. 51.

108. A exigência de que a direção da Escola fosse exercida por uma brasileira, nos termos da legislação vigente no Estado Novo, impedia que o cargo fosse ocu-

o atendimento ao padrão Anna Nery no programa e nas matrículas. Os únicos senões eram as necessidades de "submeter suas monitoras estrangeiras ao exame de revalidação" – o que foi feito entre o final de 1939 e o início do ano seguinte[109] – e de abrir a escola às alunas estrangeiras que quisessem cursá-la[110].

Nos anos seguintes, outras conquistas e outros debates estariam em pauta. Um dos mais significativos foi o reconhecimento do curso pelo governo federal, para o que a figura de Álvaro Guimarães Filho desempenhou um papel fundamental. Em 1942, ano de formatura da primeira turma de enfermeiras da EEHSP, esse reconhecimento estava assegurado a partir dos resultados avaliados pelo CNE e pelas instâncias políticas feitas por Guimarães, por outros membros da diretoria da EPM e, certamente, por autoridades eclesiásticas[111]. Simultaneamente, era preciso providenciar a ampliação do campo de estágio para outras especialidades além da pediatria e da obstetrícia, supridas quase que

pado nessa oportunidade por uma das religiosas estrangeiras da Congregação das Franciscanas Missionárias, como madre Marie Domineuc, por exemplo.

109. Cf. correspondências enviadas por Laís Netto dos Reys, diretora da Escola Anna Nery, à Irmã Superiora da Escola de Enfermeiras do HSP (5 jan., 20 dez. 1939, 23 jan. e 12 fev. 1940), confirmando a revalidação dos diplomas de Maria de Fontenelle, Maria Hermana José e Marie Domineuc. Acervo Histórico do Denf-Unifesp/EPE, *Livro 1 – Histórico da Escola de Enfermeiras do HSP 1939-1942,* fls 40-43.

110. Parecer n. 380 do CNE, datado de 13 nov. 1939, assinado por Samuel Libânio, Raul Leitão da Cunha e Luiz Camilo de Oliveira Neto. Arquivo da Prograd, processo 59, arquivo 4, pasta 64.

111. "O sr. Presidente [Álvaro Guimarães Filho] passou a esclarecer o Conselho sobre os resultados de sua viagem ao Rio de Janeiro, onde fora tratar de interesses da Escola e agradecer pessoalmente às autoridades o reconhecimento da Escola de Enfermeiros do Hospital São Paulo [...]". Arquivo da Reitoria da Unifesp, *Livro de Atas do CTA*, vol. III, 4 maio 1942, fl. 96. Encômios às enfermeiras foram proferidos por Antônio de Almeida Jr. e Álvaro Guimarães Filho por ocasião da formatura da primeira turma. Cf. Acervo Histórico do Denf-Unifesp/EPE, *Livro 1 – Histórico da Escola de Enfermeiras do HSP (1939-1942)*, fls. 308-316 e 317-324.

na totalidade pelo HSP e pelo Amparo Maternal. Em saúde pública, a possibilidade de estagiar em instituições oficiais do estado de São Paulo cresceu com a abertura de campo no Departamento de Profilaxia de Moléstias Infecciosas, em meados de 1942[112].

Tempos de guerra

O primeiro ano de funcionamento da EEHSP (1939) teria custado 21 contos de réis, conforme as contas apresentadas por Álvaro Guimarães Filho em meados de 1940, com um prognóstico otimista: "dentro de três anos ela dará lucro"[113]. O otimismo talvez não fosse injustificado, mas certamente era prematuro. Em setembro de 1939, com a invasão da Polônia pelas forças alemãs, estourava na Europa a Segunda Guerra Mundial. Embora não se pudesse prever naquele momento qual seria o grau de envolvimento do Brasil no conflito nem para qual lado da guerra o governo brasileiro penderia, a conflagração de caráter mundial teria efeitos sensíveis sobre a economia nacional, incluindo a EPM e suas instalações anexas, como o HSP e a Escola de Enfermeiras. Foi o mesmo Guimarães Filho quem declarou, na reunião do CTA do início do mês de setembro de 1939, "que em virtude da situação de guerra na Europa, o que, consequentemente, acarretará uma alta dos preços e a falta de determinados produtos usados pela Escola, tem tomado todas as medidas de economia que se fazem necessárias"[114].

O governo brasileiro começou a pender para o lado dos Aliados em 1941, mas só declarou guerra ao Eixo mais tarde, enviando forças para lutar contra o fascismo na Itália somente em 1944. Na ocasião, 67 enfermeiras compuseram o contingente que serviu em hospitais

112. Arquivo da Reitoria da Unifesp, *Livro de Atas do CTA*, vol. III, 8 jun. 1942, fl. 113.
113. *Idem*, vol. II, 19 jun. 1940, fl. 159.
114. Cópia de Ata da Reunião do CTA de 4 set. 1939. Arquivo da Prograd, caixa 1223 – Inspetoria Federal, Medicina (1938 a 1939), Relatório final de 1939. Sobre o impacto da Segunda Guerra Mundial na EPM e no HSP, ver Nemi, *op. cit.*, pp. 119 e ss.

do exército dos Estados Unidos em território italiano. Dentre elas, quatorze eram diplomadas em escolas reconhecidas do Rio de Janeiro e na Escola de Enfermagem da USP.

Embora não haja registro de envio de enfermeiras formadas na EEHSP ao *front* europeu, a vivência da guerra entrou na Escola de outras formas. Aqui, a mobilização foi discutida diante da possibilidade de que os confrontos armados viessem a ocorrer no Brasil e de que, como ressoava a propaganda do regime varguista, talvez o inimigo já estivesse entre nós, nas comunidades de imigrantes japoneses, alemães e italianos. Em 22 de agosto de 1942, o Brasil declarou guerra à Alemanha e à Itália; dias depois, o conselho diretor da EEHSP reuniu-se para discutir o que fazer diante da perspectiva concreta de envolvimento do país nos confrontos. As enfermeiras contataram a Cruz Vermelha local para a realização de cursos especiais de enfermagem e colocaram-se à disposição da 2ª Região Militar, sediada em São Paulo[115]. Nessa reunião, a então diretora madre Maria das Dores licenciou-se, e suas funções foram assumidas por madre Marie Domineuc.

Como desdobramento dos contatos com as autoridades militares regionais, docentes da EEHSP ministraram um curso de enfermagem e socorros de guerra ao longo do segundo semestre de 1942. Ao final desse período, discutia-se a conveniência de iniciar um novo curso, desta vez de defesa passiva antiaérea, para professores, alunos e funcionários administrativos[116].

Outro dado que expressa a maneira pela qual a guerra entrou no cotidiano paulistano na década de 1940 são as atitudes tomadas pela direção da EEHSP em relação a alunas estrangeiras. Em 1939, durante a inspeção preliminar na Escola, observava-se que o acesso de estrangei-

115. Acervo Histórico do Denf-Unifesp/EPE, *Livro de Atas de Reuniões do Conselho Diretor da EEHSP*, reunião de 28 ago. 1942, fl. 26.

116. Cópia de Ata da Reunião do CTA de 13 nov. 1942. Arquivo da Prograd, caixa 1224 – Inspetoria Federal, Medicina (1940 a 1942), Relatório dos 1º, 2º e 3º trimestres de 1942.

ros ao curso era uma exigência necessária para a adaptação ao padrão Anna Nery. Todavia, quatro anos depois, madre Domineuc enfrentaria uma questão ligada à guerra e à sua própria condição de estrangeira num país envolvido no confronto. Para além das dificuldades de financiamento do curso, agravadas pelas circunstâncias da guerra e pela diminuição no número de bolsas de estudos atribuídas à EEHSP, havia uma contradição a ser superada. Se em 1939 o CNE exigia o acesso de estrangeiras ao curso, em 1943 as reviravoltas que levaram o país a declarar guerra ao Eixo sinalizavam outra direção. O governo federal não exigia propriamente o afastamento de italianos, alemães e japoneses ou de seus descendentes dos órgãos de ensino, mas era no mínimo constrangedor, para uma instituição fortemente apoiada pelo poder público, conceder bolsas de estudos para alunas vindas de países contra os quais o Brasil estava em guerra. Das vinte bolsas que a direção da EPM concedera em 1943 a alunas da EEHSP, nove já haviam sido distribuídas por madre Domineuc até setembro, mas ela pedia autorização para beneficiar uma aluna que tinha nascido em "país beligerante inimigo" e outra cujos pais tinham a mesma condição. A linguagem sintética da ata não registra discussões aprofundadas, a nacionalidade precisa das bolsistas nem os argumentos que a madre pode ter utilizado para convencer os demais membros do conselho diretor acerca da justiça da medida. Sabemos apenas que o conselho autorizou a concessão de tais bolsas[117].

De modo geral, a situação de guerra marcou o cotidiano do curso em seus anos iniciais: criada meses antes do início dos confrontos, em 1939, a EEHSP formou suas primeiras turmas em pleno desenrolar da Segunda Guerra Mundial. A partir de declaração de guerra do Brasil aos países do Eixo, o alinhamento aos Estados Unidos tornou-se mais nítido – inclusive na Escola de Enfermagem, na qual as alunas "estudaram os assuntos de interesse geral profissional com as repre-

117. Acervo Histórico do Denf-Unifesp/EPE, *Livro de Atas de Reuniões do Conselho Diretor da EEHSP*, reunião de 1 out. 1943, fl. 32.

sentantes de todas as Escolas de Enfermeiras do país e de titulares norte-americanas que na ocasião se achavam em São Paulo"[118]. Para além da dificuldade de manter os tradicionais intercâmbios com enfermeiras europeias, bem como quaisquer outros intercâmbios, diante da conflagração que tomava conta daquele continente, a presença das profissionais estadunidenses no Brasil relacionava-se à "política de boa vizinhança" do governo Roosevelt (1933-1945). Tal política alterou sobremaneira as relações governamentais entre os Estados Unidos e os países da América Latina, que passaram do marcado intervencionismo à colaboração, inclusive no campo intelectual, com vistas à manutenção da preeminência norte-americana no continente.

No imediato pós-guerra, essa primazia consolidou-se. Em algumas situações, não havia mesmo concorrência possível entre a Europa destruída e os Estados Unidos. É o que ocorreu, por exemplo, no caso das importações de aparelhos e instrumentos para a EEHSP, que só podiam ser encomendados a fabricantes estadunidenses, como se deu no final de 1945[119].

Os anos de guerra não foram apenas de (re)alinhamento diante das graves clivagens mundiais. Foram também anos de luta pela profissionalização, como vimos acerca dos encontros de enfermeiras e de dirigentes de instituições de ensino de enfermagem. Ao mesmo tempo, a organização estudantil estruturou-se – paradoxalmente, com estímulo governamental em pleno Estado Novo. Foi a partir de um telegrama encaminhado pelo ministro Capanema, conclamando as alunas a enviarem representação ao V Congresso da União Nacional dos Estudantes, que se criou na escola o Centro de Alunas Enfermeiras do Hospital São Paulo, em 21 de abril de 1942. A primeira gestão

118. Arquivo da Prograd, caixa 1225 – Inspetoria Federal, Medicina (1943 a 1944), Relatório final de 1943.
119. Arquivo da Prograd, caixa 1226 – Inspetoria Federal, Medicina (1945 a 1946), Relatório final de 1945.

teve Áurea Vieira da Cruz como presidente, Romilda Cerqueira do Amaral Filha como secretária e Ruth Politi como tesoureira.

Desde o início, madre Domineuc assumiu a presidência honorária da entidade e, até o final da guerra, outras alunas participariam de sua direção: Francisca Nogueira Soares (mais tarde madre Maria do Cristo Redentor), madre Santo Antão e Ignacia Augusto (1943-1945), Carmem Leite Costa, Hyrcia Camargo Ayres e Maria de Lourdes Locato (1944-1945)[120]. O CAEHSP tinha funções culturais – como a montagem de uma biblioteca e a organização de viagens de estudo – e caritativas – feitas em conjunto com o Departamento de Saúde Social do HSP. A entidade passaria a denominar-se Associação de Alunas Enfermeiras do Hospital São Paulo (AAEHSP) em março de 1943[121]. Um dos principais serviços prestados pelas alunas da AAEHSP era o de "dona de casa" na residência da EEHSP: as estudantes eram escaladas diariamente para fazer limpezas e outros serviços domésticos.

As relações entre a entidade estudantil de enfermagem (com muitas alunas religiosas) e a direção da EEHSP sempre foram muito próximas. Madre Fontenelle, por exemplo, era quem convocava as alunas e elaborava pautas para as reuniões, especialmente quando era preciso organizar as ações de caridade, como costurar roupas para os necessitados, organizar o Natal dos pobres e dos doentes do HSP ou fazer uma festa de Páscoa para os trabalhadores da construção do Hospital[122]. O próprio estatuto da associação, em seu artigo 17, previa que as candidatas à diretoria deveriam ter seus nomes previamente aprovados pela diretoria da EEHSP. Uma sutil tensão acerca dessa obrigatoriedade foi registrada nas atas da AAEHSP após a eleição da terceira diretoria, ocorrida em 21 de setembro de 1944. Dois dias depois, uma reunião

120. Acervo Histórico do Denf-Unifesp/EPE, *Livro 2 – Atas da Associação das Alunas Enfermeiras do Hospital São Paulo*, fls. 10-10v, 13-14 e 17-18.

121. *Idem*, fls. 1-2v. A mudança de nome deu-se na 12ª reunião. Cf. fls. 7-8.

122. *Idem*, fls. 3-10 e 22-22v.

extraordinária pôs o artigo 17 em discussão e manteve a obrigatoriedade, refazendo as eleições e apurando o mesmo resultado[123].

A mobilização de alunas e de enfermeiras serviu não apenas para suprir as necessidades de atendimento na guerra, mas também para marcar presença na política interna nacional e nas políticas institucionais, bem como para definir os requisitos das profissionais de enfermagem:

> Durante o Estado Novo e a Segunda Guerra Mundial, as enfermeiras foram mobilizadas e responderam ocupando um lugar importante na constituição da política na qual "servir" ao outro foi associado a servir à pátria em uma política que permitiu consolidar o *front* interno e impor um regime de mobilização e subordinação da sociedade ao Estado Novo, fazendo convergir políticas de saúde e saneamento com políticas de militarização e enquadramento forçado da população [...]. A história da enfermagem entre 1937 e 1945 revela aspectos fundamentais da ideologia do Estado Novo, sua concepção de sociedade, de relação da sociedade com o Estado, da história das mulheres no país, ao mesmo tempo que sobre os canais de ascensão das classes médias urbanas em uma estrutura de alargamento da ação do Estado. [...]. O Estado Novo e principalmente os anos da Segunda Guerra Mundial são certamente um marco importante na trajetória da afirmação profissional e institucional da enfermagem no Brasil [...][124].

Do pós-guerra à Escola Paulista de Enfermagem

Os anos que se seguiram ao final da Segunda Guerra Mundial foram de retomada da expansão da EPM. Além do curso médico, tanto o HSP como a EEHSP tinham necessidade de crescer para atender ao ampliado número de pacientes que procuravam seus serviços e de alunos que acorriam às duas escolas.

Um marco dessa expansão foi a doação, feita pela prefeitura de São Paulo em 1947, de um terreno de 12 387,20 m², contíguo ao Hospi-

123. *Idem*, fls. 18-19.

124. Roney Cytrynowicz, *Guerra sem Guerra: a Mobilização e o Cotidiano em São Paulo durante a Segunda Guerra Mundial*, p. 119.

tal. Pouco menos da metade da área foi destinada à construção de ambulatórios; o restante (7 136,6 m²) ficou reservado para a construção da nova sede da EEHSP, cujas obras seriam concluídas em 1960[125]. A área parece não ter sido suficiente: em 1950, o assunto voltou à pauta, com o informe de Álvaro Guimarães Filho acerca da citada compra de um terreno para a construção da Escola de Enfermeiras. Dinheiro do orçamento para a obra também não havia, e a "residência das enfermeiras" seria "custeada pela doação de cinco milhões de cruzeiros, que deve ser feita para tal fim pelo Excelentíssimo Senhor Ministro da Educação e Saúde, professor Clemente Mariani [...]", doação que nessa altura ainda era apenas uma promessa[126].

Com o curso ainda instalado no edifício do HSP, o CNE aprovou o regimento da EEHSP em 1950, na gestão de madre Áurea Vieira da Cruz[127]. Mas entre as providências para a construção da nova sede e a aprovação do regimento, madre Domineuc teve um rompante de desistir de tudo. Em 1949, oito alunas matricularam-se no curso, e os anos do pós-guerra foram de altos e baixos. Talvez embaladas pela propaganda oficial de valorização das enfermeiras durante a guerra, doze mulheres matricularam-se no curso em 1945 e treze em 1946. Daí em diante, o interesse decresceu: foram apenas seis alunas em 1947 e quatro em 1948. Domineuc referiu-se ao pequeno número de inscritas e propôs fechar a EEHSP, transferindo as estudantes para outras escolas. O conselho diretor, todavia, decidiu que o curso fun-

125. Arquivo da Prograd, caixa 1227 – Inspetoria Federal, Medicina (1946 a 1947), Relatório do 2º semestre de 1947; Márcia R. B. da Silva, *op. cit.*, p. 186.

126. Arquivo da Reitoria da Unifesp, *Livro de Atas do CTA*, vol. VI, 22 mar., 10 maio e 18. out. 1950, respectivamente.

127. Licenciada em 18 de setembro de 1945, madre Áurea reassumiu a direção da EEHSP em 1948. Cf. Augusto e Maranhão, *op. cit.*, p. 19. Durante sua licença, a escola foi dirigida por Jacyra de Araújo Cintra, enfermeira da primeira turma formada na EEHSP. Cf. Acervo Histórico do Denf-Unifesp/EPE, *Livro de Atas de Reuniões do Conselho Diretor da EEHSP*, Ata de 18 set. 1945, fl. 47. Sobre a aprovação do regimento, ver Anayde de Carvalho, *op. cit.*, p. 141.

Figura 3. Fachada do edifício da Escola Paulista de Enfermagem, atual Departamento de Enfermagem da Unifesp. Utilizado inicialmente como residências das enfermeiras, atualmente abriga a Escola de Enfermagem como um todo: salas de aulas, anfiteatros e gabinetes de trabalho dos professores. Foto: Denf-Unifesp/EPE.

cionaria com qualquer número de alunas[128]. O desânimo da madre, porém, poderia ser uma maneira de chamar a atenção para as necessidades da EEHSP diante do gigantismo da EPM e para as dificuldades crônicas que enfrentava para se manter.

Na EEHSP, o caso disciplinar mais grave ocorreu também em 1949. Pela primeira vez, as atas de reuniões, que normalmente tratavam sumariamente de assuntos administrativos ou curriculares, foram ocu-

128. Acervo Histórico do Denf-Unifesp/EPE, *Livro de Atas de Reuniões do Conselho Diretor da EEHSP*, reunião de 8 fev. 1949, fl. 59. O número de matrículas em 1950 teve o aporte da transferência das alunas da Escola São Francisco de Assis, do Hospital Santa Cruz, que encerrou suas atividades. Cf. Ata do Conselho Diretor de 23 jan. 1950, fl. 67.

padas pelo protesto de sete alunas contra uma medida tomada por madre Domineuc em relação a outra colega. As atas não mencionam o motivo nem o caráter da medida, mas as alunas queixosas afirmavam que a religiosa mentia. Um inquérito foi aberto para esclarecer a questão e um religioso enviado pela Cúria – o cônego Luiz Fernandes Abreu – veio presidi-lo, secundado por José Ribeiro do Valle. Até a conclusão, as alunas que enviaram o protesto estavam suspensas. Em três dias, o inquérito apresentou resultados. Três alunas, dentre as sete queixosas, foram identificadas como as líderes do grupo e receberam pena de suspensão por um ano; as demais, apenas por uma semana. A aluna que motivou a carta de protesto foi expulsa definitivamente. Até o final do ano, as alunas suspensas por um ano recorreram ao Ministério da Educação, que enviou um pedido de abrandamento da punição. A direção da EEHSP, no entanto, preferia que elas fizessem uma retratação e adiaram a decisão até que as alunas procurassem o conselho diretor. A situação só teria desfecho no início de 1950: a direção da Escola analisou a proposta de acordo feita pelas três alunas e manteve a suspensão delas. A pressão sobre as estudantes surtiu efeito: em março daquele ano, o conselho diretor aprovava a transferência delas para uma escola não especificada[129]. Das oito alunas envolvidas no caso de indisciplina, apenas duas constam nos registros de formandas do curso de Enfermagem; as demais não aparecem nem mesmo como ingressantes na Escola.

Até a saída de Álvaro Guimarães da direção da EPM e do conselho diretor da EEHSP, em 1952, madre Domineuc manteve relações bastante amistosas com as instâncias superiores e pôde encaminhar os assuntos do curso de Enfermagem conforme suas determinações. Suas palavras, proferidas na reunião no conselho diretor da EEHSP de 1º de maio de 1952, são reveladoras disso:

129. Acervo Histórico do Denf-Unifesp/EPE, *Livro de Atas de Reuniões do Conselho Diretor da EEHSP*, reuniões de 30 ago., 3 set. e 17 dez. 1949; 23 jan. e 15 mar. 1950, fls. 62-68.

Figura 4. *O Bom Samaritano*, mural do artista italiano Pietro Nerici executado na fachada do edifício da Escola Paulista de Enfermagem. A parábola do bom samaritano, narrada no Evangelho segundo Lucas, dialoga com a inscrição do lema da EEHSP. Diz a narrativa bíblica que Jesus teria contado a parábola como símbolo de amor ao Deus cristão e ao próximo. No percurso entre Jerusalém e Jericó, um homem teria sido assaltado, espancado e deixado ferido à beira da estrada. Um sacerdote e um levita passaram por ele sem tomar qualquer atitude. Foi o samaritano quem o socorreu: tratou-lhe as feridas, levou-o em seu animal até uma hospedaria e pagou as despesas de hospedagem. Como o bom samaritano, a enfermeira "não vive senão para servir". Foto: Márcia Barbieri.

Apesar destas dificuldades [falta de profissionais], a Escola evoluiu no conjunto da enfermagem nacional, perto da qual deveria prestar duplo testemunho: a do ideal da Igreja Católica Apostólica Romana, em sua pureza evangélica, e o do humanismo profundo que a Escola Paulista de Medicina, sociedade sem fins lucrativos, havia criado na sociedade paulista[130].

130. *Idem*, fl. 70.

Entretanto, a posse do novo diretor, Jairo de Almeida Ramos, trouxe novidades ao relacionamento. Um simples correr de olhos pelos livros de atas do conselho diretor da EEHSP permite notar que as reuniões passaram a ocorrer em intervalos bem mais longos do que na gestão anterior, tornando-se semestrais e, em seguida, anuais. Já o conteúdo das atas demonstra que, logo na estreia de Jairo Ramos na presidência do conselho, uma crítica relativamente branda foi endereçada ao serviço prestado pelas enfermeiras no HSP: os pacientes particulares reclamavam que, tão logo apresentavam melhora na saúde, não recebiam mais a assistência devida. Quem respondeu a isso não foi madre Áurea Viera da Cruz, que dirigia a Escola, e sim Domineuc, que propôs resolver o problema[131].

Entre 1952 e 1954, período em que o conjunto da EPM esteve sob a gestão de Ramos, teve início a construção da nova residência das enfermeiras, fora do HSP. Uma das divergências que veio à tona refere-se à administração da verba para a obra e à definição legal de propriedade sobre o edifício a ser construído. O anúncio de uma verba foi feito em meados de 1953, seguido da pergunta de Domineuc a Ramos sobre a existência de alguma mágoa da parte dele em relação às religiosas da Escola, ao que Ramos respondeu que tinha problemas apenas com ela. Os registros são áridos, como convém à linguagem sóbria das atas, mas não obscurecem o fato de que a discussão foi longa e áspera, envolvendo outros membros do conselho diretor. A madre argumentou que as decisões tomadas por ela estavam de acordo com a sua fé – embora não saibamos quais são essas decisões nem a respeito de quê. Guimarães Filho tomou a palavra e defendeu as religiosas, gerando mais discussão entre ele e Ramos[132]. Meses depois, a construção da residência voltou como pomo da discórdia entre as religiosas e os professores Jairo Ramos e Flávio da Fonseca, este último vice-diretor da EPM. A questão era definir se a EEHSP e seu patrimônio

131. *Idem*, reunião de 1 maio 1952, fl. 70.
132. *Idem*, reunião de 16 ago. 1953, fl. 87.

pertenciam à EPM ou à Congregação das Franciscanas Missionárias. Após discussão acalorada, Ramos propôs que cada lado procurasse um advogado para se resolver o assunto[133]. Mais de um ano depois, com José Maria de Freitas como o novo presidente do conselho, a questão ainda mantinha-se controversa entre os advogados da Cúria e os da EPM, ficando acordada a consulta a um terceiro advogado[134]. Em outra fonte, encontramos uma menção segundo a qual a área que a Escola e a residência das alunas ocupava no HSP corresponderia a um aluguel de aproximadamente Cr$ 1 000 000,00 – conta feita em meio à disputa sobre a propriedade do novo imóvel a ser construído para essas finalidades e o custo que a Escola representava[135].

No livro de atas do conselho diretor da EEHSP faltam algumas folhas a partir dessa reunião e, com isso, só temos inscrições de atas a partir de 2 de dezembro de 1958. Assim, indícios de outros debates sobre o tema estão perdidos se nos ativermos a essa fonte. Mas talvez a discussão tenha sido inócua, já que foi atropelada por outra, mais importante: a federalização da EPM, ocorrida em janeiro de 1956. Embora o governo federal tenha assumido o patrimônio e os compromissos financeiros da Escola de Medicina, o HSP e a EEHSP não foram federalizados e passaram a ser administrados pela Sociedade Paulista para o Desenvolvimento da Medicina[136]. O corpo diretivo da EEHSP produziu um relatório, lido pela diretora madre Áurea em reunião do conselho, no qual alega não ter sido informado nem consultado acerca da federa-

133. *Idem*, reunião de 26 mar. 1954, fl. 88.
134. *Idem*, reunião de 19 abr. 1955, fl. 91.
135. Arquivo da Prograd, caixa 1197 – Inspetoria Federal, Enfermagem (1957), fl. 550.
136. Sobre a federalização, ver Durval Rosa Borges, "Departamento de Medicina, os Primeiros 50 Anos", pp. 68-113; Maria Alice Vanzolini da Silva Leme, *O Retorno Social do Investimento Público e Privado na Academia: um Estudo de Caso*, p. 131, e Alba L. B. L. de Barros, *op. cit.*, p. 7. Para uma discussão sobre o modelo de federalização da EPM e a crise que antecedeu a medida, ver Nemi, *op. cit.*

lização. José Maria de Freitas disse estar de acordo com a federalização da Escola de Enfermeiras e que levaria o assunto ao CTA da EPM[137].

A vontade de tornar-se uma escola federal não era unânime entre as religiosas. Madre Áurea, em entrevista, afirmou que Freitas chegou a elaborar uma minuta de decreto para federalizar a EEHSP, mas ela não foi aceita. Uma das razões era ter que alterar o modo de administrar a Escola e passar a trabalhar com um orçamento definido, sem poder recorrer à EPM quando necessário:

> [...] até então nós estávamos trabalhando sem limites, a Escola Paulista sempre nos dando, completando as nossas finanças. E, de repente, você vê uma verba "x", aquilo te limita muito, então nós achamos que íamos perder nossa liberdade entrando na federalização. E eu acho que a própria Escola Paulista não estava muito interessada, este professor eu sei, que ele era professor da Escola e deputado federal. Nós achamos que não era a hora [...][138].

Depois de 1956, os docentes da EPM mostravam-se divididos quando o tema era a federalização da EEHSP. Além de Freitas, Jairo Ramos alinhava-se aos que lutavam por essa causa. Mais tarde, também Magid Iunes. Álvaro Guimarães, católico e frequentemente alinhado à posição das religiosas dirigentes da Enfermagem, era um dos que se opunham[139].

Fora do âmbito da EEHSP e da EPM, estava em andamento uma discussão entre as diretoras de escolas de enfermagem sobre a obrigatoriedade de inserção dos cursos da área em universidades, e não mais em unidades isoladas de ensino. Esse movimento, no caso da EEHSP, faria aderir à ideia da federalização em conjunto com a EPM, pois isso ao menos retirava a EEHSP da condição de unidade isolada e a inseria num órgão universitário mais amplo, mesmo que ainda não

137. Acervo Histórico do Denf-Unifesp/EPE, *Livro de Atas de Reuniões do Conselho Diretor da EEHSP*, reunião de 2 dez. 1958, fl. 99.
138. Entrevista concedida por madre Áurea Vieira da Cruz em 18 dez. 2007.
139. Entrevista concedida por madre Maria de Santo Antão em 18 dez. 2007.

configurasse uma universidade *strictu sensu*. Porém, na discussão das diretoras de 1958, na qual a EEHSP foi representada por madre Áurea, as obstetrizes e enfermeiras religiosas conseguiram impedir que a inserção das escolas de enfermagem fosse uma pauta comum para toda a categoria[140]. Havia algumas saídas, como a de incorporar as escolas católicas de enfermagem às universidades católicas em pleno processo de criação ou consolidação. Contudo, no caso da EEHSP isso não era possível, pois seus vínculos com a EPM impediam a incorporação a qualquer outra faculdade ou universidade.

A federalização e/ou a criação de uma universidade a partir da reunião de unidades isoladas também não interessava à direção da EEHSP, devido aos vínculos com a Congregação e o Arcebispado. A opção pelo ensino religioso na Escola começava a inviabilizar-se do ponto de vista da relação institucional e também no cotidiano. Em 1960, por exemplo, madre Áurea dispensou as aulas de um professor, alegando que o trabalho dele ia contra "pontos morais". Marcos Lindenberg, que na ocasião participava do conselho diretor da EEHSP, questionou alguns pontos da carta de demissão e indagou sobre os critérios para encontrar um substituto para os conteúdos de urologia[141].

Vimos que, alguns anos antes, a definição da propriedade da residência das enfermeiras e da própria Escola levou os contendores a buscar advogados. A federalização nos moldes da EPM extinguiria a questão, pois a EEHSP passaria a ser patrimônio federal. O fato de não ter sido federalizada naquela circunstância pode ter sido a solução negociada entre as autoridades eclesiásticas e o governo federal. Com isso, as religiosas continuariam seu trabalho na Escola e no Hospital, não precisariam deixar a instituição nem teriam de se submeter às exigências de titulação e produção acadêmicas que o ensino superior público começava a impor aos seus quadros. As alunas pareciam concordar com o duplo víncu-

140. Anayde de Carvalho, *op. cit.*, p. 150.

141. Acervo Histórico do Denf-Unifesp/EPE, *Livro de Atas de Reuniões do Conselho Diretor da EEHSP*, reunião de 28 jun. 1960, fl. 119.

lo, religioso e leigo, e tirar proveito dele em momentos nos quais não queriam se posicionar diante de questões incômodas. Exemplo disso se deu em 1960, ano em que estudantes universitários em greve pediram a adesão da EEHSP e receberam esta resposta: "não poderíamos colaborar, pois a nossa escola é um regime diferente do deles"[142].

Sem uma pretensão totalizante, podemos arrolar outras considerações para explicar por que a EEHSP não foi federalizada em fins da década de 1950. Uma delas refere-se ao fato de que somente em 1962 tornou-se obrigatória a conclusão do ensino secundário para o ingresso em cursos de Enfermagem, que também passaram por transformações curriculares[143]; assim, a profissão ainda não era entendida como de nível superior. Até aquela data, não havia por que federalizar um centro de formação profissional nos mesmos moldes de uma escola de ensino superior[144].

A condição de curso superior era profissionalmente estimulante e poderia contribuir para sanar os problemas enfrentados pela enfermagem, ao menos aqueles diagnosticados no documento "Principais Problemas da Enfermagem em São Paulo", datado de maio de 1962 e produzido por uma comissão nomeada em maio do ano anterior[145].

142. Acervo Histórico do Denf-Unifesp/EPE, *Livro 2 – Atas da Associação das Alunas Enfermeiras do Hospital São Paulo*, reunião de 25 de abril de 1960.

143. Nos termos da lei n. 775, de 6 ago. 1949, que estipulava um prazo de sete anos para o atendimento da exigência. O prazo foi prorrogado para agosto de 1961, pela lei n. 2995, de 10 dez. 1956. Portanto, as candidatas que ingressassem a partir do início do ano seguinte cursariam uma escola de ensino superior. Os textos legais podem ser encontrados em http://www6.senado.gov.br/legislacao/ListaPublicacoes.action?id=106735 e http://www6.senado.gov.br/legislacao/ListaPublicacoes.action?id=111339, acesso em jan. 2009. Sobre as transformações curriculares decorrentes do enquadramento do curso no nível superior, ver o capítulo 2.

144. *Escola Paulista de Medicina*, *op. cit.*, p. 212; Anayde de Carvalho, *op. cit.*, p. 134.

145. A comissão era composta por Rodolfo dos Santos Mascarenhas (do Conselho Superior de Saúde da Secretaria de Saúde e Assistência), Maria Rosa Sou-

Entre os problemas apontados estavam o desconhecimento da profissão por parte do público e das autoridades, que não distinguiam os vários tipos de profissionais e suas atribuições. Dividida em enfermeiros diplomados, auxiliares de enfermagem, enfermeiros práticos e práticos de enfermagem, a categoria tinha em comum os salários reduzidos:

> Numa cultura como a nossa, onde situação econômica e *status* social andam estreitamente ligados, os baixos salários, ao lado dos grandes sacrifícios impostos pela própria natureza da profissão e do preconceito social existente, desviam vocações, privando a coletividade dos benefícios de uma boa assistência de enfermagem[146].

Uma maneira de começar a encarar esses e outros problemas profissionais em perspectiva coletiva foi a fundação da Seção Paulista da União Brasileira de Estudantes de Enfermagem – iniciativa que não contou com o aporte da EEHSP nem de outras duas escolas católicas do estado[147].

A década de 1960 foi agitada e polêmica em todo o meio acadêmico nacional. Não foi diferente na EEHSP, renomeada em 1968 como Escola Paulista de Enfermagem, onde um certo catolicismo conservador soube mostrar sua força:

> [...] a famosa Marcha da Família com Deus pela Liberdade teve, entre seus organizadores em São Paulo, o núcleo conservador católico da EPM que

za Ribeiro (diretora da EEUSP e representante das escolas oficiais), Osvaldo Vale Cordeiro (do Conselho Estadual de Assistência Hospitalar), irmã Maria Gabriela Nogueira (da Escola de Enfermagem São José e representante das escolas particulares) e Ida Picanço (presidente da ABEn/Seção SP).

146. *Principais Problemas da Enfermagem em São Paulo*. Acervo CEHFi, pasta 208 – Enfermagem, p. 3.

147. A Escola de Enfermagem Dom Epaminondas, de São José dos Campos, e a Madre Teodora, de Campinas. Cf. *Notícias da ABEn – Seção de S. Paulo*, n. 4, maio 1962, p. 3.

periodicamente realizava reuniões na sala do professor Rodolpho de Freitas no Hospital São Paulo. O núcleo contava com a presença de "alguns homens públicos que lá iam [...] todas as manhãs" e da madre Ana de Lourdes, esta última considerada como uma das proponentes da própria marcha[148].

O golpe militar que instituiu a ditadura em 1964 deixou lembranças entre as alunas e docentes da Escola. De início, imperou um certo desconcerto, expressado nas palavras da então estudante Maria Gaby:

> No dia do golpe fomos para a casa de Florestan Fernandes, me lembro que foi o Bóris Barone que convidou: "vamos visitar o professor Florestan [Fernandes] neste momento!" [...]. Na verdade, vendo hoje, acho que na época não tinha uma consciência plena do que estava acontecendo e do que estávamos fazendo, depois eu tive[149].

Do desconcerto, podia-se passar à inércia ou à tomada de posição. Na Escola, não houve relatos de casos graves envolvendo alunos ou professores, como aqueles de tortura ou desaparecimento em que a história do período ditatorial é tão pródiga. Tensões fizeram parte do cotidiano a partir do golpe de 1964, embora haja as que não se lembram e outras que prefiram calar-se e não expressar suas lembranças daqueles anos, quando indagadas sobre eventuais confrontos.

O catolicismo ainda imperante nas diretrizes da Escola não impedia a ação política. Exemplo disso apareceu na fala de Alba Lucia de Barros:

> – [...] Na época de faculdade eu fui perseguida, porque quando teve uma greve aqui, eu tinha um namorado da Faculdade de Medicina, o Júlio César,

148. Luigi Biondi, "Não Éramos mais Universidade: a Política na Escola Paulista de Medicina, da Universidade Federal à Ditadura", p. 145.
149. *Apud* Biondi, *op. cit.*, p. 141. Maria Gaby Rivero de Gutierrez é atualmente docente do Departamento de Enfermagem da Unifesp; Bóris Barone, aluno do curso de Medicina entre 1961 e 1965, hoje é professor de Gastroenterologia Cirúrgica no Departamento de Cirurgia da Unifesp.

e ele era comunista. O Júlio César foi com uma comissão de alunos para Brasília, ele foi buscar mais recursos para tentar acabar a greve do Hospital. [Havia] um professor recém-chegado nesta Escola e existe uma história que ninguém fala direito de que ele era ligado à ditadura, e [ele] fez uma outra comissão encabeçada pelo diretor do Centro Acadêmico Pereira Barretto, e nós ficamos sabendo que era um cara implantado para fazer Medicina porque era da ditadura e, com o dinheiro do centro acadêmico, essa comissão foi a Brasília também. Ou seja, o que iria acontecer com aquele outro grupo? Iria desaparecer. No fim da tarde, fiquei sabendo disso não sei como, acho que a madre [Cristo Redentor] me instrumentalizava para isso, ela sabia de muita coisa. Bem, eu entrei na sala do Horácio Kneese de Melo e falei para ele: "Professor, você não disse que se sente como nosso pai? Como é que um pai pode fazer os seus filhos desaparecerem?". Ele ficou branco, e a gente sabia que ia desaparecer, naquela época acontecia muito disso. Olha, por Deus ou [por] influência desses caras, eles voltaram, porque era para eles terem desaparecido. Ficou um mal-estar tão grande, eu lembro do anfiteatro Clóvis Salgado com o professor Nestor Schor lutando contra a ditadura e eu na primeira fila [...], nós ali segurando pelos nossos colegas. Bom, nesse dia que era para o Júlio César e a turma desaparecer, eu comecei a ser seguida, então eu fiquei no terceiro andar, que era o dormitório das madres, protegida aqui na Escola.

– Você ficou muito tempo?

– Não, fiquei um dia. O que aconteceu eu não sei, mas fui protegida pela madre Cristo Redentor[150].

A profissão de fé comum podia incluir desde o catolicismo mais conservador, articulador de iniciativas favoráveis ao endurecimento contra as reformas de base às vésperas do golpe militar, quanto posturas protetoras como a de madre Cristo Redentor, que, se não revelavam compromissos políticos mais à esquerda no espectro político, não admitiam a perseguição daqueles a quem se estava ligado por laços de ensino, de profissão e, sobretudo, de humanismo. O ambien-

150. Entrevista concedida por Alba Lucia Bottura Leite de Barros em 18 nov. 2008.

te descrito no trecho citado remete aos anos de chumbo pós-AI-5, já que Alba Lucia Bottura Leite de Barros ingressou na EPE em 1972. Mesmo nesse ambiente, havia estratégias possíveis para desfazer ações repressivas em pleno curso e, com isso, proteger colegas em risco devido à militância estudantil.

Da Escola Paulista de Enfermagem ao Departamento de Enfermagem

Alguns anos depois de tornar-se escola de ensino superior, a EEHSP mudou de nome, passando a designar-se Escola Paulista de Enfermagem a partir de 1968. Essa época, na análise de Lucila Vianna, também demarcou o declínio da orientação caritativa na Escola[151]. Um ano depois, a EPE foi autorizada a oferecer cursos de pós-graduação, implantados no início da década de 1970[152].

Era o nome "Escola Paulista de Enfermagem" que se lia na fachada do edifício construído em frente ao HSP, à rua Napoleão de Barros, inaugurado em 1960. Com a inauguração, as religiosas que também atuavam como docentes do curso mudaram-se para parte do segundo e todo o terceiro andar do novo edifício, enquanto as que prestavam serviços no HSP mudaram-se para casas do entorno. Nenhuma delas continuou a habitar no interior do Hospital. A partir de 1973, a residência no prédio novo começou a ser gradativamente eliminada[153].

Novas instalações, necessidades renovadas. Uma delas era arranjar espaço para uma creche, dado que algumas docentes e servidoras que não eram religiosas precisavam deixar seus filhos sob bons cuidados para poder dedicar-se às exigências do trabalho. Surgia, assim, em 1971, a Comunidade Infantil[154].

151. Vianna, *op. cit.*, p. 19.
152. Lacaz, *op. cit.*, p. 60. A pós-graduação é o tema do capítulo 4.
153. Alba L. B. L. de Barros, *op. cit.*, p. 12; Arquivo da Prograd, caixa 1200 – Inspetoria Federal, Enfermagem (1970 a 1973), fls. 147-151.
154. Marianna Augusto *et al.*, "Comunidade Infantil do Departamento de Enfermagem da Escola Paulista de Medicina". O assunto será tratado com mais detalhes no capítulo 5.

A continuidade das religiosas à frente da direção na década de 1970 manteve a tradição de engajamento da Escola nas entidades de classe. Nesse sentido, ressaltamos que foi de madre Cristo Redentor a iniciativa de criar a ABEE, na assembleia do XXVII Congresso Brasileiro de Enfermagem, em agosto de 1975. A religiosa tornou-se a primeira presidente da ABEE, e Marianna Augusto a primeira tesoureira[155].

Tanta atividade não resolvia os problemas decorrentes da falta de verba para manter a EPE. Em 1976, começou a ser discutida a necessidade de estudos para federalizar a Escola, agora sob a direção de Esmeralda Augusto[156]. A federalização viria no ano seguinte, transformando a EPE em Departamento de Enfermagem da Escola Paulista de Medicina.

A federalização da EPE é um tema controverso. Embora quase todos os docentes consultados tenham se expressado de forma favorável à medida, entre os que ainda são atuantes na enfermagem e que vivenciaram o processo há os que discordem do modelo adotado, enquanto outros pensam que não havia alternativa possível.

Alba Lucia Barros está entre aquelas que discordaram do modelo. Em seu depoimento, a memória está fortemente ligada ao presente e a divergência remete tanto ao tempo em que o episódio se deu quanto a algumas das dificuldades que a Enfermagem enfrenta hoje na Unifesp:

> [...] Não gostei quando a Escola foi federalizada do jeito que foi, sempre fui contra. Vocês podem ver até hoje minha coerência de defender a volta da Escola Paulista de Enfermagem, porque isso nos estrangulou administrativa e academicamente [...]. Hoje, o número de professores aqui é ridículo para uma Escola que é nota 5 [...]. Eu insisti para o nosso símbolo voltar e graças a Deus ele voltou, porque eu sinto que os alunos dos outros cursos adoram aquele brasão e eu achei que nossos alunos iriam demorar para se identificar com o nosso símbolo, mas eles logo se identificaram e pegaram aquilo com orgulho, que a gente vê estampado em camisetas, canecas etc.

155. Amália Carvalho, *op. cit.*, p. 474.
156. *Idem*, pp. 20-21.

> [...] Na minha época de aluna, antes da federalização, a madre Cristo Redentor [...] todo final de tarde [...] me sentava na cadeira e me contava tudo o que estava acontecendo. Ela brigava muito com os médicos, foi muito incompreendida [...]. Os médicos botavam [papéis] na mesa do presidente da República para federalizar. Com a influência dela em Brasília, ela ia lá e tirava. Quando federalizou, eles a demitiram [...][157].

De modo semelhante, Maria Gaby Gutiérrez afirmou que, por volta de 1977, o movimento era pela federalização como escola isolada, tal qual defendia madre Cristo Redentor, seguida de uma possível agregação com a EPM com vistas à criação de uma universidade. Mas essa tendência acabou vencida pela influência política da Escola de Medicina e pela tradição de predomínio de médicos nos serviços de saúde:

> – A senhora pode nos contar sobre a forma como ela [a EPE] foi federalizada?
>
> – Eu penso que são várias coisas. O prestígio, o poder político, o próprio prestígio profissional na Medicina, isso já estava consagrado [...]. Isso é uma coisa forte, real, que existia e ela nasceu com a EPM. E, à medida que os próprios professores dizem "a enfermagem foi pensada como apoio", um profissional que apoiasse as ações médicas no atendimento aqui no HSP, então veja que é um início diferente [...]. Esse movimento era o que uma das irmãs defendia, a madre Cristo [...]. Como nós queríamos uma escola isolada, também poderíamos fazer esse movimento de federalização. Mas toda a conjuntura política não era favorável à criação de uma escola isolada, e sim para a formação de uma universidade. Então houve essa mudança, me parece que num contexto mais amplo, que impediu o movimento que se queria fazer a favor da federalização de uma escola isolada. Para mim, foi isso[158].

Marianna Augusto também se referiu às divisões internas que marcavam tanto a EPE quanto a EPM na época da federalização da pri-

157. Entrevista concedida por Alba Lucia Bottura Leite de Barros em 18 nov. 2008.
158. Entrevista concedida por Maria Gaby Rivero de Gutiérrez em 3 out. 2008.

meira. Embora considere que a medida foi boa, ela também apontou o desinteresse de grande parte dos docentes da Medicina e das suas colegas de EPE em uma federalização nesses moldes. Mas a incorporação à EPM como Departamento de Enfermagem parecia ser a única maneira de continuar a existir:

– Aí o diretor da Escola Paulista me falou o seguinte: "Ou vocês fecham como um departamento e perdem o nome EPE, ou vocês ficam com a SPDM". Vocês sabem, a gente não teria chance nenhuma de ter verba, de sobreviver. Foi uma luta tremenda, todas as professoras eram contra, menos as de pediatria, por causa de eu esclarecer muito [...]. Ou seria departamento ou não nos federalizariam, e ficaríamos ligadas à SPDM. Seria muito difícil porque eles não tinham dinheiro para o gerenciamento da Escola [...]. Houve um abaixo-assinado e, no final, todas ficaram de acordo quando pensaram que a situação delas iria ficar ruim [...]. Então, até hoje, muita gente não se conforma que não é mais EPE, eu acho que não é tão relevante assim, porque na Medicina, os outros também são departamentos, o que precisa é se sobressair com pesquisa, com trabalhos, com várias iniciativas [...].

Com a federalização e a consequente transformação da EPE em Departamento de Enfermagem da EPM, criou-se um problema para o curso de Auxiliares de Enfermagem até então oferecido. Para mantê-lo funcionando, tendo em vista que ele não havia sido federalizado, criou-se a Sociedade Paulista para o Desenvolvimento da Enfermagem (SPDE). O modelo não era novo: ele aproveitava a experiência da Sociedade Paulista para o Desenvolvimento da Medicina e a forma como esta administrou o HSP e a EEHSP após a federalização da EPM, em 1956. Rosa Pimenta de Castro é uma das poucas entrevistadas a ter lembranças da SPDE e de seu curto tempo de funcionamento:

– Nesse período [...], madre Áurea, depois de tantos anos de direção, se ausentou. E nesse meio-tempo, aos moldes da SPDM, foi criado aqui dentro, a partir de 1975 ou 1977, não sei ao certo, essa Sociedade.

– Coincide com a federalização?

– Sim, coincide [...]. Em 1976 ou 1977, foi criada a SPDE e quem passou a assumir a Escola de Enfermagem foi a professora Esmeralda Augusto. A SPDE foi feita mais no sentido de assumir a área social e o curso de auxiliar de enfermagem que tinha, ele era na realidade paralelo ao curso de graduação, mais vinculado ao pessoal do Hospital [...]. Então a SPDE mantinha esse curso, logicamente com contratos pessoais, porque não era um curso de graduação.

– De todo jeito, foi uma curta experiência.

– A SPDE não vingou porque demandava uma série de coisas e não tínhamos cacife para isso, e para nós do curso de graduação não interessou nada[159].

Os bastidores da política também foram relevantes para a federalização. Os docentes foram, por vezes, fundamentais para que o processo chegasse a termo. A história foi assim narrada por Laís Ramos:

– [...] A federalização teve vantagens, mas mais desvantagens. Eu tinha um tio extremamente poderoso em Brasília, mas próximo e muito querido. Um dia ele chegou e me falou: "Minha filha, você cuidou muito bem do seu tio, o que você quer que eu faça por você?". Eu disse: "Eu quero que você arrume a minha Escola". Poucas pessoas sabem disso, mas já que você me perguntou [...], esse tio meu teve um papel muito importante, ninguém sabe nem o nome, ele não queria que soubesse, enfim... Mas ele ligou para Brasília e tivemos uma reunião [...] com [o ministro da Educação] Ney Braga, e a ideia do Ministério era não federalizar unidades isoladas, era a política daquele momento. Nessa época a Escola ainda pertencia ao HSP, que estava começando a entrar em problemas financeiros grandes. Esse movimento foi longo, entrou muita gente no meio, entrou muito professor daqui.

– Daqui inclui a Medicina?

– Sim, a Medicina, nessa Escola pouca gente foi para lá. Aí fizemos um documento, na verdade fizemos "n" documentos: com a Escola de Medicina, sem ela, a Escola isolada como departamento com uma certa autonomia

159. Entrevista concedida por Rosa A. Pimenta de Castro em 14 out. 2008.

administrativa... Mas não teve jeito, não tinha jeito, teve que acontecer dessa forma, eu sou prova disso. A única forma que a Escola tinha para sobreviver era como um departamento da EPM, mas eu posso te atestar que foi uma briga muito grande [...][160].

160. Entrevista concedida por Laís Helena Ramos em 17 out. 2008.

2

A Formação de Graduados na Escola Paulista de Enfermagem

Márcia Barbieri, Edvane B. L. de Domenico e
Mariana Fernandes de Souza

PALAVRAS-CHAVE
Enfermagem / História da Enfermagem / Educação em Enfermagem

TEMÁRIO

Introdução / Trajetória do Curso de Graduação em Enfermagem: 1939-1949; 1949-1959; 1959-1969; 1969-1979; 1979-1989; 1989-1999; 1999-2009 / Considerações Finais

INTRODUÇÃO

Toda formação profissional se dá em um contexto histórico, em circunstâncias políticas, econômicas e sociais complexas, compostas por diversos fatores que a influenciam e condicionam. Nessa perspectiva, foram muitos os desafios e conquistas vivenciados durante os setenta anos de existência da Escola Paulista de Enfermagem da Universidade Federal de São Paulo.

Em âmbito mundial, a formação do enfermeiro já passou por muitas alterações ao logo de mais de cem anos, desde que Florence Nightingale formalizou a profissão no aspecto do trabalho e do ensino. Tais mudanças incidiram sobre a caracterização do perfil profissional, a organização curricular e o exercício prático. Dentre elas, podemos mencionar: carga horária dos cursos; conteúdos disciplinares teóricos e práticos; regime de internato, semi-internato, tempo integral ou parcial; diferentes locais de prática: hospitalar, ambulatorial, comunitária, industrial etc. Com o passar do tempo, foram agregados os diferentes níveis superiores de titulação, *lato* e *stricto sensu*.

Essas mudanças ocorreram na enfermagem em nível mundial, porém com diferenças e especificidades de acordo com os aspectos políticos, econômicos e socioculturais de cada país. Ainda assim, etapas comuns podem ser identificadas na evolução do saber-fazer na enfermagem, cujos principais marcos se sucederam da seguinte maneira:

- Organização das técnicas sistematizadas, executadas passo a passo.
- O "como fazer" é acrescido de questionamentos sobre o "por que fazer". O cuidado é planejado a partir de dados da situação do paciente.
- Aplicação de princípios científicos e éticos nas ações profissionais.
- O método para agir se corporifica no processo de enfermagem.
- Busca por um saber específico conduz à elaboração de modelos conceituais e teóricos.
- Estudos de conceitos, principalmente do diagnóstico de enfermagem, fazem evoluir a classificação dos conceitos, das intervenções e dos resultados da ação de cuidar na profissão.
- Progressos no preparo de enfermeiros e expressivo crescimento dos estudos, pesquisas e publicações na área.
- Surgimento de inúmeras especialidades, proporcionando vasto campo de atuação.

Essas fases estão presentes na história da formação profissional na Escola Paulista de Enfermagem, com as especificidades relativas ao contexto brasileiro, que influenciaram a composição e execução do currículo.

A descrição desses acontecimentos será dividida em períodos, nos quais serão indicadas as principais características e os determinantes sociopolíticos envolvidos, que tiveram implicações diretas nos setores da saúde e da educação.

TRAJETÓRIA DO CURSO DE GRADUAÇÃO EM ENFERMAGEM

1939-1949

Ao longo dos anos, as concepções que nortearam a formação de profissionais na enfermagem brasileira sofreram forte influência das diretrizes dos sistemas de saúde vigentes no país.

O primeiro currículo do curso de Enfermagem da então EEHSP surgiu em 1939, nos moldes oficiais da Escola Anna Nery, fundada em 1923. Esta havia sido definida pelo governo federal como escola padrão para abertura de novos cursos de enfermagem no país[1], caracterizando-se pelo modelo norte-americano da prática.

Na década de 1930, com as mudanças estruturais ocorridas do país, modificaram-se também as políticas de saúde e, consequentemente, o enfoque na formação de enfermeiras. Passaram a vigorar o modelo biomédico e o paradigma mecanicista cartesiano, que tem como meta assegurar ou reintegrar a força de trabalho às exigências do mercado. Naquele contexto, a enfermagem brasileira reorientou seu currículo, enfatizando os conteúdos das ciências biológicas e as disciplinas técnicas direcionadas ao indivíduo doente.

Foi sob essa égide que surgiu o primeiro currículo do curso de Enfermagem da EEHSP, com carga horária de 5 198 horas distribuídas em 32 meses. O curso era predominantemente voltado à área hospitalar, embora tivesse, em sua grade curricular, pequena carga horária voltada às ações preventivas.

Inicialmente, fazia-se um curso preliminar com disciplinas básicas, na sua essência teóricas, com um terço de carga horária prática e dois anos de disciplinas de ciências biológicas, teóricas e práticas. Tal construção curricular não trazia disciplinas voltadas aos saberes da administração como ciência, caracterizando a ênfase no aprendizado dos saberes biológicos e procedimentais da assistência.

1. Decreto n. 20.109, de 15 de junho de 1931 – Regula o exercício da enfermagem no Brasil e fixa as condições para a equiparação das escolas de enfermagem.

O perfil proposto do egresso tinha como bases a competência e os valores éticos, morais e espirituais que deram à Escola o lema "Não viver senão para servir". Esse perfil caracterizou o enfermeiro e o aluno, uma vez que colocava a assistência como prioridade em relação a qualquer outra atividade da vida profissional ou privada[2].

Em 1945, o currículo foi modificado: passou a ter duração de 36 meses, distribuídos em três séries. A carga horária foi ampliada para 6353 horas, sendo 1301 em teoria e 5052 em prática. Disciplinas foram excluídas e introduzidas outras, voltadas a especialidades como psicologia e sociologia (primeiro ano), oftalmologia, otorrinolaringologia, psiquiatria, higiene e saúde pública, doenças venéreas e tuberculose (terceiro ano). Dava-se ênfase também às habilidades e ao saber técnico, executados e estudados passo a passo com o objetivo de promover o conforto e a segurança do paciente[3].

O cuidado tinha, prioritariamente, um objetivo curativo. A formação prática era desenvolvida nos hospitais em praticamente quatro quintos do curso, e o ensino da enfermagem em saúde pública ficava restrito ao último semestre. A lógica dessa formação residia na aquisição de habilidades para cuidar de doentes:

> Essa predominância da assistência hospitalar na formação de enfermeiras destinadas ao serviço de saúde pública parecia "natural" às pioneiras, pois, a seu ver, nos lares a enfermeira seria o "mensageiro da saúde", o "verdadeiro instrutor sanitário" que tratava e dava conforto ao doente com suas próprias mãos, pela experiência que adquiriu no hospital[4].

2. Maria Regina Guimarães Silva, *A Criação da Escola de Enfermeiras do Hospital São Paulo e o Desenho do Seu Primeiro Currículo (1939-1942)*.
3. Mariana Fernandes de Souza, "O Ensino de Graduação em Enfermagem no Departamento de Enfermagem da Escola Paulista de Medicina: Sua Relação com o Estágio de Desenvolvimento da Profissão".
4. I. A. Barreira, "Os Primórdios da Enfermagem Moderna no Brasil".

Essa década foi marcada pelo fortalecimento industrial do país, que levou ao incremento dos programas de assistência à saúde. A necessidade de uma força de trabalho qualificada e saudável foi evidenciada. Hospitais de clínicas também foram construídos e, como consequência, a organização hospitalar exigia cada vez mais o trabalho de enfermeiras na administração e no campo clínico[5].

Em decorrência do surgimento do Serviço Especial de Saúde Pública na região amazônica e no Nordeste, a atuação em saúde pública ampliou-se e passou a requerer cada vez mais a participação dos profissionais de enfermagem.

1949-1959

Atendendo à lógica de produção dos serviços de saúde, o Estado, por meio da lei n. 775[6], propôs a ampliação do número de escolas de enfermagem, tornando obrigatório o vínculo delas a um centro universitário ou a uma faculdade de medicina, e estipulou ainda um auxílio federal às escolas oficialmente reconhecidas. Para atender o mercado de trabalho da época, o ensino passou a dar ênfase à área hospitalar, centrado no modelo clínico. O curso era, então, oferecido em quatro anos.

Nesse período foi promulgada também a lei n. 2.604[7], que disciplinou o exercício da profissão. Uma pesquisa sobre os recursos e necessidades da enfermagem no Brasil, realizada no biênio 1956-1958, recomendou melhor preparo técnico das enfermeiras. Todavia, pouca diferença houve no currículo dessa década em relação à anterior.

O cuidado caracterizou-se pela busca do *por que* e não só do *como* fazer. Desde os manuscritos de Nightingale, o cuidado de enferma-

5. Mariana Fernandes de Souza, *op. cit.*
6. Lei n. 775, de 6 de agosto de 1949 – Dispõe sobre o ensino de enfermagem no país e dá outras providências.
7. Lei n. 2.604, de 17 de setembro de 1955 – Regula o exercício da enfermagem profissional.

gem era dirigido pela observação dos dados do paciente, para que fosse possível atender suas necessidades e, em seguida, avaliar os resultados a partir das ações realizadas.

Essa busca pela coerência entre pensamento e ação na enfermagem foi impulsionada, na década de 1950, pelo rápido desenvolvimento do conhecimento médico e tecnológico em saúde. Isso culminou na criação de unidades especializadas de cuidados, no aumento do interesse pela segurança do paciente e no olhar renovado sobre os aspectos preventivos da assistência, em função da capacidade da medicina de realizar diagnósticos precoces de várias doenças:

> [...] para a melhoria da qualidade dos cuidados de enfermagem nos hospitais, era preciso que as escolas dessem novas orientações aos seus currículos, integrando os aspectos sociais e de saúde desde o início do curso, ampliando os programas das Ciências Sociais e preparando as futuras enfermeiras para se ajustarem às rápidas mudanças sociais, dando-lhes oportunidades para a prática da enfermagem preventiva[8].

1959-1969

A ação do cuidar, fundamentada em princípios científicos, evoluiu do plano dos cuidados para uma organização cuja base é o método de resolução de problemas ou científico.

A construção teórica como modelo para a prática se deu na organização de um método constituído por etapas, o processo de enfermagem, expressão empregada pela primeira vez na literatura por Ida Orlando em 1961, Estados Unidos. No Brasil, esse método foi objeto de estudos e trabalhos realizados por Wanda de Aguiar Horta.

Nessa década surgiu a Lei de Diretrizes e Bases da Educação Nacional – lei n. 4.024 de 20 de dezembro de 1961. A partir dessa data,

8. E. P. Vietta *et al.*, "Tomada de Depoimento Pessoal de Enfermeiras Hospitalares da Década de 50: Subsídios para a Compreensão da Enfermagem Atual".

coube ao recém-criado Conselho Federal de Educação decidir sobre a duração e o currículo mínimo dos cursos superiores.

O currículo mínimo para os cursos de graduação em enfermagem foi fixado por meio do parecer n. 271 de 19 de outubro de 1962, que estabeleceu um currículo geral e duas alternativas para especialização.

Tendo em vista as condições culturais e socioeconômicas brasileiras, que aconselhavam soluções modestas e de maior rendimento prático, o currículo do curso de enfermagem foi reduzido pelo Conselho de quatro para três anos. Algumas disciplinas foram excluídas ou deixaram de ser obrigatórias, tais como Enfermagem em Saúde Pública e Ciências Sociais. A primeira passou a ser uma especialização de caráter optativo.

O novo currículo girava em torno do doente hospitalizado, tendo como marco o predomínio das medidas curativas em saúde. Dessa forma, a ênfase passou para o ensino das ciências físicas e biológicas, mascarando-se o aspecto social da saúde.

Tal reforma curricular foi extremamente discutida, e não foi aceita por educadores e pela ABEn. As escolas de enfermagem não se submeteram tão facilmente à mudança.

Em obediência à nova resolução, o currículo da EPE passou a ter 1 309 horas de carga horária teórica e 2 007 de estágios, totalizando 3 316 horas. No entanto, contrapondo-se à decisão maior e por entender a importância do enfoque preventivo no currículo geral, a disciplina Enfermagem em Saúde Pública passou a ser ensinada ao longo do curso, do primeiro ao terceiro ano, e não como uma especialidade.

Nessa década, em 1962, a enfermagem tornou-se um curso universitário. Em 28 de novembro de 1968, a lei n. 5.540 fixou as normas de organização e funcionamento do ensino superior. Em decorrência dela, implantou-se uma política educacional denominada reforma universitária. O desenvolvimento tecnológico e industrial passou a demandar profissionais mais qualificados. Nesse sentido, o CFE exigiu a revisão dos currículos mínimos dos cursos superiores, a fim de que eles se adequassem aos planos de desenvolvimento do país. A enfermagem seguiu as recomendações, que, em síntese, relacionavam-se à formação de um número maior de profissionais, além da reestruturação do currículo mínimo.

1969-1979

Face aos preceitos estabelecidos pela reforma universitária, o novo modelo curricular foi discutido por alguns anos nas esferas representativas da enfermagem, por meio das entidades de classe, e em eventos científicos como congressos, encontros e seminários. Em comum, havia o desejo de estruturar uma proposta curricular mais adequada aos anseios da categoria.

Desse esforço resultou a elaboração de um anteprojeto de currículo mínimo para a enfermagem, que foi enviado pela ABEn ao CFE. O anteprojeto sofreu algumas modificações e transformou-se no parecer n. 163, emitido em 27 de janeiro de 1972 pela Comissão Geral de Currículos e aprovado pela resolução n. 4, de 25 de fevereiro do mesmo ano, pelo CFE[9].

O novo modelo curricular passou a ser desenvolvido em três partes, a saber: pré-profissional, tronco profissional comum e habilitações. O pré-profissional incluía conhecimentos sobre Biologia, Ciências Morfológicas, Ciências Fisiológicas, Patologia, Ciências do Comportamento e Introdução à Saúde Pública. O tronco profissional comum incluía as matérias de enfermagem propriamente ditas: Introdução à Enfermagem, Enfermagem Médico-cirúrgica, Enfermagem Materno-infantil, Enfermagem Psiquiátrica, Enfermagem em Doenças Transmissíveis, Exercício da Enfermagem, Didática e Administração Aplicada à Enfermagem. As habilitações, por opção dos estudantes, se

9. J. Fernandes, "Diretrizes Curriculares e Projetos Pedagógicos de Cursos de Graduação em Enfermagem".

davam entre Enfermagem Obstétrica, Enfermagem Médico-cirúrgica e Enfermagem em Saúde Pública[10].

Em 1977, em decorrência de sua federalização, a EPE foi incorporada como Departamento de Enfermagem à Escola Paulista de Medicina.

Ainda naquela década, eclodiram diversos movimentos políticos e sociais, com destaque para a Conferência de Alma Ata, ocorrida em 1978, cuja meta era "Saúde para todos no ano 2000"[11]. Abriu-se a possibilidade da participação popular nas discussões sobre saúde. Apesar da preocupação com a assistência primária à saúde, a medicina continuou predominantemente curativa e a enfermagem manteve-se centrada no cuidado do paciente hospitalizado. A tecnologia hospitalar se expandiu e a enfermagem encontrou um campo de trabalho ampliado na área gerencial.

No entanto, havia uma preocupação em adequar o currículo às reais necessidades de saúde da população, privilegiando-se a atenção aos cuidados preventivos e de reabilitação. Nesse sentido, novos campos de trabalho foram delineados, resultando no crescimento do papel do enfermeiro.

Uma nova etapa evolutiva foi marcada pela elaboração de modelos conceituais e teóricos com o objetivo de construir um saber específico que conferisse identidade e autonomia à profissão. Esses modelos foram, em sua maior parte, elaborados por enfermeiras norte-americanas, principalmente a partir da década de 1960, e utilizados como referenciais para a educação em enfermagem e para a prática assistencial.

10. Com a implantação do Projeto Operação e Produtividade do MEC, a EPE iniciou, em 1972, o curso integrado no primeiro semestre do primeiro ano. A carga horária de sua grade curricular, incluindo o tronco profissional, era de 2938 horas, além das habilitações com cerca de setecentas horas cada, totalizando 3640 horas nos quatro anos de formação.

11. T. M. R. Seabra, *A Dimensão Psicossocial do Cuidar na Enfermagem: a Expressão Representacional da Práxis*.

Dos referenciais teóricos e metodológicos criados no âmbito internacional e importados para a prática da enfermagem no Brasil, destacam-se a teoria do autocuidado de Orem (1971), a teoria de consecução de metas de King (1981), os princípios da homeodinâmica de Rogers (1970), a teoria de adaptação de Roy e a ênfase nos processos de comunicação de Peplau e Travelbee, entre outros[12]. Em nível nacional, Wanda de Aguiar Horta elaborou o modelo de atenção das necessidades humanas básicas[13].

Na EPE/Departamento de Enfermagem da EPM, houve a reprodução desse movimento ao longo da década de 1980. A teoria das necessidades humanas básicas de Maslow e a de Donabedian, entre outras, foram escolhidas para sustentar o pensamento-ação na formação de enfermeiros, auxiliando no delineamento do perfil e dos objetivos do projeto pedagógico vigente.

Ainda nessa década, enfermeiras norte-americanas investiram em pesquisas com foco no desenvolvimento de conceitos que viessem a constituir uma linguagem comum aos profissionais de enfermagem. Foi dado relevo ao desenvolvimento de diagnósticos de enfermagem com linguagem padronizada. A primeira classificação surgiu em 1973, com a *North American Nursing Diagnoses Association* (Nanda). Os avanços na construção da taxonomia dos diagnósticos em enfermagem permitiram outros sistemas de categorização: as Classificações de Resultados (NOC) e as de Intervenções (NIC)[14]. Em busca de uma proposta unificada, elaborou-se uma Classificação Internacional da Prática da Enfermagem (Cipe), defendida pelo Conselho Internacional de Enfermagem.

12. Cf. Seabra, *op. cit.*, e G. B. George, *Teorias de Enfermagem.*
13. W. Horta, *Processo de Enfermagem.*
14. Cf. *North American Nursing Diagnosis Association (Nanda),* ed. comemorativa 25 anos; M. Johnson, M. Maas e S. Moorhead, *Classificação dos Resultados de Enfermagem (NOC).*

1979-1989

Eventos importantes ocorridos nessa década influenciaram grandemente a formação do enfermeiro ao longo dos anos que se seguiram. Mereceram destaque a VIII Conferência Nacional de Saúde, ocorrida em 1986; a promulgação da Constituição Brasileira, em 1988; a criação do Sistema Único de Saúde (SUS); e a aprovação da Lei Orgânica da Saúde[15].

Nessa altura, desenvolveu-se no Brasil um movimento de análise da enfermagem como prática relacionada à estrutura social, considerando o modo de produção capitalista brasileiro. A enfermagem, como profissão, passou a ser questionada.

Cresceu o descontentamento com o modelo curricular de três anos mais um de habilitação proposto pelo CFE, tanto em nível nacional quanto internamente, no Departamento de Enfermagem da EPM. As habilitações, que funcionavam como uma especialização precoce, necessitavam de melhor sustentação.

Nesse cenário, a partir de 1982 não foram poupados esforços conjuntos do corpo docente do curso para estudar o currículo e pensar sua reformulação. Os trabalhos em conjunto buscaram traçar o diagnóstico da realidade, determinar as competências desejadas do egresso e formular pressupostos que seriam utilizados como base para tais ações educativas. Assim, foram elaborados a filosofia, o modelo conceitual, o perfil e os objetivos para a educação do profissional que se desejava formar. Ficou estabelecido que o currículo seria desenvolvido em quatro anos letivos, sem as habilitações, com a carga horária de 4 540 horas. Tal proposta obteve aprovação do CFE sob o parecer n. 388, de 1983.

15. Lei n. 8.080, de 19 de setembro de 1990 – Dispõe sobre as condições para a promoção, proteção e recuperação da saúde, a organização e o funcionamento dos serviços correspondentes e dá outras providências.

1989-1999

Trabalhos de investigação científica acerca das classificações continuaram sendo realizados, tornando mais complexos o conhecimento e suas aplicações práticas. A partir da década de 1990, estudos sobre a classificação dos diagnósticos de enfermagem foram desenvolvidos no curso de Enfermagem da Unifesp, tendo a Nanda como base de sustentação teórica e operacional.

Em âmbito nacional, amplos debates por meio de seminários nacionais e regionais foram promovidos pela ABEn com docentes, discentes e enfermeiros profissionais. O objetivo era construir coletivamente um projeto educacional para a enfermagem brasileira. Discutiam-se o perfil e a competência dos enfermeiros e propostas de currículo mínimo para os cursos de enfermagem. O resultado dessas discussões subsidiou o parecer n. 314/94 do CFE, homologado pela portaria n. 1.721 do MEC em 15 de dezembro de 1994. Assim, surgiu um novo currículo mínimo para os cursos de graduação em enfermagem no país, com carga horária mínima de 3500 horas e duração de no mínimo quatro e no máximo seis anos.

O modelo proposto passou a ser constituído por quatro eixos temáticos: bases biológicas e sociais da enfermagem (25%), composto pelas disciplinas da área básica e das ciências humanas; fundamentos de enfermagem (25%), incluindo conteúdos técnicos e metodológicos, meios e instrumentos de trabalho individual e coletivo; assistência de enfermagem (35%), com conteúdos teóricos e práticos da assistência de enfermagem individual e coletiva à criança, ao adolescente e ao adulto em diferentes situações de saúde; e administração em enfermagem (15%), que incluía conteúdos do processo de trabalho da assistência de enfermagem em hospitais gerais e especializados, em ambulatórios e na rede básica de serviços de saúde[16].

16. *Currículo Mínimo do Curso de Graduação em Enfermagem*. Portaria n. 1.721, de 16 de dezembro de 1994.

O modelo curricular, embora contemplasse algumas propostas apresentadas pelos profissionais de enfermagem, ainda recebeu críticas por excluir disciplinas da esfera da educação e também delimitar percentuais da carga horária estabelecida para cada eixo temático, desconsiderando as características regionais e institucionais de cada curso.

Vislumbrando a necessidade de uma discussão contínua sobre a formação de enfermeiros, do ponto de vista da matriz curricular, surgiu em 1991, no Departamento de Enfermagem da EPM, a Comissão de Estudos de Currículo de Enfermagem. Composta por docentes e discentes do curso, seu objetivo era assessorar a Comissão Curricular do Curso de Graduação em Enfermagem. A partir do modelo curricular proposto pelo CFE em 1994, deu-se uma discussão acirrada a respeito do profissional a ser formado pela EPE.

Foi assim que, em 1996, iniciou-se a implantação do novo modelo curricular do curso, com fortes expectativas de que a transdisciplinaridade e a interdisciplinaridade fossem os princípios integradores curriculares de todas as séries. As disciplinas profissionalizantes no âmbito hospitalar deveriam propiciar ao aluno a experiência de ver, sentir, saber e refletir sobre o paciente como pessoa e não como doente. As séries foram planejadas ano a ano, sem perder de vista o princípio norteador da transdisciplinaridade[17].

Implantou-se um currículo com 4388 horas que atendesse às exigências nacionais, com o objetivo de formar um enfermeiro com ampla visão holística do homem e de seu mundo, ou seja, da realidade da saúde. Foram evidenciados critérios de competências técnica e ético-política que habilitassem o graduando a intervir no processo de saúde-doença, individual e coletivamente, em todas as fases do ciclo vital.

Dois anos após o surgimento do currículo mínimo, foi aprovada em 1996 a nova Lei de Diretrizes e Bases da Educação Nacional

17. M. C. de Santi *et al.*, "Fragmentos da História do Currículo do Curso de Enfermagem da Unifesp: o Percurso nos Últimos Dez Anos".

(LDB) – lei n. 9.394, de 20 de dezembro de 1996. Ela preconizava a flexibilidade dos currículos de graduação de acordo com as características regionais, além de aumentar o número de cursos e de vagas no ensino superior brasileiro[18].

1999-2009

A LDB, em seu artigo 53, atribuiu ao MEC a prerrogativa de fixar os currículos dos cursos e programas por meio das Comissões de Especialistas do Ensino de Graduação, estabelecendo propostas de Diretrizes Curriculares Nacionais.

A partir desse processo, concretizou-se em 7 de agosto de 2001 o parecer n. 1.133, do CNE. Ele reforçou a necessidade da articulação entre educação superior e saúde, objetivando a formação geral e específica dos egressos com ênfase na promoção, prevenção, recuperação e reabilitação da saúde[19].

Após esse parecer, foi aprovada pelo CNE a resolução n. 3, de 7 de novembro de 2001, que definiu as Diretrizes Curriculares Nacionais para os cursos de graduação em enfermagem[20]. As diretrizes, ainda vigentes, constituem ponto de partida para as mudanças necessárias à formação do enfermeiro e para que as escolas e os cursos, no uso de sua autonomia, construam coletivamente seus projetos pedagógicos de curso (PPC), respeitando a especificidade regional, local e institucional.

As diretrizes trazem um conjunto de informações que devem subsidiar o processo educacional em enfermagem. No delineamento das competências, encontram-se a geral e as específicas, relacionadas aos quatro pilares que sustentam a profissão: assistência, administração, ensino e pesquisa. Na composição de conteúdos, são três os eixos temáticos: ciências biológicas e da saúde, ciências humanas e sociais e

18. Lei n. 9.394, de 20 de dezembro de 1996 – Dispõe sobre as bases e diretrizes da educação nacional.
19. J. Fernandes, *op. cit.*
20. Resolução CNE/CES n. 3, de 7 de novembro de 2001.

ciências da enfermagem. Também dispõem sobre a tipologia dos conteúdos, esclarecendo sobre a formação e a articulação das disciplinas teóricas e teórico-práticas, a diversificação dos cenários de aprendizagem, o uso de metodologias ativas, a flexibilidade curricular, a interdisciplinaridade e o estágio curricular supervisionado, a ser oferecido nos dois últimos semestres do curso com carga horária mínima de 20% da carga horária total do curso.

No período de 2003 a 2007, obedecendo à necessidade de adequar a matriz curricular da EPE às Diretrizes Curriculares, houve um novo processo de reformulação curricular. A nova matriz foi instituída ano a ano, a partir de 2004, e permanece vigente até agora. Nessa matriz, oferecida em quatro anos com carga horária de 4820 horas, destaca-se o compromisso de formar um profissional capaz de atuar em diferentes cenários de prática, privilegiando-se, igualmente, o desenvolvimento de competências para atuar nos níveis de atenção à saúde, a partir dos princípios e da organização do SUS.

Em 2005, a enfermagem foi incluída em uma ação articulada entre os ministérios da Educação e da Saúde[21]. Como consequência, surgiu o Programa de Reorientação da Formação Profissional em Saúde (Pró-Saúde). O objetivo principal foi incentivar mudanças no processo de formação, gerar conhecimentos e prestar serviços à população, para uma abordagem integral no processo saúde-doença. Em outras palavras, o Pró-Saúde buscou integrar a formação do graduando e as necessidades de atenção à saúde na direção apontada pelas Diretrizes Curriculares Nacionais.

Nesse contexto, o curso de Enfermagem da Unifesp, após análise de sua proposta pedagógica, foi beneficiado com as ações do Pró-Saúde, tendo o compromisso de desenvolver seu projeto durante três anos. Essa iniciativa contribuiu muito para o curso, uma vez que

21. Formalizada por meio da portaria interministerial n. 2.118, de 3 de novembro de 2005, que institui a cooperação técnica entre os dois ministérios para formar e desenvolver recursos humanos na área da saúde.

possibilitou flexibilizar o currículo e promover a interdisciplinaridade: os docentes de diferentes áreas ou domínios passaram a ministrar conjuntamente seus conteúdos teóricos e práticos.

No processo, houve uma diversificação dos cenários da prática, especialmente no que se refere à atenção primária de saúde, na qual se inclui o Programa de Saúde da Família (PSF). A fim de cumprir a proposta, os docentes de algumas disciplinas foram capacitados, integraram-se e foram atuar em Unidades Básicas de Saúde (UBS).

Quanto à formação de enfermeiros em nível nacional, em abril de 2009 foi publicada a resolução n. 4, que fixou para os cursos de graduação em enfermagem a carga horária mínima de quatro mil horas a serem oferecidas em cinco anos.

Tal como nas universidades que oferecem o curso em período integral, o atual projeto pedagógico da EPE já contempla a carga horária exigida por essa determinação legal. A resolução fará com que os docentes do curso de Enfermagem da Unifesp tenham mais uma oportunidade de avaliar o que está sendo priorizado e realizado no ensino da enfermagem, numa busca constante pela excelência, sempre mantida como missão.

CONSIDERAÇÕES FINAIS

O constante trabalho de atualização científica, com a participação e a divulgação de resultados de pesquisas em eventos, congressos e programas de aprimoramento nacionais e internacionais, tem caracterizado os docentes e estudantes da EPE. Sensíveis aos avanços e às necessidades de cada época, os trabalhos científicos pautam-se pela busca de evidências que resultem em uma assistência de qualidade à população, como também pelo aprimoramento da enfermagem nos âmbitos da educação, da administração e da própria pesquisa científica.

O curso de Enfermagem da Unifesp, juntamente com outras escolas tradicionais na formação de enfermeiros, traz em sua história a responsabilidade, as preocupações e a alegria de ter contribuído com o desenvolvimento da profissão no país. Nesse processo de construção, a enfermagem desenvolveu-se como ciência, conquistou espaços de atuação, projetou-se como profissão capaz de intervir proativamente no processo saúde-doença da população, organizou-se como classe profissional consciente de seus deveres e direitos. Enfim, consolidou-se como uma profissão necessária e capaz de aprimorar-se de acordo com o contexto social, político, econômico e cultural.

Certamente, a responsabilidade e o desejo de continuar participando desse processo continuarão impulsionando o curso de Enfermagem da Unifesp a proporcionar uma formação responsável, qualificada e sempre questionadora, como tem sido a marca de sua trajetória.

3

As Relações entre a Escola Paulista de Enfermagem e a Escola Paulista de Medicina

Alba Lucia Bottura Leite de Barros, Janine Schirmer e Ana Cristina Passarella Brêtas

PALAVRAS-CHAVE
Enfermagem / História da Enfermagem / Escolas de Enfermagem

TEMÁRIO

Introdução / Enfermagem brasileira: um pouco de história / Enquanto isso, em São Paulo... / Escolas Paulistas de Medicina e de Enfermagem, gênese da Unifesp / Década de 1960: as escolas se consolidam no cenário nacional / Federalização da EPM e departamentalização: conquistas da educação pública / De EPM a Unifesp: a "tradição" e o "novo" dão corpo à nova universidade

INTRODUÇÃO

Neste texto, debruçamo-nos sobre as relações construídas nos últimos setenta anos entre a EEHSP/EPE/Departamento de Enfermagem e a EPM. Buscamos reconstituir a trajetória comum às duas escolas, por meio da tessitura das memórias individuais e dos dados da história contemporânea que, na medida em que são tecidas, dão corpo à rede social que sustentou e sustenta a convivência entre ambas.

Conviver é um processo em que sujeito e complemento se alternam o tempo todo. Implica em contato permanente, vida em comum e, sobretudo, denota o ato de viver em intimidade[1]. Outrossim, a atitude de conviver traz em si as contradições, os conflitos, a história de pessoas e grupos com diferentes convicções, interesses e interpretações do mundo. Acarreta tensões nem sempre explícitas, fruto de relações

1. F. da S. Borba (coord.), *Dicionário Gramatical de Verbos do Português Contemporâneo do Brasil.*

de poder entre áreas que, apesar de concêntricas, disputam espaços no universo da educação, da saúde e da política – *locus* de práxis distintas e específicas. Trataremos, contudo, de campos interdependentes, em particular na construção das trajetórias das Escolas Paulistas de Enfermagem e de Medicina à luz da materialização da Universidade Federal de São Paulo (Unifesp).

A cultura de uma instituição se constrói com base nos valores morais, éticos, históricos e ideológicos de seus membros. Dessa forma, pensar a relação entre a EPE e a EPM exige mencionar, ainda que rapidamente, a realidade social brasileira e paulista quando da criação das escolas e ao longo de setenta anos. A História nos coloca no espaço e no tempo e, ao contextualizar as atitudes daqueles que construíram e constroem essas Escolas, nos permite compreender as circunstâncias sociopolíticas em que se estabeleceram. No mínimo, nos livra do peso do acaso social.

ENFERMAGEM BRASILEIRA: UM POUCO DE HISTÓRIA

Em 1890, o governo provisório da República editou o decreto n. 791, que deu início oficial ao ensino de enfermagem no Brasil. Foi, então, criada a Escola Alfredo Pinto, direcionada basicamente para atendimento psiquiátrico e instalada dentro do Hospício Nacional de Alienados no Rio de Janeiro, dirigido e composto por um corpo docente de médicos[2]. Um dos motivos para a fundação dessa escola foi a incompatibilidade entre as irmãs de caridade responsáveis pela enfermagem e a nova direção interina, que passou a cercear muitas de suas atribuições. Com isso, as religiosas deixaram o hospital[3].

Em 1916, foi criada no Rio de Janeiro a Escola Prática de Enfermeiros da Cruz Vermelha Brasileira, objetivando preparar socorristas

2. Decreto n. 791, de 27 de setembro de 1890 – Cria no Hospício Nacional de Alienados uma escola profissional de enfermeiros e enfermeiras.
3. R. M. Germano, *Educação e Ideologia da Enfermagem no Brasil.*

voluntários para situações de emergência. Ambas as escolas resultaram de esforços médicos, dada a necessidade de mão de obra para a prática do cuidado – já que, até então, formavam-se "auxiliares de saúde" sem uma concepção de enfermagem como ciência autônoma. Tal enfoque passou a existir, de maneira mais sistemática, a partir da vinda ao Brasil, em 1921, de 32 enfermeiras norte-americanas. Elas vieram a pedido de Carlos Chagas, subvencionadas pela Fundação Rockefeller, como parte dos esforços para implementar o programa de educação sanitária junto às famílias[4].

Em nosso país, a constituição da categoria dos enfermeiros, tal como é entendida hoje, surgiu concomitantemente à introdução da enfermagem mundial em sua fase moderna, segundo o modelo nightingaliano trazido pelas enfermeiras norte-americanas. Estas fundaram, em 1923, na cidade do Rio de Janeiro, a Escola de Enfermagem do Departamento Nacional de Saúde Púbica, mais tarde denominada Anna Nery[5]. Vale ressaltar que, desde fins do século XIX, o Brasil vivia sob o constrangimento de outros países com os quais negociava de corte das relações comerciais caso o governo não saneasse os portos, devido às epidemias, como febre amarela e varíola. O ensino sistematizado de enfermagem surgiu nesse contexto, objetivando formar profissionais voltados à garantia do saneamento dos portos:

> [...] a implantação do ensino profissionalizante da enfermagem no Brasil se dá como parte do processo de reforma sanitária definida pelas elites, sem qualquer participação popular, coordenada por Carlos Chagas, para garantir o saneamento dos portos, assegurando desta forma os interesses comerciais do governo brasileiro[6].

4. D. M. Gastaldo e D. E. Meyer, "A Formação da Enfermeira: Ênfase na Conduta em Detrimento do Conhecimento".
5. D. D. Nakamae, *Bases para o Encaminhamento da Questão do Ensino de Enfermagem*.
6. F. V. S. Oliveira, *Associação Brasileira de Enfermagem: Mudanças e Continuidades? A Propósito do Movimento Participação (1979/1989)*.

A partir de 1931, em plena Era Vargas, foram aprovados o decreto-lei n. 20.109/31[7], reconhecendo a existência da enfermagem profissional e definindo a Escola Anna Nery como padrão para seu ensino; e o decreto-lei n. 2.956/38, instituindo 12 de maio como o Dia do Enfermeiro[8]. Entretanto, a homenagem do Estado à enfermagem não ocorreu por meio do reconhecimento do trabalho prestado, mas por sua identificação como "sacerdócio", "arte e vocação"[9].

ENQUANTO ISSO, EM SÃO PAULO...

Na década de 1920, São Paulo conheceu um renovado cosmopolitismo e procurou assemelhar-se às cidades europeias. Para isso, contava com uma expressiva população estrangeira e tornava menos visíveis os ex-escravos e seus descendentes. Era o tempo do modernismo, que, no entanto, não assegurava a todos os seus habitantes as renovações e rupturas que o movimento apregoava. As atividades econômicas se diversificaram, sobretudo nos setores industrial, comercial e de serviços; cresceu o número de habitantes e, consequentemente, ampliou-se o mercado consumidor.

A "capital do capital" proclamava seus paradoxos na busca de uma identidade por meio da ascensão econômica e do desenvolvimento industrial. A desigualdade social se avolumava, a diferença entre ricos e pobres crescia, a riqueza se concentrava e não se convertia em melhoria de vida para o conjunto da população. A cidade foi aos poucos se transformando na metrópole do industrial, do operário fabril e do modernismo. Mas tal noção de progresso espelhava não apenas os ganhos do capital, mas principalmente a miséria de parcelas significativas de seus habitantes.

7. Decreto n. 19.941, de 30 de abril de 1931 – Dispõe sobre a instrução religiosa nos cursos primário, secundário e normal.
8. Decreto n. 2.956, de 10 de agosto de 1938 – Institui o "Dia do Enfermeiro".
9. F. V. S. Oliveira, *op. cit.*

Naquela mesma década, o crescimento se consolidou pela maior integração e diversificação das atividades agrocafeeiras, urbano-industriais, comerciais e de serviços. São Paulo assumiu a dianteira do desenvolvimento industrial, assumindo o posto até então ocupado pelo Rio de Janeiro, capital do país. Isso se deu principalmente em decorrência do dinamismo do mercado paulista, que incorporou novas demandas e comportamentos de consumo relacionados à urbanidade[10].

Além do ajustamento dos imigrantes estrangeiros à vida paulistana, nesse período também merece destaque, o aumento da migração interna, uma vez que até então era reduzida a receptividade da sociedade paulista a trabalhadores brasileiros, resultado da política de Estado de subvencionar a imigração estrangeira.

Em 1929, São Paulo passou a viver simultaneamente novas formas de exclusão e inclusão, dado que a crise da cafeicultura expulsou os imigrantes do trabalho na lavoura, concentrando-os no meio urbano, muitas vezes em condições insalubres. Assim, o capital cafeeiro estimulou a urbanização, a modernização das relações de trabalho e o investimento em transporte; ao mesmo tempo, impôs modificações nas estruturas sociais da cidade.

Nesse cenário de crise, ocorreu a Revolução de 1930, responsável por mudanças na correlação das forças políticas que sustentavam a República Velha. As divergências entre a elite política nacional, os representantes do setor agrário-exportador, a administração paulista e o governo nacional desencadearam em São Paulo a Revolução Constitucionalista de 1932. Ela alterou o ritmo da cidade, transformada "numa verdadeira praça de guerra, onde se inscreviam os voluntários, se armavam estratégias de combate e se arrecadavam contribuições da população amedrontada, mas orgulhosa de pertencer a uma 'terra de gigantes'"[11].

10. M. A. R. Ribeiro, *História do Sem Fim... Inventário da Saúde Pública São Paulo – 1880-1930*.

11. Departamento do Patrimônio Histórico – DPH/SMC/PMSP, *A Cidade de São Paulo e sua História*.

Paradoxalmente, a derrota paulista contribuiu para ampliar a visibilidade política de São Paulo no cenário nacional. Contudo, esse episódio marcou o fim da hegemonia dos cafeicultores: Getúlio Vargas nomeou um interventor para governar o estado, transtornando as relações de poder. Essas medidas foram interpretadas como uma ruptura com a ordem oligárquica, que criava obstáculos à modernidade. As elites paulistas se organizaram com o intuito de retornar ao poder. Dentre as várias atitudes tomadas, destaca-se a iniciativa de investir na formação de classes dirigentes para ocupar espaços políticos no cenário nacional. Para tanto, criam-se instituições de ensino e pesquisa, com destaque para a Escola Paulista de Medicina e a Escola Livre de Sociologia e Política, em 1933, e a Universidade de São Paulo, em 1934.

ESCOLAS PAULISTAS DE MEDICINA E DE ENFERMAGEM, GÊNESE DA UNIFESP

Em 1933, um grupo de 31 médicos e dois engenheiros criou uma sociedade civil que deu origem à EPM. Com isso, começaram a concretizar o desejo da oligarquia paulistana de ter escolas para seus filhos estudarem, ao mesmo tempo em que atendiam os desejos dessa mesma elite de ter uma escola privada de medicina.

Para aprimorar a qualidade do estudo, o grupo investiu na criação de um hospital-escola, estrutura-símbolo do ensino da prática médica. A pedra fundamental do HSP foi lançada em 30 de setembro de 1936[12].

Vale lembrar que o país vivia sob o regime de Vargas (1930-1945), tempo em que a proximidade Igreja-Estado beneficiava a ambos. A Igreja tinha privilégios como a inserção da educação religiosa na grade curricular das escolas e financiamento de escolas religiosas; já o

12. Ver A. L. L. Nemi, "A Escola Paulista de Medicina entre Tradição e Modernidade (1933-1956)".

Estado, pelo apoio dado a Vargas, dispunha de apoio e base social dos católicos para manter sua ditadura[13].

Em tal cenário político, a recém-criada EPM e seu hospital-escola tinham urgência em desenvolver a capacidade de acolher e tratar doentes. Para tanto, era essencial a presença de enfermeiras. Assim, em outubro de 1937, Álvaro Guimarães Filho, catedrático da Obstetrícia da EPM, pedia ao diretor da Escola, Octávio de Carvalho, e à Divisão de Ensino Superior do MEC autorização para organizar um curso de enfermagem obstétrica. Tempos depois, chegava o telegrama n. 1040, com o seguinte texto: "Comunico-vos que, por despacho do Diretor Geral, foi autorizado este Instituto a instalar o curso de Enfermagem Obstétrica".

A EPM buscou e obteve o apoio da Arquidiocese de São Paulo. Firmou-se o acordo de que a Congregação das Franciscanas Missionárias de Maria se encarregaria de organizar a nova escola de enfermeiras, em consonância com os propósitos da Igreja Católica de formar enfermeiras religiosas. Em março de 1939, foi autorizada a instalação do curso de enfermagem, com o seguinte conselho: Álvaro Guimarães Filho, diretora madre Maria das Dores, Pedro de Alcântara, João Moreira Rocha, Otto Bier, Lemos Torres, Alípio Correia Neto, José Ribeiro do Valle, Luiz Pereira Barreto e Paulo Mangabeira Albernaz, entre outros. Entre as professoras madres, estavam Marie Domineuc, Marie de Fontenelle, Marie Lenaik e Marie Saint Hermeland.

Surgia, assim, a EEHSP, que iniciou suas atividades em 1939 com o curso de especialização em Enfermagem Obstétrica. Concomitantemente, principiava o curso de Enfermagem nos moldes do curso de Enfermagem da Escola Anna Nery, escola-padrão brasileira.

O corpo docente era formado pelos professores de clínica e ciências básicas da EPM, e as disciplinas de enfermagem eram ministradas pelas religiosas enfermeiras europeias. Após seis meses de funcionamento, madre Marie Domineuc apresentou seu primeiro relatório,

13. Sobre esse assunto, ver também o capítulo 1.

que informava terem se matriculado no curso de Obstetrícia quatro alunas e duas no de Enfermagem. Domineuc e alguns professores da EPM organizaram ainda uma instituição de proteção à mãe desamparada – o Amparo Maternal[14].

O curso de Enfermagem ocupava, em média, doze horas de atividades diárias, inclusive aos sábados e domingos, com uma carga horária total de 4200 horas, duração de três anos, e quinze dias de férias anuais. Essa estrutura curricular talvez ajude a explicar a diferença entre o número de alunas que iniciavam o curso e o pequeno número que o concluía[15]. A explicação para o reduzido número de alunas também pode ser procurada no patriarcalismo então reinante, que colocava a mulher numa condição de subordinação efetiva em relação às decisões masculinas e dificultava a busca de espaço social fora do lar[16].

Sob a denominação Escola de Enfermeiras do Hospital São Paulo, a instituição foi reconhecida oficialmente por meio do decreto n. 9.101, em 24 de março de 1942. Para poderem exercer suas funções, as enfermeiras religiosas docentes da EEHSP tiveram que revalidar seus diplomas na Escola Anna Nery. Assim, as madres Marie Domineuc, Marie de Fontenelle e Marie Saint Hermeland prestaram exame de revalidação um ano após o início do funcionamento da Escola[17]:

14. Sobre o Amparo Maternal, ver também os capítulos 1 e 5.
15. M. Augusto e A. M. S. A. Maranhão, "Resenha Histórica do Departamento de Enfermagem da Escola Paulista de Medicina", p. 17.
16. Ver também o capítulo 6.
17. Para compreender o impacto da origem na formação de enfermeiras da EEHSP é importante lembrar que, na década de 1940, surgiram dois movimentos associativos ligados à Igreja católica: a União das Religiosas Enfermeiras do Brasil (Ureb) e a União Católica de Enfermeiras do Brasil. A primeira foi fundada em 1944, por ex-alunas da EEHSP, sob coordenação de Marie Domineuc, e tinha como finalidade reunir as religiosas enfermeiras que, mais tarde, adotaram o lema "Onde está à caridade, aí está Cristo". Ver T. O. Gomes, A. J. Almeida Filho e S. S. Batista, "Enfermeiras-religiosas na Luta por Espaço no Campo da Enfermagem", e T. O. Gomes *et al.*, "Enfermeiras Católicas em Busca de

Em 1943, as madres e enfermeiras recém-formadas realizaram um estudo a fim de traçar a filosofia e delinear o perfil das enfermeiras e das professoras da EEHSP. Esse perfil estava baseado na competência e nos valores éticos, morais e espirituais que deram o lema inscrito no emblema da escola, *Non vivere nisi ad serviendum*, isto é, "Não viver senão para servir"[18].

O lema perdura no emblema da EPE até os dias de hoje, circulando como marca institucional nos documentos oficiais e em seu periódico científico, a *Acta Paulista de Enfermagem*. O lema representava a ideologia católica das enfermeiras docentes da Escola, que priorizava a assistência ao paciente em detrimento de qualquer outra atividade da vida profissional ou particular. Para fortalecer esse perfil, decidiu-se que somente enfermeiras formadas na Escola ocupariam cargos de chefes de unidades e diretoras do HSP.

Em 1944, devido à precária condição de saúde de madre Maria das Dores, assume a direção da EEHSP Maria Áurea Vieira da Cruz, diplomada na escola, tendo madre Domineuc como sua assessora. Em 1945, a diretora se licenciou para ingressar na Ordem Missionárias de Maria. A vice-diretora, Jacira de Araújo Cintra, assumiu até o retorno de Vieira da Cruz, em 1948, que agora usava o nome religioso de madre Maria Áurea Vieira da Cruz. Ela se manteve na direção até 1973.

No final da década de 1940, a lei n. 775/49, que dispunha sobre o ensino da enfermagem no país, tornou obrigatória a manutenção dos cursos de enfermagem e auxiliar de enfermagem nas escolas oficiais, dando um prazo de sete anos para que as escolas de enfermagem deixassem de receber estudantes apenas com o curso ginasial. Devido à escassa procura pelo curso, tal exigência foi adiada por cinco anos, aceitando-se como requisito de admissão nesse período apenas o certi-

Melhores Posições no Campo da Educação e da Prática em Enfermagem nos Anos 40 e 50 no Brasil, Século XX", além do capítulo 1.

18. Augusto e Maranhão, *op. cit.*

ficado de conclusão do antigo ginásio. A mesma lei impunha um currículo rígido, enormemente fracionado, com predomínio de disciplinas médicas e pouca ênfase nas disciplinas de enfermagem. Facultava, ainda, a adaptação dos cursos de enfermagem obstétrica às exigências legais, convertendo-os em cursos de formação de enfermeiros especialistas. Dessa forma, o curso de Obstetrícia da EEHSP pôde se adaptar à lei e passou a formar especialistas em enfermagem obstétrica.

Vale ressaltar, ainda nesse período, a interferência das religiosas. Por meio do Departamento de Saúde da Conferência dos Religiosos do Brasil (DAS/CRB), criado em 1954 e atrelado à Igreja Católica, elas atuavam diretamente na ABEn, permitindo e facilitando a ingerência de autoridades da Igreja nos assuntos profissionais e educacionais da enfermagem. Contribuíam, assim, para reforçar o pensamento católico na enfermagem, estimulando a passividade, a disciplina, o culto à hierarquia, a abnegação, a obediência e a subserviência, características de muitas maneiras vivas até hoje[19]. Reproduzia-se, desse modo, a relação de dominação/subordinação clerical, na qual a mão de obra feminina religiosa é explorada e controlada pelo clero masculino[20].

DÉCADA DE 1960: AS ESCOLAS SE CONSOLIDAM NO CENÁRIO NACIONAL

Em 1962, o parecer n. 271 do CFE dispôs que a formação do enfermeiro passaria da escolaridade formal de nível médio para a de nível superior. Alterou também o currículo mínimo do curso de Enfermagem, introduzindo administração e deslocando as ciências sociais e a saúde pública da graduação para o nível de especialização, como áreas facultativas aos estudantes. O currículo moldou-se às tendências do mercado, direcionado à área curativa, incentivando os

19. ABEn, "Relatório da Subcomissão de Professores Privativos". Ver também o capítulo 1.
20. A. C. P. Brêtas, *As Enfermeiras, o Poder, a História: um Estudo Exploratório sobre Mentalidades*.

estudos nas clínicas especializadas, estimulados pela privatização da assistência à saúde[21].

O enfermeiro com escolaridade de nível superior passou a ter sob sua responsabilidade a direção de serviços, a chefia de unidades, o preparo, a orientação e a supervisão das categorias auxiliares, e o ensino nas escolas dos vários níveis da profissão, legalizando e institucionalizando a divisão social do trabalho na enfermagem.

Em 1967, em plena ditadura militar, foi promulgada uma nova Constituição, seguida, em 1968, da lei n. 5.540[22], sobre a reforma e a expansão do ensino superior com o mínimo de custo, a partir de uma visão tecnocrática e predominantemente econômica. Previa a departamentalização, a matrícula por disciplina, a criação do curso básico, a institucionalização da pós-graduação e a restrição da participação estudantil nos processos decisórios nas escolas.

Pautada nos acordos MEC-Usaid, a reforma do ensino superior no Brasil baseou-se no modelo estadunidense, que estruturava o ensino em básico, profissional e dois níveis de pós-graduação – mestrado e doutorado. Introduziu, ainda, o regime de tempo integral e dedicação exclusiva dos docentes, e o vestibular unificado e classificatório. À sua maneira, a reforma adaptou o sistema educacional em função de reproduzir a força de trabalho e garantir a manutenção da estrutura de classes[23].

Pouco antes da reforma do ensino superior, a EEHSP passou a ser denominada Escola Paulista de Enfermagem[24], ainda sob a direção de Áurea Vieira da Cruz (1944-1968 e 1968-1973). Manteve-se o lema inscrito no emblema da Escola, numa visão romântica e saudosista, sem crítica conceitual ou reflexão sobre a dimensão política desse le-

21. *Idem.*
22. Lei n. 5.540, de 28 de novembro de 1968 – Fixa normas de organização e funcionamento do ensino superior e sua articulação com a escola média, e dá outras providências.
23. B. Freitag, *Estado, Escola & Sociedade.*
24. Decreto n. 62.689, de 10 de maio de 1968 – Altera a denominação da Escola de Enfermeiras do Hospital de São Paulo.

gado na formação e na prática profissional dos enfermeiros da EPE. Reforça-se, assim, a construção sociocultural da enfermeira como aquela que cuida, como faziam as mulheres no ambiente doméstico ou as religiosas abnegadas que, de forma vocacional, assumiam o cuidado de enfermos sem o reconhecimento disso como prática profissional. A moralidade católica e as regras organizacionais do tipo militar das religiosas foram traços marcantes na relação entre a EEHSP e a EPM.

Do ponto de vista da estrutura organizacional, após a reforma do ensino superior a EPE estruturou-se em três departamentos: Saúde Pública e Administração; Materna e Infantil e Fundamentos de Enfermagem e Enfermagem Médico-cirúrgica e Psiquiátrica. No âmbito legislativo, o CFE, por meio do parecer n. 163/72 e da resolução n. 4/72, instituiu o currículo mínimo de enfermagem, criando as habilitações. O curso passou a ser direcionado às técnicas avançadas em saúde no campo da medicina curativa, focando o ensino no modelo médico de assistência hospitalar em detrimento da atenção aos problemas básicos de saúde da população de um país pobre. O currículo mínimo assinalou a fragmentação do eixo da formação em três partes – pré-profissional, profissional comum e habilitação –, não prevendo a articulação mínima necessária entre as disciplinas básicas e as específicas de enfermagem. Assim, facilitou a compreensão dicotomizada de saúde/doença, prevenção/cura, assistência hospitalar/saúde pública[25].

Em 1972, deu-se a organização da EPE em quatro departamentos: Saúde Pública e Administração; Enfermagem Obstétrica; Enfermagem Pediátrica e Fundamentos de Enfermagem e Enfermagem Médica-cirúrgica. Passaram a existir dois cursos de especialização – lembrando que o de Enfermagem Obstétrica e Obstetrícia Social foi transformado em especialidade, pela lei n. 775/49 – e, em 1972, Marianna Augusto liderou a criação do curso de especialização em

25. ABEn, *Proposta do Novo Currículo Mínimo para o Curso Superior de Enfermagem: a Formação do Enfermeiro.*

Pediatria e Puericultura, destinado a enfermeiras, assistentes sociais, sociólogas, nutricionistas e outros profissionais da área da saúde que participam da assistência à criança. Essa atitude era contrária à centralização do ensino no modelo médico e hospitalocêntrico. Na EPE, a fragmentação prevista no currículo mínimo nacional não ocorreu, provavelmente graças à marca religiosa que pautava a preocupação com as questões sociais, fundamentalmente no campo assistencial. O curso de graduação e as especializações utilizavam como campo de formação prática o Amparo Maternal e o Jardim Sabiá, instituições destinadas ao atendimento da população pobre. Acresceu-se a elas a Comunidade Infantil da EPE, destinada aos filhos de professores e funcionários da Escola e do HSP, hoje conhecida como Escola Paulistinha de Educação Infantil[26].

A partir da década de 1970, outras especialidades da enfermagem passaram a integrar a EPE, apontando para a fragmentação do cuidado em saúde, sem interferir na melhoria da qualidade da assistência oferecida aos setores público e privado e sem agregar valor ao trabalho do profissional, pois não houve incorporação ou plano de cargos e salários. Daquela década aos dias atuais, a EPE ofereceu diversos cursos: Enfermagem do Trabalho, Enfermagem Médico-cirúrgica, Enfermagem em Saúde Pública, Enfermagem em Saúde Mental e Psiquiátrica, Saúde do Trabalhador, Meio Ambiente e Gênero, na Área de Saúde Coletiva, e Gerenciamento de Serviços de Enfermagem. A especialização – modalidade residência de enfermagem – passou a contar com outras áreas, entre elas: Unidade de Terapia Intensiva Adulto e Neonatal, Pronto-Socorro, Nefrologia, Infectologia, Epidemiologia Hospitalar, Cardiologia, Pneumologia, Centro Cirúrgico, Oftalmologia, Pediatria Geral, Neonatologia, Ortopedia, Neurocirurgia, Emergência, Geriatria, e Oncologia Adulta e Pediátrica.

É necessário lembrar que a década de 1970 foi um período de arbitrariedades, violência, abuso de autoridade e cassação de direitos

26. Ver capítulo 5.

políticos, civis e sociais. Nele, foram editados vários Atos Institucionais, assim como ocorreram a estabilização (de 1964 a 1967), o crescimento (1968 a 1973) e o declínio (1974 em diante) econômico do país, ou seja, a ascensão e o fim do "milagre brasileiro"[27]. Tudo isso deve ser levado em conta quando se discute a construção da EPE e da EPM; afinal, lutas e embates foram travados pelos sujeitos históricos que compuseram a instituição naquele momento. Entretanto, não cabe neste texto emitir julgamentos sobre decisões tomadas a favor ou contra as arbitrariedades da ditadura.

As religiosas ainda detinham poder no HSP, por meio das diretorias Financeira-administrativa e de Enfermagem, esta última ocupada por madre Áurea Viera da Cruz ao longo de 25 anos. Devido ao aumento do número de leitos e de áreas de especialidade do HSP, durante a gestão de Francisca Nogueira Soares (1973 a 1976)[28], foi nomeada a primeira diretora não religiosa de enfermagem do HSP: a professora Tereza Ginaqui, da área de administração em enfermagem, que exerceu o cargo até 1969, quando foi substituída por madre Ermínia, até 1970. Em seguida, como a maioria das madres já não tinha mais idade para as atividades assistenciais de um serviço hospitalar de grande porte, a Diretoria Clínica e Administrativa de Enfermagem do Hospital foi assumida pelas docentes e ex-alunas da EPE. A Diretoria de Enfermagem do HSP passou a ser exercida por ex-alunas da escola: Enide Ribeiro do Valle (1970 a 1974), Mariana Fernandes de Souza (1974 a 1976), Ilona Rodrigues (1976 a 1977) e Ida Rodrigues Perracini (1982 a 1985)[29].

Áurea Vieira da Cruz, em depoimento concedido em abril de 1997 sobre a história da instituição, relatou:

27. Brêtas, *op. cit.*

28. Primeira docente a obter o título de doutora em sociologia, chamada pelas religiosas e colegas de madre Cristo Redentor.

29. A. L. B. L. de Barros, *O Trabalho Docente Assistencial de Enfermagem no Hospital São Paulo da Unifesp/EPM.*

> [...] a partir de 1970, atendendo à necessidade de crescimento dos serviços médicos e unidades hospitalares, as irmãs deixaram de morar no hospital, passando a viver em casas próximas. Paulatinamente elas também foram deixando o seu trabalho no hospital por motivos de saúde, velhice ou outra missão a ser cumprida. As que trabalhavam na EPE passaram a ocupar o terceiro andar do atual prédio do Departamento de Enfermagem[30].

FEDERALIZAÇÃO DA EPM E DEPARTAMENTALIZAÇÃO: CONQUISTAS DA EDUCAÇÃO PÚBLICA

Em 1976, devido às dificuldades financeiras da SPDM, mantenedora da EPE, foram realizados estudos para a federalização da Escola. A então diretora, madre Cristo Redentor, era contra o poder que se estava outorgando à SPDM e a intenção da EPM de criar a "Universidade da Saúde". Vale lembrar que a madre tinha certa influência junto ao governo federal, no qual parentes seus ocupavam cargos importantes. Toda tentativa de criar a universidade era dificultada, pois a diretora acreditava que a transformação só seria possível se a EPE deixasse de existir e fosse absorvida pela EPM como departamento, o que acarretaria perda de autonomia e dificuldades para o seu desenvolvimento[31].

Após um ano de discussão, a Escola sofreu a maior transformação na sua estrutura político-administrativa. Inviabilizada a possibilidade da federalizá-la como unidade autônoma, segundo a legislação vigente, a EPE foi incorporada como departamento da EPM – esta federalizada desde 1956 – pelo decreto n. 79.656, transformando os departamentos existentes em quatro disciplinas, já na gestão de Esmeralda Augusto (1976 a 1982), primeira diretora pós-federalização. Contrariando as expectativas de madre Cristo Redentor, a EPE foi federalizada como departamento da EPM. As docentes, então contratadas pela

30. *Idem.*
31. Informação resultante da convivência de Alba Lucia Bottura Leite de Barros com madre Cristo Redentor.

SPDM, solicitaram demissão mediante acordos e foram recontratadas como professoras colaboradoras da EPM. Apenas à madre não foi permitido tal acordo, e ela foi sumariamente despedida.

Em 1977, seis professoras defenderam tese de doutoramento e livre-docência, denotando que o processo de qualificação do corpo docente já estava em curso antes mesmo da federalização da Escola.

Em 1978, teve início o primeiro curso de pós-graduação *stricto sensu* em Enfermagem, nível de mestrado, na área de enfermagem pediátrica e pediatria social, sendo o curso credenciado em 1979. No cenário nacional, a liberalização da ditadura começava a ser timidamente visualizada, em especial a partir da Emenda Constitucional n. 11/78, que formalizou o processo de abertura política com a revogação de algumas medidas de exceção. Ainda em 1978, por sugestão dos professores Horácio Kneese de Melo e Álvaro Marcondes Silva, foi criada a SPDE, para absorver o curso de Auxiliar de Enfermagem que, por força do regimento da EPM, não poderia continuar no Departamento de Enfermagem[32]. Esse curso fora criado por madre Dominec em 1944 e reconhecido em 1955[33].

Em 1980, foi implantado o mestrado em Enfermagem Obstétrica, credenciado em abril de 1984. Em 1986, teve início o curso de doutorado em Enfermagem Materna e Infantil. Nesse período, a direção do Departamento de Enfermagem esteve a cargo de Laís Helena Ramos (1982-1988 e 1991-1994). Durante a gestão de Ramos, foi promulgada a lei n. 7.498/86 e sancionado o decreto n. 94.406/87, dispondo sobre o exercício profissional da enfermagem e revogando a legislação que estava em vigor havia mais de trinta anos.

O país se democratizava. Em 1988, foi promulgada a nova Constituição brasileira e, em um cenário de conquistas sociais e políticas, o Departamento de Enfermagem cresceu para além dos limites da EPM.

32. Augusto e Maranhão, *op. cit.*

33. Decreto n. 36.726, de 3 de maio de 1955 – Concede reconhecimento ao curso que indica.

Rosa Apparecida Pimenta de Castro assumiu a chefia do Departamento (1988-1991) com o forte propósito de titular o corpo docente e estimular a participação dele na política institucional, por meio da representação em diferentes instâncias da EPE e do HSP. Ela teve uma participação decisiva na ampliação das áreas de concentração da pós-graduação *stricto sensu* e na criação de um periódico científico. Foi encaminhado à comissão de pós-graduação da EPM o projeto do curso de mestrado em Enfermagem na área da Saúde do Adulto, que enfrentou a resistência liderada por Oswaldo Ramos para encaminhar ao MEC a solicitação institucional de credenciamento. Superada a resistência, o curso começou a funcionar em 1989.

Em março de 1988, foi publicado o primeiro fascículo da *Acta Paulista de Enfermagem*. Desde então, a revista implementou mudanças para publicar artigos de qualidade científica e propiciar a educação profissional, por meio de uma tiragem de mil exemplares. Dessa forma, surgia mais um espaço de atualização e intercâmbio científico entre todos os estados brasileiros, diversos países da América Latina e da Europa e os Estados Unidos, atendendo tanto as necessidades atuais dos pesquisadores como dos leitores. Ininterruptamente, foram publicados, até o ano de 2009, 74 números, totalizando 886 artigos originais, de revisão, relatos de experiências e de atualização, após a revisão e contribuição criteriosa de editores, consultores *ad hoc* e permanentes, autores e equipe multiprofissional de apoio.

No HSP, também iniciaram-se mudanças gerenciais. A Diretoria de Enfermagem foi ocupada por enfermeiras vinculadas ao Hospital, sem qualquer ligação com o Departamento de Enfermagem. Em dois períodos o cargo foi ocupado por enfermeiras vindas de outras escolas: Maria Carmem de Assis (1977 a 1982) e Yoshiko Yoneda (1985 a fevereiro de 1992), representando a ruptura da tutela do equipamento de ensino sobre a instituição de saúde parceira, mas autônoma.

Após várias iniciativas, entre elas a criação do Conselho de Enfermagem, formado pela chefia da Divisão de Enfermagem, pela representação do corpo de enfermeiros do Hospital e por docentes do Departamento de Enfermagem, somente em março de 1992 a Diretoria de Enfermagem foi reassumida por docentes do Departamento. Na ocasião, o HSP estava em precária situação financeira, em virtude da política de saúde vigente no país, e enfrentando sérios problemas relacionados à disponibilidade de recursos materiais e humanos[34]. Tal parceria, mantida até a atualidade, mostra a difícil relação entre a universidade pública e o hospital de ensino privado sem fins lucrativos cuja mantenedora é a SPDM.

DE EPM A UNIFESP: A "TRADIÇÃO" E O "NOVO" DÃO CORPO À NOVA UNIVERSIDADE

Em 1994, o Departamento de Enfermagem passou a vincular-se à sucessora da EPM – a Universidade Federal de São Paulo (Unifesp), criada pela lei n. 8.957. A chefia departamental foi ocupada por Lucila Amaral Carneiro Vianna (1994-1997 e 1997-2000). O departamento compunha-se das disciplinas de Fundamentos de Enfermagem e Enfermagem Médica e Cirúrgica, Enfermagem Pediátrica, Enfermagem Obstétrica, e Enfermagem de Saúde Pública e Administração Aplicada à Enfermagem[35].

Vale ressaltar que a mudança não foi motivada pelo desejo de construir o conhecimento numa perspectiva interdisciplinar e universal, e sim pela necessidade de garantir mais recursos para a Universidade junto ao MEC. No Departamento de Enfermagem, havia a esperança de que, a médio prazo, o poder hegemônico do curso de Medicina sofreria rupturas. Todavia, durante mais de dez anos, foi necessário colocar as duas siglas – Unifesp e EPM – nos documentos oficiais, sem assumir a transformação. Somente com o processo de expansão, a partir da criação de novos *campi*[36] em 2006, foi possível usar exclusivamente a sigla Unifesp.

34. Barros, *op. cit.*
35. L. Vianna, "Enfermagem: da Vida Abnegada à Auto-determinação Profissional".
36. Sobre a transformação da EPM em Unifesp e sua expansão no início do século XXI, ver J. Rodrigues, "Criação e Expansão da Unifesp: Marcos da Memória e

Além das transformações no âmbito da Universidade, o Departamento de Enfermagem vivia o desafio de adequar o currículo da graduação à diretriz estabelecida pelo novo currículo mínimo para o curso, aprovado pela portaria n. 1.721/94 do CFE. O novo currículo previa a formação do enfermeiro em quatro áreas – assistência, gerência, ensino e pesquisa –, modificando profundamente sua formação.

Desde a criação da Escola Anna Nery, a legislação sobre o ensino de enfermagem, compreendendo os currículos de 1923, 1949, 1962 e 1972, revelava que a formação do enfermeiro centrava-se no polo indivíduo/doença/cura e na assistência hospitalar, seguindo o mercado de trabalho específico de cada época[37].

Em 1995, foi reiniciado o processo de discussão para reunir os cursos de mestrado e doutorado em Enfermagem da Unifesp, de modo a atender as diretrizes do grupo consultivo da Capes, que apontava a existência de três cursos de mestrado e um de doutorado na instituição, com sobreposição de docentes, disciplinas ministradas, linhas de pesquisa e produção científica[38].

No âmbito da pós-graduação *lato sensu*, o Departamento deu início, em 1995, ao curso de especialização em Enfermagem/Modalidade Residência. A primeira turma utilizou o arcabouço do curso de especialização em Enfermagem Médico-cirúrgica pré-existente e novas áreas de especialidade foram incluídas.

Entre os principais objetivos do curso de residência, contavam-se: capacitar enfermeiros em diversas áreas de especialidade por meio de intenso programa de treinamento em serviço, em regime integral e dedicação exclusiva; contribuir para implantar o cuidado sistema-

da História Institucional".

37. E. Ito *et al.*, "O Ensino de Enfermagem e as Diretrizes Curriculares Nacionais: Utopia *x* Realidade". Sobre as reformas curriculares no curso de Enfermagem da Unifesp, ver também o capítulo 2.

38. Os resultados desse processo serão analisados no capítulo 4.

tizado de enfermagem no HSP por meio da atuação das residentes nas unidades em que estagiavam, executando o processo proposto pela Diretoria de Enfermagem; melhorar a qualidade da assistência de enfermagem no Hospital, pelo aumento do número de profissionais atuando nas enfermarias, além da capacitação dos enfermeiros do quadro efetivo do HSP, pelo contato com os residentes, professores e preceptores que os orientam[39].

Na gestão de Conceição Vieira da Silva Ohara (2000-2003 e 2003-2006), iniciou-se o processo de expansão da Unifesp. Mais uma vez, com a necessidade premente de custear uma universidade com dois terços de seus alunos matriculados na pós-graduação, a instituição foi chamada a dar uma resposta às demandas nacionais de formação de recursos humanos de ensino superior. Quando a expansão começou, novos atores sociais entraram em cena e, finalmente, iniciou-se o processo de construção da ideia de universidade. Em resposta à demanda social e política de expansão das vagas públicas no ensino superior e de interiorizar as atividades das universidades federais, a Unifesp vem ampliando seu espectro de atuação, deixando de ser uma universidade temática para tornar-se uma instituição *multicampi*, totalizando cinco *campi* em atividade em 2009:

- Vila Clementino, com os cursos de Biomedicina, Enfermagem, Fonoaudiologia, Medicina e Tecnologia Oftálmica.
- Baixada Santista, com os cursos de Educação Física, Fisioterapia, Nutrição, Psicologia e Terapia Ocupacional.
- Diadema, com os cursos de Ciências Biológicas, Engenharia Química, Farmácia e Bioquímica e Química.
- Guarulhos, com os cursos de Ciências Sociais, Filosofia, História, Pedagogia, Letras e História da Arte.
- São José dos Campos, com o curso de Ciências da Computação.

39. A. L. B. L. Barros e J. L. M. Michel, "Curso de Especialização em Enfermagem – Modalidade Residência: Experiência de Implantação em um Hospital-escola".

No âmbito do Departamento de Enfermagem, na gestão de Alba Lucia Bottura Leite de Barros (2006-2009) eclodiu uma crise político-institucional na Unifesp, tornando-se públicas as contradições estabelecidas historicamente entre a Universidade, a SPDM, o HSP e a Fap-Unifesp. Por pressão dos movimentos organizados, o reitor Ulysses Fagundes Neto deixou o cargo, trazendo à tona a necessidade de enfrentar as relações internas da Universidade. Paradoxalmente, esse período expressa um momento de construção democrática da Universidade. Os atores e as atrizes sociais da instituição estão empenhados na construção da reforma do estatuto da Unifesp, de modo a respeitar a diversidade de áreas temáticas, a estrutura sociopedagógica dos *campi* e a tradição das escolas fundadoras da Unifesp, as septuagenárias EPM e EPE.

As conquistas obtidas nestes últimos anos – evidenciadas pela avaliação da Capes, na qual o programa de pós-graduação foi pontuado com nota cinco, pela avaliação com cinco estrelas do curso de graduação no que tange à empregabilidade, pelos dezenove cursos de especialização oferecidos nas diferentes áreas do conhecimento e pelas indexações recentes da *Acta Paulista de Enfermagem* nas importantes base de dados Scielo e Web of Science – ISI, além da autonomia financeira denotada pelo Departamento –, são pilares que sustentarão as discussões políticas de reconsolidação da Escola Paulista de Enfermagem na Universidade Federal de São Paulo, devolvendo-lhe a autonomia necessária à sua gestão.

4

Desenvolvimento da Pós-graduação na Escola Paulista de Enfermagem/Departamento de Enfermagem da Universidade Federal de São Paulo: Resgate Histórico

Maria Gaby Rivero de Gutiérrez, Janine Schirmer e Mavilde da Luz Gonçalves Pedreira

PALAVRAS-CHAVE
História da Enfermagem / Pós-graduação em Enfermagem / Pesquisa em Enfermagem

TEMÁRIO

Apresentação / A pós-graduação em Enfermagem no Departamento de Enfermagem / Escola Paulista de Enfermagem da Unifesp / A estrutura atual do programa

APRESENTAÇÃO

A pós-graduação brasileira, regulamentada pela Lei de Diretrizes e Bases da Educação Nacional (LDB) em 1961, teve sua estrutura orientada pelo parecer CFE n. 977/65, atribuindo aos cursos *stricto sensu* a natureza acadêmica e de pesquisa, e conferindo a quem os concluísse os graus de mestre e doutor[1].

À época da regulamentação, existiam 38 cursos de pós-graduação no país – 27 de mestrado e onze de doutorado. Os de mestrado envolviam os campos das ciências exatas, humanas e biologia, e os de doutorado concentravam-se nas áreas de biologia, física, química e matemática. No campo das ciências da saúde, houve real implantação dos cursos de pós-graduação no início da década de 1970[2].

1. Infocapes, "1º Plano Nacional de Pós-graduação, 1975".
2. Jacques Velloso, "Introdução"; Tokico Murakawa Moriya *et al.*, *Pós-graduação "Stricto Sensu" em Enfermagem: um Estudo de seu Desenvolvimento no Brasil.*

Segundo os membros da comissão que elaborou o Plano Nacional de Pós-graduação (PNPG) 2005-2010, "se a lei 5.540/68 e os pareceres CFE n. 977/65 e 77/99 tiveram muita importância na definição conceitual e na moldura legal da pós-graduação, os PNPG constituíram-se em outro elemento essencial na construção e desenvolvimento desse sistema"[3]. Encontrava-se subjacente nos três PNPG o entendimento de que a pós-graduação deveria tornar-se objeto de planejamento e financiamento estatais, sendo considerada como subsistema do conjunto do sistema educacional. Ao longo de quase cinco décadas, ela passou por notável expansão e consolidação, adquirindo uma dimensão significativa no conjunto do sistema de ensino superior, dada sua importância e contribuição na formação de quadros técnico-científicos necessários à sustentação do desenvolvimento do país. Os dados disponíveis demonstram que é no interior do Sistema Nacional de Pós-graduação (SNPG) que, basicamente, ocorre a atividade de pesquisa científica e tecnológica brasileira.

Cabe destacar, ainda, o papel fundamental da Coordenação de Aperfeiçoamento de Pessoal de Ensino Superior (Capes) no desenvolvimento e qualificação da pós-graduação. A entidade implantou um sistema nacional de avaliação permanente dos programas *stricto sensu,* realizada por comissões constituídas em cada área de conhecimento, integradas por pares acadêmicos.

Apesar do extraordinário avanço da pós-graduação, o grupo que elaborou o PNPG 2005-2010 aponta algumas debilidades que têm marcado a trajetória desse nível de ensino. Dentre elas destacam-se: a falta de planejamento para orientar o crescimento organizado do sistema; as assimetrias e desigualdades regionais e estaduais, bem como entre áreas de conhecimento; o descompasso entre o crescimento do número de matrículas e a disponibilidade de bolsas; o número insuficiente de programas de pós-graduação no Norte, Nordeste e Centro-Oeste, face à população dessas regiões; a falta de maior articulação entre as

3. MEC/Capes, *Plano Nacional de Pós-graduação (PNPG) 2005-2010.*

agências federais de fomento, e destas com as Fundações de Amparo à Pesquisa e as Secretarias Estaduais de Ciência e Tecnologia; a baixa prioridade concedida aos doutores para admissão nos quadros docentes das instituições de ensino; e a reduzida disponibilidade de recursos financeiros para capacitar os docentes.

Diante dessas distorções, algumas delas apontadas nos planos anteriores, o PNPG 2005-2010 tem como objetivo principal expandir, de modo equânime, o SNPG, com aumento expressivo do número de pós-graduandos. A finalidade é qualificar o sistema de ensino superior do país, o sistema de ciência e tecnologia e o setor empresarial. Para tanto, foram propostas ações estratégicas para melhorar o desempenho do sistema, dentre as quais se destacam aquelas voltadas a eliminar as assimetrias.

Alguns dados sobre a Pós-graduação em Enfermagem

A pós-graduação *stricto sensu* em Enfermagem no Brasil teve seu início em 1972, com a criação do curso de mestrado da Escola de Enfermagem Anna Nery, da Universidade Federal do Rio de Janeiro (UFRJ). Nessa década, impulsionadas pelo destaque dado no I Plano Nacional de Pós-graduação (1975-1979) à capacitação dos docentes das universidades e à integração da pós-graduação ao sistema universitário, as escolas de enfermagem fizeram esforços para criar mais sete cursos de mestrado. Assim, a pós-graduação em enfermagem nasce em um contexto político nacional que remetia à mudança e à inovação, de modo a propiciar um crescimento econômico acelerado ao país.

Nesse primeiro plano já estava presente a preocupação em planejar a expansão da pós-graduação, tendo em vista uma estrutura mais equilibrada entre áreas e regiões. Contudo, dos oito cursos criados nesse período, quatro estavam vinculados a universidades públicas da região Sudeste (três em São Paulo – EEUSP, EERP, Unifesp – e um no Rio de Janeiro – EEAN-UFRJ), um da região Sul (UFSC) e dois da região Nordeste (UFBA e UFPB). Foram titulados, até 1979, 106 mestres[4], formados sob a égide de uma reforma universitária que enfatizava a necessidade de reforçar o sistema por meio da formação de recursos humanos qualificados, necessários ao desenvolvimento do país.

Por ter se regulamentado como profissão de nível superior na década anterior, enfermeiras pioneiras na implantação de cursos de pós-graduação podem ser consideradas mulheres de destaque.

Na década seguinte (1980-1989), houve menor expansão dos cursos de mestrado, sendo criados somente três, todos eles na região Sudeste. Cabe destacar, no entanto, que os esforços se concentraram na implantação do doutorado em enfermagem, o que ocorreu em 1981 graças ao esforço conjunto de docentes das duas escolas de enfermagem da Universidade de São Paulo (USP) – São Paulo e Ribeirão Preto. Outras duas instituições da região Sudeste, que já contavam com cursos de graduação consolidados e cursos de mestrado bem avaliados, também expandiram seus programas para esse nível: a Unifesp, com o curso de doutorado em Enfermagem Materna e Infantil, e a UFRJ.

Nesse período, a ênfase dada pelo II e pelo III PNPG (1982-1985 e 1986-1989) não se limitava à qualificação docente, pois abrangia o incremento da qualidade. Destaca-se, nesse processo, a importância da avaliação, da participação da comunidade científica e do desenvolvimento da pesquisa científica e tecnológica.

É inquestionável a influência da Capes na promoção de melhorias contínuas na formação qualificada de mestres e doutores no país, bem como a importância de seu sistema de avaliação e qualificação dos programas de pós-graduação.

Foi nesse cenário de mudanças que a enfermagem foi instituída como área de conhecimento com representação no Conselho Técnico-científico da Capes. Esse fato representou um importante ganho

4. O número de titulados foi obtido junto à representante da área de enfermagem na Capes, gestão 1997-2000.

político para a classe, tendo em vista sua participação formal nas discussões das políticas brasileiras de pós-graduação. Uma das representantes da área de enfermagem na Capes assim se refere a esse marco histórico: "O espaço que a pós-graduação em enfermagem ocupa no cenário nacional e latino-americano deve ser creditado ao pioneirismo e espírito empreendedor das líderes de enfermagem que me antecederam, na luta incansável de todas nós que fazemos a enfermagem brasileira"[5].

Assim, encerra-se a década de 1980 com onze cursos de mestrado e quatro de doutorado, fortemente concentrados na região Sudeste, os quais titularam 516 mestres e 39 doutores.

A década de 1990 a 1999 constituiu um cenário negativo, decorrente de políticas governamentais como a reforma da previdência, que estimulou aposentadorias precoces e o esvaziamento de quadros universitários altamente qualificados. Por outro lado, observou-se um movimento para a criação de cursos em outras regiões do país, visto a concentração de programas no Sudeste e a formulação de políticas de qualificação de corpo docente das instituições com pós-graduação[6]. A mobilização das escolas resultou na criação de seis cursos de mestrado: quatro na região Sudeste (EERP, Unicamp, UERJ e UFMG), um no Sul (UFRGS) e um no Nordeste (UFC); e cinco de doutorado: três na região Sudeste (EERP, Unicamp, UERJ e UFMG), um no Sul (UFSC) e um no Nordeste (UFC).

No entanto, a persistência de desigualdades regionais e a demanda pela formação de mestres e, principalmente, de doutores, além do investimento federal para fomentar a cooperação interinstitucional, fortaleceram a ideia de formação de redes. Na enfermagem, isso se concretizou com a criação da Rede de Pós-graduação em Enfermagem

5. Maria Gaby Rivero de Gutiérrez *et al.*, "Acompanhamento e Avaliação da Pós-graduação no Brasil: Retrospectiva Histórica da Representação da Enfermagem".
6. Infocapes, *op. cit.*

da Região Sul (Repensul), liderada pelo Programa de Pós-graduação em Enfermagem da Universidade Federal de Santa Catarina.

Cabe destacar que essa década foi marcada por mudanças no sistema de avaliação dos programas de pós-graduação coordenados pela Capes. A entidade aumentou o rigor no processo de avaliação da qualidade dos programas e adotou como critério padrões internacionais de excelência. Também foi alterado o sistema de classificação, que passou dos conceitos A, B e C para uma escala numérica de 1 a 7, sendo que as notas 6 e 7 só poderiam ser atribuídas a programas que tivessem o nível de doutorado e que fossem de reconhecida excelência acadêmica. Tal orientação prevalece até hoje. Também foi alterado o período de avaliação, passando de bienal para trienal. Outra mudança importante introduzida ao final dessa década foi a avaliação por programa de pós-graduação e não mais por cursos isoladamente.

Os esforços nessa década, principalmente na segunda metade, geraram mudanças de paradigma na constituição e na avaliação dos resultados de programas. O foco recaiu sobre a melhoria da capacitação do quadro de docentes, a redução do tempo de titulação e o incremento de publicações e intercâmbios nacionais e internacionais, com vistas ao alcance da excelência na pós-graduação brasileira. Vale ressaltar que no documento de área da avaliação trienal 1998-2000, a Comissão de Avaliação dos Programas de Pós-graduação em Enfermagem assim se expressou:

> Esta Comissão não poderia deixar de manifestar sua preocupação com a introdução de novos patamares de exigência nos indicadores de desempenho que, sem o tempo necessário para sua apreensão e processamento por parte dos Programas, constituem elemento perturbador e ameaçador ao invés de representar um incentivo para continuar com os esforços por eles desenvolvidos para alcançar melhores níveis de desempenho[7].

7. MEC/Capes, *Comissão de Avaliação dos Programas/Cursos de Enfermagem. Avaliação Triênio 2004-2006 dos Programas/Cursos da Área de Enfermagem*, ago. 2007, p. 5.

Em que pese essa manifestação de preocupação frente às mudanças na política nacional de pós-graduação, principalmente os ajustes nos critérios de avaliação e de classificação de periódicos da área, pôde-se constatar que o desenvolvimento da pós-graduação em enfermagem, no conjunto, foi positivo. A década de 1990 encerrou-se com dezesseis programas de pós-graduação, que incluíam quinze cursos de mestrado e nove de doutorado, que titularam 231 mestres e 370 doutores.

O período de 2000 a 2008, em consonância com as ações estratégicas propostas para melhorar o desempenho do sistema, dentre as quais se destacam aquelas voltadas a equacionar os problemas das assimetrias, caracterizou-se por uma forte expansão da pós-graduação em enfermagem, principalmente no nível de mestrado, procurando dar cobertura às regiões que careciam de programas.

Nesse período consolida-se o paradigma da excelência, visando promover melhores resultados na pós-graduação ao aplicar critérios de avaliação comuns a todas as áreas que compõem a grande área da saúde. Os programas de enfermagem apresentaram evolução positiva, principalmente na definição de suas áreas de concentração e linhas de pesquisa, bem como na qualidade do corpo docente, das teses e dissertações e da produção intelectual[8].

Destaca-se, nessa década, o incremento no número e na qualidade dos periódicos de enfermagem, alcançando indexações de referência na produção de conhecimento, tanto nacionais como internacionais. Algumas foram incluídas em bases de dados que computam o fator de impacto de produção, possibilitando maior visibilidade e análise da qualidade da produção intelectual dos programas de pós-graduação em enfermagem.

Do mesmo modo que o SNPG como um todo, a pós-graduação em enfermagem experimentou um crescimento importante, evidenciado pelo aumento do número de programas ofertados e do número de

8. *Idem, ibidem.*

mestres e doutores titulados (Quadro 1). Ao mesmo tempo, a área defronta-se com o desafio de expandir ainda mais o número de programas de pós-graduação, principalmente nas regiões carentes desse nível de ensino, e aumentar o número de titulados para atender a crescente demanda de profissionais qualificados por parte dos mercados acadêmico e não acadêmico.

QUADRO 1. FORMAÇÃO DE MESTRES E DOUTORES EM ENFERMAGEM ENTRE 1972-2006

Década	*Mestres*	*Porcentagem (%) de incremento (Mestres)*	*Doutores*	*Porcentagem (%) de incremento (Doutores)*	*Total*	*Porcentagem (%) de incremento (Total)*
1972-1979	106	3,1	-	-	106	2,0
1980 -1989	516	14,9	39	2,1	555	10,4
1990-1999	1220	35,3	370	19,5	1590	29,7
2000-2006	1616	46,7	1492	78,5	3108	58,0
Total	3458	100,0	1901	100,0	5359	100,0

Fonte: Capes 2006 e Programa de Pós-graduação em Enfermagem da Unifesp, 2008.

A seguir, o Quadro 2 apresenta a evolução cronológica de criação de cursos de pós-graduação em Enfermagem no Brasil.

QUADRO 2. CRIAÇÃO DE CURSOS DE PÓS-GRADUAÇÃO EM ENFERMAGEM NO BRASIL, NO PERÍODO DE 1972 A 2008 (SÃO PAULO, 2009)

Ano	*Instituição*	*Nível*
1972	Escola de Enfermagem Anna Nery da Universidade Federal do Rio de Janeiro (UFRJ)	Mestrado
1973	Escola de Enfermagem da Universidade de São Paulo (USP)	Mestrado
1975	Escola de Enfermagem da USP de Ribeirão Preto – Enfermagem Psiquiátrica	Mestrado
1976	Departamento de Enfermagem da Universidade Federal de Santa Catarina (UFSC)	Mestrado
1978	Departamento de Enfermagem da Escola Paulista de Medicina (EPM) – Enfermagem Pediátrica*	Mestrado
1979	Departamento de Enfermagem da Universidade Federal da Bahia (UFBA)	Mestrado
1979	Departamento de Enfermagem da Universidade Federal da Paraíba (UFPB)	Mestrado
1979	Escola de Enfermagem da USP de Ribeirão Preto – Enfermagem Fundamental	Mestrado
1980	Departamento de Enfermagem da EPM – Enfermagem Obstétrica*	Mestrado
1981	Escola de Enfermagem da USP/Interunidades	Doutorado
1982	Curso de Enfermagem da Universidade do Rio de Janeiro (Unirio)	Mestrado

1986	Departamento de Enfermagem da EPM – Enfermagem Materna e Infantil*	Doutorado
1989	Escola de Enfermagem Anna Nery da UFRJ	Doutorado
1989	Escola de Enfermagem da USP	Doutorado
1989	Departamento de Enfermagem da EPM – Enfermagem na Saúde do Adulto*	Mestrado
1991	Escolas de Enfermagem da USP de Ribeirão Preto – Enfermagem em Saúde Pública	Mestrado
1991	Escolas de Enfermagem da USP de Ribeirão Preto – Enfermagem Fundamental	Doutorado
1993	Departamento de Enfermagem da UFSC	Doutorado
1993	Universidade Federal do Ceará (UFC)	Mestrado
1994	Universidade Federal de Minas Gerais (UFMG)	Mestrado
1996	Departamento de Enfermagem da EPM*	Mestrado e Doutorado
1998	UFC	Doutorado
1998	Universidade Estadual do Rio de Janeiro (UERJ)	Mestrado
1998	Escola de Enfermagem da USP de Ribeirão Preto – Enfermagem em Saúde Pública e Psiquiátrica	Doutorado
1998	Universidade Federal do Rio Grande do Sul (UFRGS)	Mestrado
1999	Escola de Enfermagem da USP de Ribeirão Preto – Enfermagem Psiquiátrica	Doutorado

1999	Universidade Estadual de Campinas (Unicamp)	Mestrado
2000	Escola de Enfermagem da USP – Enfermagem na Saúde do Adulto	Mestrado Doutorado
2001	Universidade Federal do Rio Grande (Furg)	Mestrado
2001	Universidade Federal do Rio Grande do Norte (UFRN)	Mestrado
2002	Universidade Federal do Paraná (UFPR)	Mestrado
2002	Universidade Federal Fluminense (UFF) – Mestrado Profissional	Mestrado
2003	Universidade Federal de Goiás (UFG)	Mestrado
2004	Universidade de Guarulhos (UnG)	Mestrado
2005	Universidade Federal de Minas Gerais	Doutorado
2005	Universidade Estadual do Ceará (UECE) – Cuidados clínicos em Enfermagem	Mestrado
2006	Departamento de Enfermagem da Universidade Federal da Bahia	Doutorado
2006	Universidade Federal do Rio Grande do Sul	Doutorado
2006	Universidade Estadual Paulista (Unesp-Botucatu) – Mestrado Profissional	Mestrado
2008	Universidade Federal do Triângulo Mineiro (UFTM)	Mestrado

Fonte: Capes; Moriya *et al.*, 1998.

* Em 1996, houve a unificação dos quatro cursos de pós-graduação em Enfermagem da Unifesp, passando a compor um único programa de pós-graduação, com nível de mestrado e doutorado.

A PÓS-GRADUAÇÃO EM ENFERMAGEM NO DEPARTAMENTO DE ENFERMAGEM/ESCOLA PAULISTA DE ENFERMAGEM DA UNIFESP

A lei n. 5.540/68, conhecida como a Lei de Reforma do Ensino Superior, e o parecer n. 163/72 do Conselho Federal de Educação foram determinantes para o surgimento da pós-graduação *lato* e *stricto sensu*[9]. Isso porque tais normas modificaram o currículo mínimo da enfermagem, criando as habilitações, as mudanças didático-pedagógicas nas instituições de ensino superior em geral e nas escolas de enfermagem em particular.

Os primeiros cursos de especialização e aperfeiçoamento em enfermagem surgiram na década de 1940. Porém, foi na década de 1970 que houve maior investimento na área, com vistas a atender, de modo mais ágil, a necessidade de qualificar os docentes de enfermagem para o ensino de graduação e nivelar candidatos para o curso de mestrado. Esses cursos se concentravam nas áreas de administração em enfermagem, enfermagem materno-infantil, pediatria social, saúde pública, saúde do adulto, psiquiátrica, saúde da comunidade e do trabalho, além de conteúdos relativos ao ensino da metodologia da assistência, do ensino e da pesquisa. Essas áreas de especialidade atendiam as necessidades curriculares da graduação e não se refletiam nas demandas da prática assistencial de enfermagem no sistema de saúde vigente[10].

Foi nessa época, no ambiente da Escola Paulista de Enfermagem (EPE) da então Escola Paulista de Medicina (EPM), atual Unifesp, que teve início a expansão dos cursos de pós-graduação *lato sensu*.

A partir da década de 1970 outros cursos de especialização em enfermagem passaram a integrar a EPE. Entre as especialidades que foram oferecidas podemos destacar enfermagem pediátrica e pueri-

9. Lygia Paim, "A Formação de Enfermeiros no Brasil na Década de 70".
10. Maria da Gloria Miotto Wright, Lygia Paim e Kazue Horigoshi Rodrigues, "Enfermagem. Seplan – CNPq".

cultura, do trabalho, médico-cirúrgica, em saúde pública e em saúde mental e psiquiátrica. Contudo, permaneceram a dissociação entre as demandas do ensino e do mercado de trabalho, e a fragmentação do cuidado em saúde, o qual não necessariamente interferia na melhoria da assistência oferecida nos setores público e privado. Acrescenta-se que a obtenção do título de especialista não agregava valor ao trabalho do profissional, pois não houve desenvolvimento de plano de cargos e salários, situação evidenciada até a atualidade.

A *expertise* que nasceu da formação de especialistas ao longo dessa década permitiu à EPE lutar pelo reconhecimento científico, por meio da proposição de cursos de mestrado e, posteriormente, doutorado. A Figura 1 apresenta a cronologia da inserção e evolução da pós-graduação em Enfermagem na Unifesp.

A professora doutora Marianna Augusto implantou o primeiro curso de mestrado em Enfermagem da instituição, na área de Enfermagem Pediátrica. Ela expõe que, na época, os professores tiveram que garantir seu espaço superando preconceitos. Conta que, no dia de submeter o projeto para análise na universidade, ouviu: "Imagina só, enfermeira não sabe nem o que é PhD". Porém, depois de analisado, o projeto foi aprovado e considerado modelo para a abertura de outros cursos na Unifesp[11].

Também na visão da professora doutora Maria Gaby Rivero de Gutiérrez, o surgimento dos programas de pós-graduação em enfermagem, no contexto político e social da então Escola Paulista de Medicina, pode ser considerado marco transformador. Assim ela se expressa:

> [...] a partir da criação dos cursos de pós-graduação, os docentes da enfermagem foram se titulando e começaram a se colocar em posição de igualdade em relação aos demais docentes da instituição. A meu ver, esta foi a grande alavanca para a enfermagem ir conquistando espaços de saber e espaço político também, na medida em que a exigência do ingresso é igual para qualquer

11. Entrevista concedida por Marianna Augusto, em 29 set. 2008.

FIGURA 1. A INSERÇÃO E EVOLUÇÃO DA PÓS-GRADUAÇÃO EM ENFERMAGEM (UNIFESP, 1978-2009)

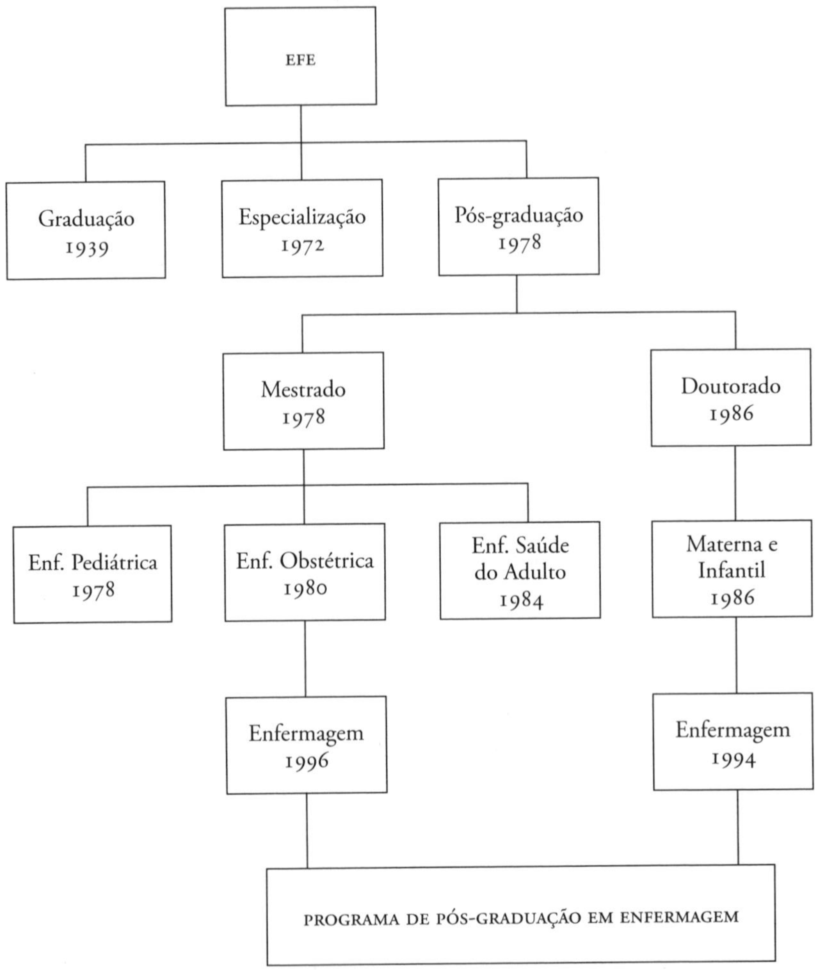

docente da universidade. Os docentes estão falando de igual para igual, com conhecimentos diferentes, mas nas mesmas posições. Então, pra mim esse é o grande diferencial, o grande marco[12].

Assim, surge em 1978 o curso de mestrado em Enfermagem Pediátrica, seguido pelo mestrado em Enfermagem Obstétrica, em 1980, e Enfermagem na Saúde do Adulto em 1989. A partir dos dois primeiros teve início, em 1986, o curso de doutorado em Enfermagem Materna e Infantil, que foi reestruturado em 1994, tornando-se doutorado em Enfermagem, com a finalidade de atender à necessidade de formar doutores nos diferentes campos de conhecimento da profissão.

Em 1996, tais programas foram reformulados em sua estrutura pedagógica e administrativa, em atendimento às recomendações da comissão de avaliação dos cursos de pós-graduação em enfermagem. A comissão apontava a sobreposição de corpo docente, disciplinas, linhas de pesquisa e produção científica dos docentes envolvidos nos quatro cursos. A partir desse parecer do corpo consultivo da Capes, promoveu-se um ciclo de discussões entre os docentes da pós-graduação da Escola. Esse processo resultou nas seguintes modificações: unificação dos três cursos de mestrado, que passou a desenvolver-se com uma programação comum e outra específica, segundo as áreas de concentração (Saúde do Adulto, Enfermagem Pediátrica e Enfermagem Obstétrica); transformação do doutorado em Enfermagem Materna e Infantil em doutorado em Enfermagem; ambos os níveis passaram a constituir um único programa de pós-graduação[13].

Em que pese o reconhecimento da necessidade de mudanças e dos possíveis ganhos em termos acadêmicos, a fusão dos quatro cursos

12. Entrevista concedida por Maria Gaby Rivero de Gutiérrez, em 3 out. 2008.
13. Programa de Pós-graduação em Enfermagem da Unifesp, Projeto de Unificação dos Cursos de Pós-graduação em Enfermagem. Documento da Comissão de Ensino de Pós-graduação.

de pós-graduação num único programa veio acompanhada de uma sensação de perda de espaço político e social, tanto no contexto institucional como no da enfermagem.

Com o decorrer dos anos, podemos afirmar que essas mudanças, irreversíveis, trouxeram ganhos ao programa. Com a fusão houve o fortalecimento da composição do corpo docente permanente e, como consequência, maior coerência e consistência da proposta do programa com as áreas de concentração, as linhas de pesquisa e a produção bibliográfica de docentes e alunos.

Ao final do ano de 2002, os professores orientadores do programa optaram pela fusão das três áreas de concentração em uma, denominada Fundamentos e Práticas de Enfermagem no Processo Saúde Doença, que compreende estudos sobre teorias, conceitos, princípios e instrumentos que norteiam a implementação de práticas para o cuidado de enfermagem no processo saúde e doença nas diferentes fases do desenvolvimento humano, em âmbito individual e coletivo; na organização e gerenciamento de serviços de saúde e de enfermagem; e na formação e capacitação de recursos humanos, evidenciando os campos específicos da área de conhecimento que constituem objeto de estudo do programa.

Outra mudança importante, atendendo a um novo paradigma da Unifesp, foi que a partir de 2005 todos os programas da universidade passaram a suprir uma demanda multiprofissional. O aluno, a partir daí, passou a receber o título de mestre ou doutor em ciências da saúde, especificando na sua titulação a área de conhecimento.

A análise dos resultados na formação de mestres e doutores pelo programa de pós-graduação em enfermagem da Unifesp foi tema de várias publicações. Em pesquisa realizada em 2002, sobre a inserção profissional dos egressos do programa de pós-graduação, verificou-se que, daqueles que se titularam mestres, 48% atuavam em instituições de ensino superior, 46% em instituições de saúde, 4% em outros serviços de saúde e 2% em escolas técnicas de enfermagem. Quanto aos doutores, 90,5% atuavam em instituições de ensino superior e 9,5% em instituições hospitalares[14].

Silva *et al.*[15] descreveram, em 1999, o perfil das dezesseis egressas do curso de doutorado em Enfermagem Materna e Infantil da Unifesp. Quanto à procedência, dez (62,5%) eram oriundas de instituições federais de ensino superior (Ifes) da região Sudeste, três (18,7%) de Ifes do Nordeste, duas (12,5%) de Ifes da região Sul e uma (6,3%) de instituição estadual da região Sudeste; apenas uma aposentou-se enquanto estudante. A média de idade das doutorandas variou de 38 a 62 anos, com média de 49 anos.

Quanto à prática em pesquisa, os autores descrevem que 84,6% das egressas desenvolveram linhas de pesquisa e participaram de núcleos de estudo ou pesquisa e 53,8% realizaram projetos de pesquisa com fomento. Após a titulação, ela participaram da publicação de 32 artigos, sendo 31 em periódicos nacionais, além de participarem de várias publicações em anais de eventos – 72 resumos ou trabalhos na íntegra, sendo 62 em eventos nacionais e dez internacionais[16].

Reconhecendo que a avaliação de egressos é tema de extrema relevância para a análise dos resultados da formação acadêmica e de pesquisa na pós-graduação, observamos que é necessidade dar continuidade a esses estudos, com regularidade, a fim de promover melhorias que resultem em transformações inovadoras e que atendam às necessidades de saúde da população.

O Quadro 3 apresenta a quantidade de mestres e doutores titulados no programa de pós-graduação em Enfermagem da Unifesp,

14. Maria Gaby Rivero de Gutiérrez *et al.*, "O Programa de Pós-graduação em Enfermagem da Universidade Federal de São Paulo".
15. Conceição Vieira da Silva *et al.*, "Avaliação das Atividades Desenvolvidas pelas Egressas do Curso de Doutorado em Enfermagem Materna e Infantil da Unifesp", *Acta Paulista de Enfermagem*, 12(1), pp. 9-18, 1999.
16. Maria Gaby Rivero de Gutiérrez *et al.*, "Seguimento de Egressos do Programa de Pós-graduação em Enfermagem da Universidade Federal de São Paulo".

entre 1979 e 2008. Pode-se constatar o incremento da formação de mestres e, em especial, de doutores no período de 2000 a 2008.

QUADRO 3. FORMAÇÃO DE MESTRES E DOUTORES NO PROGRAMA DE PÓS-GRADUAÇÃO EM ENFERMAGEM DA UNIFESP, 1979-2008

Década	*Mestres*	*Porcentagem (%) de incremento (Mestres)*	*Doutores*	*Porcentagem (%) de incremento (Doutores)*	*Total*	*Porcentagem (%) de incremento (Total)*
1979	-	-	-	-	-	-
1980 - 1989	52	13,8	-	-	52	10,8
1990-1999	112	29,8	33	31,1	145	30,1
2000-2008	212	56,4	73	68,9	285	59,1
Total	376	100,0	106	100,0	482	100,0

Fonte: Referência Capes e dados da Pró-reitoria de Pós-graduação da Unifesp, 2008.

Conforme exposto anteriormente, várias foram as transformações realizadas na concepção didático-pedagógica do programa desde a sua criação. Tais mudanças foram fundamentadas pelos paradigmas de construção do conhecimento em enfermagem e saúde, bem como pelas diretrizes da Capes e pelas novas demandas de atenção à saúde da população.

A seguir, é apresentada a estrutura atual de produção de conhecimento concebida pelos pesquisadores do programa.

A ESTRUTURA ATUAL DO PROGRAMA

Uma tendência das discussões didático-pedagógicas das reuniões do conselho de pós-graduação da EPE vinha evidenciando uma aproximação de grupos de pesquisa, pesquisadores e alunos da pós-graduação e graduação. Essas discussões não eram orientadas pela forma de estruturação da produção de conhecimento e das linhas de pesquisa vigentes no programa, que propunham a orientação baseada no ciclo vital, com enfoque nas áreas de saúde da criança, da mulher, do adulto e do idoso, e nas áreas de saúde coletiva, informática e gerenciamento. Observou-se uma tendência de aproximação de pesquisadores, orientada pelos objetos de investigação e pelas metodologias de pesquisa.

A constatação da necessidade de estudar as bases epistemológicas da área culminou na formação de um grupo de pesquisadores do programa de pós-graduação, alunos de doutorado, professores e profissionais técnicos que atuavam no curso de graduação em enfermagem da EPE. O grupo tinha a finalidade de analisar a produção de conhecimento no programa, por meio dos relatórios Capes do período de avaliação 2003 a 2006, bem como realizar oficinas de trabalho com assessoria de estudiosos na área conceitual da construção de conhecimento em enfermagem, com subsequente leitura de artigos e outros materiais acadêmicos e estatísticos. Com isso, buscava-se identificar novas tendências no atendimento à saúde da população, paradigmas emergentes de produção de conhecimento da enfermagem, a evolução do pensamento científico na área e a função do programa de pós-graduação na geração de conhecimento científico e tecnológico no país e no mundo.

Após tais iniciativas, o grupo concebeu uma nova configuração dos campos de investigação e das linhas de pesquisa, de modo a agregar e conduzir a transformações na produção de conhecimento do programa. Tal estrutura foi apresentada e submetida à análise de todos os membros da comissão de pós-graduação, aos alunos do programa e aos demais docentes, técnicos e alunos da EPE. Foram realizados seminários de apresentação e devolutiva das sugestões e alterações sugeridas, que resultaram em uma nova estrutura, que se encontra vigente.

O programa tem como concepção fundamental que o ser humano possui prerrogativas e direitos que devem ser respeitados, e que o direito à vida e à saúde são primordiais para a autorrealização da pessoa. Também tem como fundamento que a missão da enfermagem foca-se na assistência e nas necessidades de cuidado de saúde na perspectiva individual e coletiva, por meio de um conhecimento que integra as bases científica, pessoal/interpretativa, crítica, ética, estética e sociopolítica. Essas bases fundamentam e orientam a produção de conhecimento, que contribui para uma prática profissional inovadora e transformadora.

Descreveu-se a missão do programa, a saber: ser um centro de excelência na formação de pesquisadores, líderes e profissionais altamente capacitados para promover o avanço da ciência da enfermagem e da saúde, com ênfase na abordagem multidimensional a pessoas e grupos em suas diferentes expressões. Por meio de pesquisa, educação e prática, docentes e discentes buscam promover a saúde das pessoas, no contexto das necessidades atuais de saúde da população e das futuras gerações, em consonância com os princípios do Sistema Único de Saúde.

Fundamentados nesses conceitos e pressupostos, concebeu-se que o programa tem como objetivo formar mestres e doutores capazes de:

- Integrar as bases do conhecimento no ensino, na prática e na pesquisa de enfermagem e saúde.
- Utilizar diferentes perspectivas filosófico-teóricas e metodológicas para construir, ampliar, consolidar e divulgar a ciência da enfermagem e da saúde, contribuindo individual e coletivamente para a melhoria do cuidado e da saúde da população.
- Compartilhar ideais e integrar projetos para além dos limites institucionais, com o objetivo de desenvolver as ciências em saúde.

A estrutura curricular foi idealizada em consonância com as concepções fundamentais e os objetivos do programa, e com o princípio da interdisciplinaridade, integrando saberes que fortaleçam a enfermagem e a saúde. Assim, o programa é formalmente aberto a outros profissionais que procuram, no conhecimento produzido, respostas às necessidades de saúde da população.

Para compreender a estrutura proposta, nomeou-se a nova área de concentração de Enfermagem, Cuidado e Saúde, que compreende estudos sobre teorias, conceitos, princípios, métodos e instrumentos que norteiam as práticas e o uso de tecnologias na gestão, na coordenação e no cuidado de enfermagem, bem como o desenvolvimento da área da saúde nos âmbitos individual e coletivo.

Agruparam-se, nas novas linhas, grupos de pesquisa com objetos de investigação convergentes. Discussões surgiram sobre as denominações desse novo agrupamento de pesquisadores em linhas de pesquisa, eixos temáticos e campos de investigação. Decidiu-se por manter a denominação linhas de pesquisa e alterar a denominação anterior de eixos temáticos para campos de investigação.

As novas linhas de pesquisa do programa, suas descrições e seus campos de investigação encontram-se descritos no Quadro 4.

Complementarmente, no Quadro 5 são apresentados os grupos de pesquisa e pesquisadores que desenvolvem estudos nas linhas de pesquisa do programa.

QUADRO 4. LINHAS DE PESQUISA DO PROGRAMA DE PÓS-GRADUAÇÃO EM ENFERMAGEM APÓS REESTRUTURAÇÃO DE 2008

	Cuidado clínico de enfermagem e saúde
Descrição	Compreende pesquisas direcionadas ao estudo do cuidado de indivíduos e grupos, de seus problemas, agravos e necessidades de saúde. Derivam de questões identificadas na prática clínica e na busca de respostas que resolvam tais questões, por meio de aplicação de métodos indutivos e dedutivos de investigação. Engloba pesquisas relativas à análise das intervenções de enfermagem e seus efeitos nos resultados clínicos e nas respostas humanas ao processo de saúde-doença-cuidado.
Campos de investigação	Pesquisa clínica. Cuidado clínico no ciclo vital.
	Cuidado em enfermagem e saúde na dimensão coletiva
Descrição	Inclui pesquisas que têm como objeto de investigação a saúde como fenômeno social de interesse público, por meio do diálogo entre as ciências humanas e da saúde. Compreende pesquisas direcionadas ao cuidado prestado a indivíduos nos grupos sociais, à dimensão do campo do saber e às práticas da saúde coletiva. Entende a saúde como um fenômeno social de interesse público, no qual há indissociabilidade entre a clínica, a epidemiologia e as ciências humanas e sociais.
Campos de investigação	Determinantes do processo saúde-doença. Ciências humanas e sociais aplicadas a saúde e enfermagem. Cuidado no contexto da promoção da saúde.

	Fundamentos, métodos, processos, instrumentos e tecnologia da informação em enfermagem e saúde
Descrição	Compreende estudos sobre os fundamentos filosóficos, as teorias e os conceitos que orientam as diferentes dimensões do cuidar em enfermagem; o desenvolvimento e a utilização de métodos, processos e tecnologias para a implementação do cuidado de enfermagem no processo saúde-doença no ciclo vital, em âmbito individual e coletivo.
Campos de investigação	Processo de cuidar em enfermagem. Informática, tecnologia da informação e comunicação em saúde e enfermagem.
	Gestão, gerenciamento e educação em enfermagem e saúde
Descrição	Desenvolve estudos que utilizam teorias, processos e instrumentos da administração na gestão de serviços de enfermagem e saúde, no gerenciamento de recursos para a prestação da assistência e na avaliação de serviços. Abrange também pesquisas sobre educação em enfermagem e saúde, e os processos de trabalho da enfermagem.
Campos de investigação	Gestão e gerenciamento de serviços de saúde e enfermagem. Políticas, práticas e tecnologia de educação em saúde e enfermagem.

QUADRO 5. GRUPOS DE PESQUISA DO PROGRAMA DE PÓS-GRADUAÇÃO EM ENFERMAGEM DA UNIFESP, CADASTRADOS NO CONSELHO NACIONAL DE DESENVOLVIMENTO CIENTÍFICO E TECNOLÓGICO

Grupo de pesquisa cadastrado no CNPq	*Líderes*
Cenfobs (Centro de Estudos em Enfermagem Obstétrica)	Sônia Maria Oliveira Barros Janine Schirmer
Cuidar-te (Núcleo de Estudos e Pesquisa sobre as Alterações da Integridade Cutâneo-Mucosa e Incapacidades Funcionais)	Mônica Antar Gamba
GEBrinq (Grupo de Estudos do Brinquedo)	Circéa Amália Ribeiro
Gecopros (Grupo de Estudos Sobre Corporalidade e Promoção da Saúde)	José Roberto da Silva Brêtas
GEEN (Grupo de Estudos em Nefrologia)	Dulce Aparecida Barbosa Lucila Amaral Carneiro Vianna
Gepag (Grupo de Estudos e Pesquisa de Administração em Saúde e Gerenciamento de Enfermagem)	Isabel Cristina Kowal Olm Cunha Maria Isabel Sampaio Carmagnani
Gepav-Se (Grupo de Estudos e Pesquisa em Avaliação de Qualidade em Serviços de Saúde e Enfermagem)	Maria d'Innocenzo

GEPE (Grupo de Estudos Epidemiológicos em Enfermagem)	Lucila Amaral Carneiro Vianna Dulce Aparecida Barbosa
Gepend (Grupo de Estudos e Pesquisa em Enfermagem em Neurociência e Dor)	Solange Diccini
GEPST (Grupo de Estudos e Pesquisas em Saúde do Trabalhador)	Milva Maria Figueiredo de Martino
Geteci (Grupo de Estudos em Trauma – Emergência e Cuidados Intensivos)	Iveth Yamaguchi Whitaker
Grupo de Estudos em Puericultura	Conceição Vieira da Silva
Necad (Núcleo de Estudos da Criança e do Adolescente)	Myriam Aparecida Mandetta Pettengill Maria Magda Ferreira Gomes Balieiro
NEO (Núcleo de Enfermagem em Oncologia)	Maria Gaby Rivero de Gutiérrez Edvane Lopes Birelo De Domenico
NEPSPPMS (Núcleo de Estudo e Pesquisa sobre Saúde, Políticas Públicas e Movimentos Sociais)	Ana Cristina Passarela Brêtas
NIEn (Núcleo de Informática em Enfermagem)	Heimar de Fátima Marin
Núcleo de Estudos e Pesquisa em Saúde da Mulher e Relações de Gênero	Eleonora Menecucci de Oliveira Lucila Amaral Carneiro Vianna
SAE (Sistematização da Assistência de Enfermagem)	Alba Lucia Bottura Leite de Barros
Segtec (Segurança e Tecnologia – Grupo de Pesquisas de Enfermagem em Segurança do Paciente, Cuidados Intensivos e Terapia Intravenosa em Pediatria)	Mavilde da Luz Gonçalves Pedreira Maria Angélica Sorgini Peterlini

As coordenadoras do grupo de trabalho que analisou a produção científica da pós-graduação concluíram que as reformulações do programa refletem a capacidade de responder às necessidades internas e externas de produção de conhecimento. Esperam continuar contribuindo para a formação de mestres e doutores em enfermagem no país, estando hoje entre os cinco principais programas de pós-graduação em enfermagem brasileiros.

Como resultados futuros, ampliaremos nossa capacidade de colaborar com centros de ensino de outras regiões, cooperando para reduzir as desigualdades entre estados e gerar resultados capazes de contribuir na formação de líderes com atitude transformadora e evolutiva, para melhorar a prática da enfermagem nacional e atender as necessidades de saúde da população brasileira.

5

Inserção e Impacto Social da Escola Paulista de Enfermagem no Cenário Paulista

Sônia Regina Pereira, Maria Isabel Sampaio Carmagnani e Maria das Graças Barreto da Silva

PALAVRAS-CHAVE
História da Enfermagem / Curso de Enfermagem / Escolas de Enfermagem

TEMÁRIO

Introdução / Serviço de Enfermagem do Hospital São Paulo / Amparo Maternal / Projeto Comunitário Jardim Sabiá: Creche Maria Aparecida Carlini; Centro da Juventude Robert Debret; Centro Comunitário de Proteção à Saúde; Centro de Integração Familiar: Clube de Mães / Da Comunidade Infantil à Escola Paulistinha de Educação: trajetória de atuação da Enfermagem Pediátrica: histórico da Comunidade Infantil; Dinâmica de funcionamento da Comunidade Infantil; Enfermagem Pediátrica na EPE atualmente

INTRODUÇÃO

Na atualidade, exige-se das instituições públicas de ensino, especialmente as de nível superior, um envolvimento cada vez maior com as particularidades da sociedade que a financia, com o objetivo de disseminar o conhecimento nela gerado, promovendo seu desenvolvimento e o do próprio país. A implementação dessa política se dá por meio de projetos de extensão à comunidade, que visam a aproximar o cidadão do que de mais moderno está sendo produzido nas universidades, como meio de possibilitar seu acesso ao conhecimento e aos serviços.

Nesse sentido, constatamos que as atividades desenvolvidas no curso de Enfermagem da Unifesp/Escola Paulista de Enfermagem, desde seus primórdios, estão alicerçadas em valores éticos e morais associados ao compromisso de prestar uma assistência de enfermagem qualificada e integral. Destacamos, neste texto, alguns marcos que denotam o espírito social que sempre pautou as ações de todas e todos que nela ensinaram e aprenderam: o Serviço de Enfermagem do Hospital São Paulo, o Amparo Maternal, o Projeto Comunitário Jardim Sabiá e a Escola Paulistinha de Educação.

Poderíamos citar muitos outros; todavia, os que ora apresentamos trazem a essência do que foi, do que é e do que estará sempre na raiz de nossas ações e opções como docentes, funcionários e egressos desta Escola.

ENFERMAGEM DO HOSPITAL SÃO PAULO

Com a criação da EPM em 1933, houve a necessidade de construir um hospital-escola onde os alunos pudessem desenvolver a prática profissional. Após a compra de uma chácara na Vila Clementino, nela foi construído o Pavilhão Maria Thereza Nogueira de Azevedo – sede provisória do HSP[1].

Com a obra do HSP em andamento, foi necessário constituir uma equipe de enfermagem qualificada para atender à clientela internada e fornecer apoio técnico à equipe médica do novo hospital. O idealizador do curso de Enfermagem foi Álvaro Guimarães Filho, vice-diretor da EPM à época. Madre Áurea Vieira da Cruz, aluna da primeira turma e diretora da EEHSP/EPE de 1948 a 1970, relembra:

> A Escola Paulista pensou logo em uma Escola de Enfermagem, e estavam procurando professoras enfermeiras leigas. Então foram até a Faculdade de Higiene, para ver se achavam alguma, mas elas não quiseram. Foram até a Escola Anna Nery, também não conseguiram. Estavam nessa luta, aí o diretor da Escola Paulista [Octávio de Carvalho] pediu ao professor Guimarães, que era o vice-diretor [...] um católico muito bom, praticante mesmo, e disse assim: "Olha, eu já procurei, já quis achar e não consegui, então se você pudesse ver, quem sabe se a Igreja pode nos ajudar [...]". Então, o professor Guimarães foi procurar o arcebispo, que era o dom José Gaspar de Afonseca e Silva. Dom

1. Ver também capítulo 1.

Figura 1. Em 30 de setembro de 1936, o HSP teve sua pedra fundamental lançada. Estiveram presentes médicos, professores e políticos da época, contando inclusive com a presença e discurso do poeta Guilherme de Almeida. Acima, vista dos fundos do Pavilhão Maria Thereza, onde foram instalados os primeiros cem leitos do HSP. Fonte: Arquivo Histórico do CeHFi-Unifesp.

José ouviu o pedido do professor e disse: "Olha, eu estava já pensando em fazer uma escola de enfermagem para as irmãs, porque estou vendo que a Santa Casa está precisando de gente com mais preparo. As irmãs eram muito boas, dedicadas, mas precisavam fazer um curso de Enfermagem para melhorar a assistência [...]. Eu estava pensando numa escola. Sei que as Franciscanas Missionárias de Maria já tem escolas fora daqui [na Europa]", citou umas oito escolas que havia fora daqui. Por intermédio de dom José, o professor Guimarães procurou a madre geral das Franciscanas Missionárias de Maria, sendo informado que já tinha sido enviada para o Brasil a madre Domineuc, que estava trabalhando em uma escola de economia doméstica que tinha um centro de saúde. Deram o endereço de onde ela estava e o professor Guimarães foi procurá-la.

A madre geral de Roma foi quem indicou a madre Domineuc [com formação em enfermagem e serviço social] e depois indicou outras duas, a madre Fontenelle [enfermagem em saúde pública e serviço social] e a madre Hermana de Osépio [enfermagem geral], eram as três francesas. Elas vieram para a fundação da Escola, isso foi em [19]39. E dessas duas ideias, do arcebispo e a da Escola Paulista, nasceu a nossa Escola. Houve uma fusão: ela foi fundada [e] já na primeira turma eram três religiosas e duas leigas"[2].

Ao longo do tempo, a conjunção entre a presença das freiras na fundação e na direção da Escola, a formação profissional de cada uma delas e as atividades de ensino, por serem desenvolvidas no âmbito do Hospital, em íntima relação com o atendimento oferecido aos internados, iria se transformar na característica marcante dos egressos do curso. Esse perfil altamente qualificado na prestação da assistência direta ao paciente, com a incorporação da dimensão social em suas ações, se mantém até hoje.

Em 1947, após a conclusão da construção do HSP, a EPM recebeu a doação de um terreno com 12387 m² contíguo ao hospital, onde foram construídos o prédio dos ambulatórios e a sede definitiva da Escola de Enfermagem[3]. Inicialmente, além de abrigar salas de aulas, o prédio foi utilizado também como residência/internato das alunas e das professoras freiras.

Entre 1940 a 1970, o Serviço de Enfermagem do HSP foi coordenado pelas irmãs Franciscanas Missionárias de Maria. Além da equipe técnica, elas eram auxiliadas pelas graduandas da EEHSP/EPE na prestação de assistência direta aos pacientes internados. Outro aspecto que reforça a ligação da Escola com o HSP reside no fato de as alunas

2. Entrevista concedida por madre Áurea Vieira da Cruz em 18 dez. 2007. Sobre as religiosas da Congregação das Franciscanas Missionárias de Maria, em particular madre Marie Domineuc, ver o capítulo 1.

3. Cf. Márcia Regina Barros Silva, *Estratégias da Ciência: a História da Escola Paulista de Medicina (1933-1956)*. Ver também o capítulo 1.

egressas terem assumido frequentemente a gerência das unidades de internação do Hospital e ministrarem aos alunos o ensino da prática assistencial. Algumas dessas experiências aparecem nos relatos de professoras que foram alunas egressas da EPE:

> A gente começava o que se chamava na época de monitoria no campo de estágio dos alunos, na verdade a gente ensinava as técnicas básicas[4].

> Pedi transferência da escola onde eu estudava para a daqui, foi então que constatei a diferença de ensino, e minha primeira atitude foi pedir para voltar para o primeiro ano. E aí fiquei, sempre encantada com o ensino na Escola, era muito trabalho, mas muito aprendizado [...]. E quando terminei a minha especialização, e isso era muito comum na época, já havia convite para se trabalhar em algum lugar – o meu foi para a Bahia. Era o que se queria: melhorar a qualidade da enfermagem nesses locais. Fiquei seis meses, mas a saudade daqui era muito grande, principalmente do ambiente de trabalho do HSP. Foi uma experiência maravilhosa, mas eu queria voltar. Quando regressei para São Paulo, voltei a trabalhar aqui como enfermeira da maternidade do HSP[5].

> Obviamente, fizemos um curso intensivo e direto, sem hora para entrar e sem hora para sair. Fiz vestibular em janeiro de 1963, formei-me em dezembro de 1965 e fui contratada como enfermeira do HSP em 1º de março de 1966 [...]. Trabalhei em propedêutica e lá fui eu, com poucos funcionários. As enfermeiras aqui formadas tinham o prazer de supervisionar o estágio das alunas. Naquela época o número de alunos começava a aumentar [...]. Em 1967, a madre Áurea me convidou para ser docente da Escola de Enfermagem e me achei mais ou menos preparada para poder lecionar, então fiz o curso de pedagogia e didática voltado para a área de enfermagem na USP. O ano de 1968 foi todo dedicado a esse curso. Ao final, a professora Marianita gentilmente

4. Entrevista concedida por Mariana Fernandes de Souza em 17 out. 2008.
5. Entrevista concedida por Amélia Maranhão em 12 nov. 2008.

me convidou. Nesse meio-tempo, acho que de 1969 em diante, comecei a dar aulas aqui na Escola, não perdendo o vínculo com o hospital[6].

Eu trabalhei como enfermeira logo depois de formada, no HSP e no Hospital do Servidor Público. Num determinado momento, fui convidada para participar no acompanhamento dos alunos em estágio, como enfermeira, não como professora. Eu era supervisora do estágio, o que muitas enfermeiras fazem atualmente por se tratar de um hospital-escola; recebia as alunas e ajudava no estágio. Depois fui convidada a participar como docente, na época o ingresso na Escola não era por concurso, era por convite das irmãs ou de alguma professora[7].

São dessa época também as reminiscências de Hélio Egydio Nogueira, ex-reitor da Unifesp e médico atuante no HSP nesse período: "A enfermagem era maravilhosa no tempo da gestão das religiosas, elas cuidavam de tudo pessoalmente. A madre Richarda passava em todos os andares do hospital antes de ir dormir. Elas moravam no hospital"[8].

No começo da década de 1950, teve início um movimento junto aos órgãos públicos com a finalidade de federalizar a EPM, que vinha apresentando sérias dificuldades financeiras para a manutenção do curso médico. Assim, em 1956 ela foi federalizada como instituto isolado de ensino em saúde, e tanto o HSP como a EEHSP permaneceram sob a responsabilidade da recém-criada SPDM[9]. Isso estimulou algumas docentes da Escola de Enfermagem a buscarem alternativa semelhante com relação à instituição, mas houve discordâncias internas sobre o que fazer e o processo só foi retomado em meados da década de 1970. Nesse ínterim, o curso de Enfermagem passou a se chamar Escola Paulista de Enfermagem (1968), federalizada em 1977

6. Entrevista concedida por Rosa A. Pimenta de Castro em 14 out. 2008.
7. Entrevista concedida por Maria Gaby Rivero de Gutiérrez em 3 out. 2008.
8. Entrevista concedida por Hélio Egydio Nogueira em jan. 2009.
9. Sobre a federalização, ver também o capítulo 1.

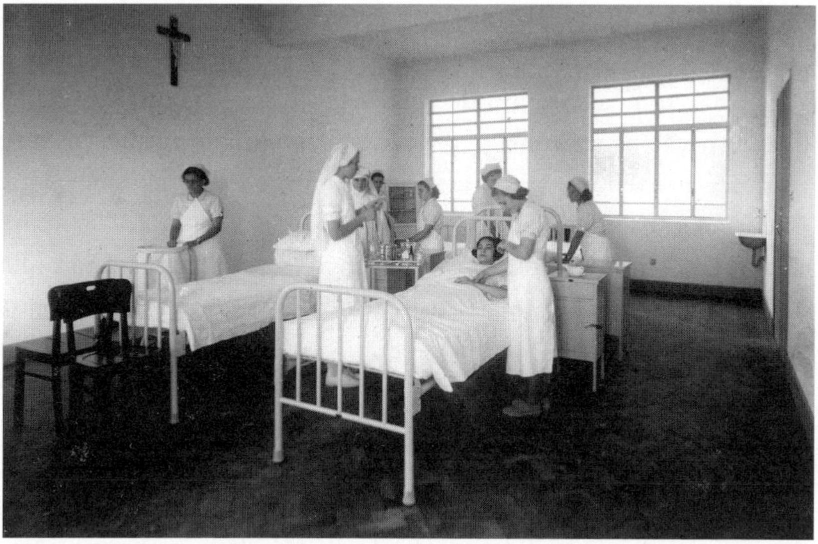

Figura 2. Aula prática de Técnicas Básicas de Enfermagem nas dependências do HSP. Foto: Acervo Histórico do DENF-Unifesp/EPE.

por meio de sua incorporação como departamento da Escola Paulista de Medicina.

O HSP continuou vinculado à SPDM, e as Missionárias de Maria gradualmente deixaram a direção do HSP e do curso de Enfermagem. A partir de 1971, a direção do Serviço de Enfermagem do Hospital São Paulo passou a ser coordenada por uma enfermeira laica, oriunda do quadro de egressos do curso. Isso favoreceu a continuidade da integração entre o ensino e a assistência de enfermagem.

A transformação da EPE em departamento da EPM fortaleceu o ensino da profissão, mas trouxe também novas exigências ao corpo docente – entre elas o envolvimento no mundo acadêmico, com suas especificidades de titulação, publicações e realização de pesquisas. Assim, por outro lado, o processo conduziu a um afastamento das atividades gerenciais antes assumidas no HSP.

Somente em 1992 a diretoria de Enfermagem voltou a ser assumida por uma docente, a convite do diretor superintendente do

HSP na época. Em 2003, foi realizada a primeira eleição direta para aquele cargo. Durante esse período, algumas docentes assumiram a coordenação da assistência de enfermagem em diferentes unidades de internação para retomar o processo de integração entre o ensino e a prática assistencial, tendo como base a experiência anteriormente vivenciada no HSP.

A integração da Escola de Enfermagem com o Hospital São Paulo melhorou muito nas últimas duas décadas, de acordo com a docente Maria Isabel Sampaio Carmagnani. Ela acrescenta que o HSP é um dos mais importantes centros de referência em alta complexidade do país. Trata-se de um hospital de porte especial, universitário e vinculado à Unifesp, que atende diariamente mais de 4 500 pacientes ambulatoriais e 1 200 prontos-socorros/prontos-atendimentos. É responsável, na Grande São Paulo, pela cobertura de uma área que abrange mais de cinco milhões de habitantes, além de atender pacientes oriundos de outros estados da federação.

Ao lado dessa intensa atividade assistencial, destaca-se também pela vasta produção científica, que o qualifica, no cenário nacional e internacional, como uma instituição séria e de excelência.

Tendo como missão prestar assistência à saúde da população brasileira através do Sistema Único de Saúde, o HSP também destaca-se por desenvolver pesquisas clínicas e formar recursos humanos imprescindíveis para a qualidade do próprio SUS. Sendo campo de ensino e treinamento da Unifesp, colabora para a formação e a capacitação de profissionais de saúde. Cerca de 75% dos docentes da Unifesp (*campus* São Paulo, Vila Clementino) estão lotados em áreas clínicas e exercem atividades nas unidades assistenciais do HSP, agregando eficiência e excelência ao atendimento.

O HSP conta com 743 leitos, dos quais 651 para adultos e 92 para a pediatria. Eles estão subdivididos da seguinte maneira: 121 leitos de UTI e semi-intensiva, 51 de emergência, 510 de unidades de internação, 35 de hospital-dia e 26 leitos externos.

O HSP está sendo submetido a um amplo programa de reformas das unidades, com contribuição do governo estadual e de entidades privadas. Parte do hospital já encontra-se com a planta física adequada à RDC n. 50 da Agência Nacional de Vigilância Sanitária do Ministério da Saúde. Parte está sendo reestruturada e outras aguardam a vez. Esse processo é de extrema importância para oferecer conforto e boa assistência aos pacientes internados, e também para que a instituição possa passar pelo processo de acreditação hospitalar.

Atualmente, a condução do processo de integração está sob a responsabilidade do Conselho de Integração Docente Assistencial, constituído de forma paritária por enfermeiros docentes e assistenciais, presidido pela diretora de Enfermagem do HSP e tendo como vice-presidente a chefe do Departamento de Enfermagem/Escola Paulista de Enfermagem. O objetivo desse conselho é traçar metas e estratégias políticas de aproximação para aprimorar o processo.

Em sua essência, tal conselho é estratégico para manter e reforçar os laços profissionais e afetivos construídos entre as duas instituições ao longo de setenta anos. Para a Diretoria de Enfermagem do HSP, a responsabilidade é viabilizar um campo cada vez mais profícuo para a prática profissional dos alunos; para o Departamento de Enfermagem/EPE, trata-se de propiciar o constante aprimoramento técnico e científico da equipe de enfermeiros do hospital[10].

O que se pode destacar nesse percurso é a instituição de valores para uma prática profissional de excelência, fundamentada na qualidade da assistência de enfermagem e na responsabilidade ética e social que ainda prevalecem no cotidiano do hospital e no currículo acadêmico, ou seja, na relação com os usuários e com o corpo discente.

10. Entrevista concedida por Maria Isabel Carmagnani.

Figura 3. Cão Joe: Projeto Amicão – Ação do Programa de Humanização do HSP. Foto: Acervo da Diretoria de Enfermagem do HSP.

AMPARO MATERNAL

O período situado entre a abertura do HSP para atendimento e a criação da EEHSP foi marcado por intensa atividade. Nesse cenário, professores da EPM, juntamente com madre Domineuc e as Franciscanas Missionárias de Maria, organizaram e dirigiram uma instituição destinada à proteção de mães solteiras, o Amparo Maternal[11].

Nas memórias de Amélia Maranhão, encontram-se alguns fragmentos da situação que precedeu a criação do Amparo Maternal:

11. Marília Largura, *Madre Domineuc: uma História de Amor Verdadeiro*. Ver também o capítulo 1.

> [...] a fundação do Amparo Maternal é uma decorrência de duas situações: a quantidade de pessoas que eram atendidas na maternidade em situação de abandono e desamparo, pela própria família; [na condição de uma] mãe solteira, havia com muita frequência a expulsão dessas gestantes. Outra: o pai da criança não tomou conhecimento; mulheres casadas ou em união consensual, que o marido simplesmente foi embora. Havia uma problemática social muito grande, essas mulheres não tinham para onde ir e tínhamos que procurar um lugar para elas; então, muitas enfermeiras receberam mulheres em suas casas para ficarem um tempo até se ajustarem [...][12].

Sobre esse início conturbado pelo número excessivo de gestantes e puérperas internadas nas unidades do HSP, madre Áurea relatou: "O professor Guimarães, sendo obstetra, quando as irmãs chegaram, disse: 'Agora eu passo para vocês, aqui estão essas gestantes que estão ficando muito tempo no Hospital, com risco no parto'; ou crianças que as mães às vezes tinham abandonado e eu iria assumir [...]"[13].

Para continuar atendendo as parturientes que procuravam o HSP e não tinham condições imediatas de assumir as responsabilidades sobre seus filhos, madre Domineuc propôs que fossem alugadas casas ao redor do Hospital para abrigá-las. Ao longo de quatorze anos, a residência das mães mudou de endereço várias vezes na Vila Clementino até a construção do prédio atual, na rua Botucatu.

De maneira insistente, as irmãs Franciscanas Missionárias de Maria, lideradas por madre Domineuc, foram moldando uma filosofia de assistência direcionada às mulheres grávidas desamparadas financeira e socialmente, que culminaria na construção do Amparo Maternal. No dizer de madre Santo Antão, "o Amparo estava no coração da madre Domineuc"[14].

12. Entrevista concedida por Amélia Maranhão em 12 nov. 2008.
13. Entrevista concedida por madre Áurea Vieira da Cruz em 18 dez. 2007.
14. Entrevista concedida por madre Maria de Santo Antão em 18 dez. 2007.

Figuras 4 e 5. Portão de acesso ao Amparo Maternal e vista de sua sede atual, situada à rua Botucatu, esquina com a rua Loefgreen, na Vila Clementino, em 2008. Foto: Márcia Barbieri.

Os objetivos da instituição, na época, eram dar assistência hospitalar às mães e aos filhos, restaurar e estabilizar a família e promover o ensino em nível profissional e universitário[15].

Naquela época, segundo depoimentos de professores da EPE/Unifesp, o atendimento social na área materno-infantil em São Paulo se dava na Maternidade São Paulo, única instituição que contava com atendimento específico para isso. O Amparo Maternal, por sua vez, também oferecia campo de estágio para alunos da EEHSP e da EPM, com características muito favoráveis ao ensino de obstetrícia.

Desde o início, a missão do Amparo Maternal foi orientada pela filosofia humanística e religiosa de atender todas as mulheres e nunca recusar ajuda. Madre Domineuc amava as crianças e acreditava que as mães nunca deveriam abandoná-las. Fazia tudo que fosse possível para não separar a mãe do filho. A respeito do parto, dizia: "No parto ocorrem quatro nascimentos: nasce uma criança, nasce uma mãe, nasce um pai e nasce uma família"[16].

No final da década de 1970, Domineuc deixou o Amparo Maternal depois de atender cerca de quinze mil mulheres, Ela foi morar no Jardim Sabiá, onde criou uma comunidade para famílias carentes, muitas delas originárias do Amparo Maternal.

Segundo a enfermeira Ruth Osawa[17], atual coordenadora de enfermagem do Amparo Maternal, a saída de Domineuc da instituição aconteceu de forma gradativa. Foi uma época de mudanças estruturais na sociedade, que influenciaram as relações de trabalho. O funcionamento do Amparo passou a ter novas regras, grande com a criação do Conselho Regional de Enfermagem (Coren), em meados de 1970. Com isso, novas necessidades de profissionalização e organização das instituições de saúde se tornaram obrigatórias.

15. Largura, *op. cit.*, pp. 40-41.
16. *Idem*, p. 61.
17. Entrevista concedida por Ruth Osawa, em jan. 2009.

No ano que antecedeu a morte de Domineuc, ocorrida em 10 de março de 1998, os cursos de Medicina e Enfermagem da Unifesp romperam o convênio com o Amparo Maternal. A demanda de gestantes era muito grande e não era suprida totalmente pelos residentes médicos, contrariando a filosofia da instituição sobre atendimento a todos. Por outro lado, os professores médicos da universidade queriam reabrir o atendimento de ginecologia, enquanto o Amparo gostaria de manter a instituição voltada apenas à assistência obstétrica. Assim, as docentes da disciplina de Enfermagem Obstétrica da EPE também se viram na contingência de abandonar um campo de prática que, durante muitos anos, fora o cenário principal na formação de graduandos e pós-graduandos na área de obstetrícia. Atualmente, a relação entre o Amparo Maternal e o curso de Enfermagem da Unifesp ocorre somente na área da pesquisa, envolvendo alunos da pós-graduação e professores, principalmente em pesquisa clínica.

Ainda de acordo com Osawa, hoje a administração do Amparo continua sob a responsabilidade da Cúria Metropolitana de São Paulo, por meio das irmãs vicentinas em cogestão com a Associação Santa Catarina (ASC).

Desde 2007, a admissão de gestantes ocorre por meio do Programa Mãe Paulistana da Secretaria Municipal da Saúde, que regula as vagas e os encaminhamentos. O Amparo é referenciado para partos de baixa e média complexidade. Continua atendendo as gestantes, solteiras ou não, que procuram o serviço espontaneamente. O atendimento médico é realizado por meio de uma cooperativa. As gestantes de risco, que moram no alojamento da instituição, recebem atenção pré-natal no HSP e às vezes utilizam outros serviços do Hospital.

O Amparo dispõe de oitenta vagas para gestantes. Elas ajudam em alguns serviços leves pela manhã e, no período da tarde, frequentam cursos de artesanato, serviços domésticos, overloque, alfabetização e informática, que podem ajudá-las a encontrar emprego posteriormente.

Osawa destacou ainda a relevância de outras pessoas para o desenvolvimento do Amparo Maternal:

> [...] além do professor Álvaro Guimarães e da madre Domineuc, que foram os fundadores, dom Paulo Evaristo Arns foi uma das pessoas que mais ajudaram a instituição. Ele tinha e ainda tem um afeto enorme pelo serviço e pela missão de não recusar nenhuma parturiente que procura o Amparo Maternal. Conseguiu muitas doações, benefícios e visibilidade para a instituição, em parceria com a irmã Anita, que dirigiu o Amparo por mais de quarenta anos. Em anos mais recentes, o médico sanitarista Davi Capistrano da Costa Filho, pessoa influente junto ao Ministério da Saúde, assumiu o desafio de criar um novo paradigma na assistência obstétrica e neonatal, o conceito de Centro de Parto Normal. Ele se colocou à frente de um projeto de reforma do desativado Centro Obstétrico, transformando-o em Centro de Parto Normal, o primeiro da cidade, modelo seguido por todos os serviços de atenção obstétrica e neonatal públicos criados posteriormente. Outras pessoas foram igualmente importantes para o Amparo, em diversos sentidos e em diversas épocas, mas não sou historiadora para ter esse rigor de registro. Portanto, é um ponto de vista entre tantos outros.

Atualmente, o Amparo Maternal realiza cerca de 1 200 partos por mês, o que representa 5% de todos os nascimentos da Grande São Paulo. Quase 90% desses partos são normais. Essa maternidade é a primeira instituição credenciada como centro de formação de recursos humanos para realizar parto humanizado.

A importância do Amparo na formação de enfermeiros na área de obstetrícia é bastante antiga. Márcia Barbieri, docente da Disciplina Enfermagem Obstétrica do curso de Enfermagem da Unifesp e estudante na década de 1970, afirmou: "O Amparo Maternal é [...] foi a casa mãe onde pude aprender obstetrícia. Tudo que sei e que ensino hoje foi aprendido ali".

PROJETO COMUNITÁRIO JARDIM SABIÁ

Para abordar a importância e o impacto do trabalho desenvolvido pelas docentes do curso de Enfermagem da Unifesp/EPE na Comunidade Jardim Sabiá, mais especificamente da Disciplina Enfermagem

Pediátrica, é necessário compreender a situação vivenciada tanto no Amparo Maternal como na EEHSP nas décadas de 1950 e 1960.

Após ter concluído o curso de Enfermagem, Marianna Augusto tornou-se enfermeira-chefe da Unidade de Internação Pediátrica do HSP, sendo ainda responsável pelo estágio prático das alunas da EEHSP nessa área. Entre de 1954 e 1956, ela viajou para a França em busca de aprimoramento na área de assistência à criança:

> Ganhei duas bolsas, uma para me especializar na França e outra nos Estados Unidos. Teria que fazer especialização, depois o mestrado e o doutorado, achei tão bons os cursos na França que não quis mais ir para os Estados Unidos... Fiz um que englobava pediatria social e puericultura num altíssimo nível. Depois da Segunda Guerra Mundial, o governo americano, para ajudar, deu dinheiro para criar uma Escola de Enfermagem que englobasse tudo isso, ligada à Faculdade de Medicina da Universidade de Paris, foi muito bem feita e estruturada. Aí eu aprendi tudo, desde o pré-natal até a criança chegar numa certa idade e ir para a escola, lá a enfermeira era imprescindível. Mas quando voltei, a irmã Áurea não achou que deveriam começar esses cursos... E eu tinha ido lá só pra isso[18].

Quando Marianna Augusto reassumiu suas funções, teve uma desavença com um dos médicos residentes da clínica pediátrica. Augusto foi, então, convidada por irmã Áurea a se transferir para a EEHSP e assumir o cargo de professora de Enfermagem Materna e Infantil. Áurea teria afirmado: "'Marianna, você vai ficar só na Escola e fazer esses projetos de especialização.' Mas como eu não conseguia ter muita liberdade, pensei em tornar o Departamento de Pediatria separado da Obstetrícia; em seguida, já projetei o curso de Especialização".

Ainda de acordo com Augusto,

18. Este trecho e os que se seguem, salvo indicação em contrário, foram extraídos da entrevista concedida por Marianna Augusto em 29 set. 2008.

[...] nesse ínterim, a Apae trouxe uma professora americana para ministrar um curso de estimulação para crianças com deficiência, durante uma semana. Achei muito interessante, conversei com o diretor da Apae e ele me liberou essa doutora durante três dias para dar aula para minhas alunas. Aconteceu que a Mariana Fernandes [professora da Disciplina de Fundamentos de Enfermagem] me disse: "Marianna, estou fazendo um curso de estatística na PUC, meu professor é americano e mora com um casal cuja esposa é enfermeira e tem mestrado. Por que a senhora não a convida para essa conferência?". Então eu disse: "Trate já de convidar!". Veja como as coisas são engraçadas: todas as alunas na sala, sentei lá atrás e uma loira alta sentou perto de mim, perguntei se ela era a Cary, ela respondeu que sim em português perfeito. Aí perguntei se ela gostaria de trabalhar conosco aqui na Pediatria, ela respondeu que sim, e então eu disse que poderia começar no dia seguinte às oito horas da manhã. Chamava-se Cary Peabody Perry. Foi muito engraçado, porque quando Cary veio, pensei que poderia planejar o curso de Especialização; como ela tinha uma posição muito importante, fomos aceitas e convidadas para os grupos de discussão de mestrado e doutorado em Brasília. Foi tudo concomitante.

Nesse relato, Marianna Augusto refere-se à criação da pós-graduação na EPE, cujo projeto já trazia as diferentes fases de implantação, ou seja, iniciava-se com o curso de Especialização, seguido do Programa de mestrado em Enfermagem Pediátrica e Pediatria Social que culminou, em 1995, na implantação do doutorado na área materno-infantil, num trabalho conjunto entre as Disciplinas Enfermagem Pediátrica e Enfermagem Obstétrica.

Iniciado em 1972, o primeiro curso recebeu o nome de Especialização em Pediatria Social e Puericultura. Tinha como características a ênfase no crescimento e desenvolvimento infantil e nos problemas de saúde específicos de cada faixa etária. Abordava os fatores psicoafetivo e social na assistência à criança, a importância do vínculo materno-infantil e o conceito de multiprofissionalidade no atendimento. Desde a primeira turma havia profissionais de outras áreas, como nutrição, assistência social, pedagogia e sociologia, dentre outros. A carga horária era de 1 880 horas, cumpridas de segunda a sexta-feira, das sete às dezessete horas, com aulas ou plantões eventuais aos sábados. Havia ainda uma monografia obrigatória de conclusão do curso.

Até aquele momento, a prática do ensino de Enfermagem Pediátrica era desenvolvida na enfermaria do HSP e nas unidades de berçário e enfermaria do Amparo Maternal, então dirigido por madre Marie Domineuc. Além da assistência de enfermagem prestada às mulheres internadas com seus filhos nesses locais, as alunas realizavam visitas domiciliárias para outras mulheres alojadas nas diferentes moradias mantidas pelas duas instituições.

No início da década de 1970, a maternidade do Amparo Maternal já não dispunha de espaço para acomodar o grande número de mulheres que, após o parto, não tinham para onde ir com seus filhos recém-nascidos, devido à falta de qualificação profissional ou de escolaridade, à não aceitação por parte dos familiares ou ainda por serem empregadas domésticas com outros filhos[19]. Num primeiro momento, elas permaneciam abrigadas na própria instituição até poderem retomar suas vidas. O conceito de assistência integral presente no currículo de Enfermagem da EEHSP desde o início, em grande parte devido à formação de madre Domineuc, tornou inviável a permanência dessas mulheres no espaço físico disponível para atendê-las até então.

Domineuc queria manter a assistência integral às gestantes e buscar alternativas para contornar a superlotação do Amparo Maternal. Ela, então, conseguiu que o industrial paulista Vitor Freire de Carvalho doasse alguns lotes na região de Parelheiros para construir moradias e alojar essas mulheres. A denominação Jardim Sabiá deriva da Sociedade Anônima Brasileira Industrial e Agrícola (Sabia), de propriedade desse industrial[20].

Em parte devido ao afeto e admiração que Marianna Augusto tinha por madre Domineuc, as alunas do primeiro curso de Especialização, além de realizarem estágios práticos no Amparo, começaram

19. Largura, *op. cit.*

20. Sobre essa comunidade, ver também o capítulo 1.

a desenvolver, ainda de forma incipiente, atividades de saúde e de educação junto às crianças, filhos das mulheres transferidas dessa instituição para o Jardim Sabiá:

> [...] começaram a acontecer coisas fantásticas, com projeções maravilhosas, por conta da Cary. O marido dela era vice-diretor do Banco de Boston. Aí pensei que nós podíamos abrir um campo de atuação no Jardim Sabiá para ajudar as crianças dessas mães solteiras. A pediatria social conseguiu um espaço muito grande, e fomos nós que fizemos, a partir disso, com que a Pediatria da Escola Paulista começasse a entrar na nossa.

Esse último comentário se refere ao fato de que, por muitos anos, o Departamento de Pediatria da EPM manteve um residente médico para atender a população infantil da comunidade do Jardim Sabiá.

Em 1974, as alunas do curso de Especialização em Pediatria e Puericultura (CEPP) deram os passos iniciais para implantar o projeto. Para concluir o curso, era necessário desenvolver uma monografia; assim, foi estabelecido que todas participariam de um único projeto: criar um serviço de assistência às crianças do Jardim Sabiá. Dentre elas, destacaram-se as enfermeiras Tereza Yoshiko Kakehashi, Maria Aparecida Amâncio, Henedina Medeiros e Maria Aparecida Carlini, esta última também com formação em magistério – antigo curso normal, que formava professores para o que atualmente denomina-se Ensino Fundamental I. Após concluírem o curso, tais enfermeiras continuaram a desenvolver atividades junto ao projeto e foram incorporadas como professoras da disciplina em anos posteriores.

Naquele mesmo ano, foi constituído o Centro de Estudos para o Desenvolvimento da Pesquisa no Campo Social e da Saúde (Cepes), primeiro centro de pesquisa em enfermagem do país, idealizado por Armando Piovesan, professor, pesquisador, médico e cientista social. A iniciativa foi prontamente apoiada por Marianna Augusto e pelas demais docentes da EPE.

Entidade técnico-científica e cultural sem fins lucrativos, o Cepes buscava realizar pesquisas na área de enfermagem para ampliar o conhecimento e desenvolvimento dos profissionais da área[21].

Com o apoio e a orientação dos pesquisadores do Cepes, as monografias dessas alunas constituíram um levantamento que permitiu estabelecer um diagnóstico situacional da Comunidade Jardim Sabiá, fornecendo subsídios necessários para elaborar um plano de ação. As áreas de intervenção prioritárias indicadas pelo estudo foram educação, saúde, profissionalização e lazer construtivo.

Para iniciar o projeto, era preciso dispor de um espaço para abrigar as crianças durante as atividades. Foi solicitado novamente o auxílio de Freire de Carvalho, que a princípio emprestou sua chácara para esse fim e, posteriormente, doou a área e vários outros lotes para consolidar o projeto comunitário.

Três vezes por semana, as crianças recebiam cuidados de saúde, além de auxílio pedagógico e alimentar. Seguindo o mesmo preceito estabelecido por Domineuc no Amparo Maternal, toda criança que chegava, independentemente da idade, tinha suas necessidades atendidas. Assim, num mesmo espaço, havia desde bebês a adolescentes.

Em razão do aumento no número de crianças e adolescentes atendidos e da escassez de recursos disponíveis para executar as atividades, a criação do Cepes mostrou-se imprescindível para captar verbas destinadas à manutenção e expansão do trabalho. Viabilizou-se, desse modo, o recebimento de doações vindas de várias partes do Brasil e do exterior, por meio de convênios firmados com órgãos públicos governamentais que administravam programas de atendimento à população infantil. Com a intermediação do Cepes, também contrataram-se funcionários, pois até então as atividades tinham caráter voluntário.

De maneira gradual e criteriosa, a partir do aumento da demanda, foram se estabelecendo espaços separados para as crianças de acordo

21. C. P. Perry *et al.*, "Experiência de Trabalho Comunitário no Jardim Sabiá".

com a idade e as necessidades específicas. Surgiu, assim, o alicerce de um trabalho desenvolvido pelo Cepes ao longo de 25 anos nas áreas de educação e saúde.

O conhecimento e a experiência pedagógica da enfermeira Maria Aparecida Carlini permitiram estruturar os primeiros programas curriculares direcionados à educação infantil em consonância com a política educacional do estado. Esse trabalho foi o embrião do que viriam a ser a Comunidade Infantil/Creche Maria Aparecida Carlini e o Centro da Juventude Robert Debret.

Creche Maria Aparecida Carlini

A construção da Creche Maria Aparecida Carlini foi almejada desde o início das atividades do Cepes, em 1974. Inaugurada em dezembro de 1979, tinha como objetivos oferecer um ambiente estimulante e, nele, propiciar um desenvolvimento e um crescimento sadio às crianças do Jardim Sabiá.

As ações pedagógicas desenvolvidas nas áreas de comunicação e expressão, integração social e iniciação às ciências eram adaptadas à realidade dos educandos. A assistência à saúde ali oferecida buscava atender necessidades básicas como alimentação, higiene, imunização, e desenvolvimento psicomotor e intelectual. Considerando a inserção da criança em um contexto mais amplo, a família também era incluída no enfoque da assistência: havia atividades direcionadas a restabelecer, reforçar ou aprimorar o cuidado e os laços afetivos entre pais e filhos.

Ao término das atividades da disciplina na Comunidade Infantil do Jardim Sabiá, 240 crianças com idades entre dois meses e seis anos e onze meses estavam matriculadas na creche. Havia ainda 35 funcionários, além dos professores e alunos de graduação e especialização em enfermagem que ali realizavam estágios de Pediatria Social e Puericultura. O equipamento foi transferido para a prefeitura do município de São Paulo ao término das atividades, em 1991.

Centro da Juventude Robert Debret

Inicialmente, em 1975, o Centro da Juventude tinha como objetivo desenvolver atividades de reforço escolar para crianças e adolescentes com dificuldades de aprendizado, bem como oferecer complementação alimentar. A estrutura formal desse trabalho foi possibilitada por meio de um convênio firmado com a Secretaria do Bem-Estar do Menor da prefeitura de São Paulo. O convênio recebeu o nome de Programa de Orientação Sócio-educativa de Menores (Osem) e estava direcionado a atender crianças e adolescentes considerados de risco social. O Osem permitia matricular crianças e jovens a partir de sete anos de idade, e as atividades ocorriam em horários diferentes do horário escolar.

No decorrer do tempo, observou-se que as atividades deveriam ser ampliadas, para auxiliar os jovens assistidos a ingressar no mercado de trabalho. Assim, foram implantados cursos pré-profissionalizantes de marcenaria, corte e costura, datilografia e padaria, além de atividades de cultivo de hortas comunitárias e artes marciais. Em algumas dessas atividades, também era permitida a participação de familiares, especialmente das mães cujos filhos estivessem matriculados nos serviços.

Centro Comunitário de Proteção à Saúde

O Centro Comunitário de Proteção à Saúde foi criado nos anos de 1976 e 1977, com a finalidade de dar assistência de saúde às crianças de zero a sete anos de idade, moradoras do bairro. Buscando avaliar e acompanhar o crescimento e desenvolvimento dessas crianças, visava-se resolver problemas de saúde de menor gravidade.

A enfermeira pediatra realizava as consultas em puericultura, as visitas domiciliares e o controle e a aplicação de vacinas, autorizadas por convênio com a Secretaria de Saúde do estado de São Paulo. Desenvolviam-se, também, programas de educação para a saúde da população em geral.

O atendimento médico ocorria duas vezes por semana e era feito por residentes do Departamento de Pediatria da EPM, intercalado com os dias destinados à consulta de enfermagem.

Em razão da dificuldade de acesso da população dos bairros vizinhos a outros serviços de saúde, transformou-se ao longo do tempo no único serviço de saúde da região.

Centro de Integração Familiar: Clube de Mães

O Clube das Mães do Jardim Sabiá, ao iniciar suas atividades, em setembro de 1974, contava com a frequência média de vinte associadas por reunião.

Durante muitos anos, as mulheres do bairro tiveram de conviver com um estigma existente desde a criação, pois as famílias eram formadas, em sua maioria, por mães solteiras e seus filhos. Grassavam o preconceito e a violência contra essas mulheres e a dificuldade de acesso ao atendimento pré-natal.

Diante dessa situação, avaliou-se a necessidade da implantar um serviço que assistisse as mulheres durante o período gestacional e que, por meio de consultas individuais e atividades em grupo, discutisse questões relacionadas a sexualidade, prevenção de doenças sexualmente transmissíveis, técnicas contraceptivas, autoestima e cuidados com o corpo e a saúde.

Entre os objetivos do clube estava também o de desenvolver aptidões e preparar as mães para assumir futuramente os cargos de direção nas unidades assistenciais da comunidade infantil, até então ocupados por membros da equipe de trabalho. Nesse espaço realizavam-se atividades como limpeza hospitalar, lavanderia hospitalar e comportamento social, com certificados emitidos pelo Serviço Nacional de Aprendizagem Comercial de São Paulo (Senac-SP); aulas sobre direitos e deveres dos segurados da Previdência Social, vacinação, higiene infantil, preparo de fórmulas lácteas e alimentação; e também bazares, entre outras ações.

Nesse serviço, as gestantes eram avaliadas mensalmente e encaminhadas ao Amparo Maternal quando se aproximava a data do parto. Ressalta-se que este era um serviço de portas abertas, ou seja, as mulheres podiam ir quando quisessem e conversar sobre temas de seu interesse ou preocupação.

Incluindo a área de profissionalização e lazer construtivo, o Clube de Mães chegou a atingir seus objetivos de maneira satisfatória.

Durante 25 anos o trabalho foi mantido pelas docentes da Disciplina Enfermagem Pediátrica, numa dedicação diária. Sua continuidade inviabilizou-se por dificuldades financeiras e em função da alternância do poder político na prefeitura de São Paulo. Desse modo, diminuiu o aporte de verbas para a manutenção dos serviços conveniados, especialmente a creche e o Centro da Juventude. Também pesaram para isso a diminuição no quadro de docentes e técnicos administrativos da disciplina, e as novas exigências da carreira acadêmica. Assim, em 1991, a creche passou a ser gerida pela Secretaria Municipal de Educação e as demais unidades assistenciais foram desativadas.

A participação no todo ou em momentos específicos dessa trajetória fez com que toda uma geração de professores e alunos anteriores à data de encerramento das atividades portassem a memória das experiências do Jardim Sabiá.

DA COMUNIDADE INFANTIL À ESCOLA PAULISTINHA DE EDUCAÇÃO: TRAJETÓRIA DE ATUAÇÃO DA ENFERMAGEM PEDIÁTRICA[22]

Seguindo a premissa que permeou a criação da Escola Paulista de Enfermagem, a Disciplina Enfermagem Pediátrica desde o início vem primando em suas funções e responsabilidades sociais por focalizar sua atuação na assistência à criança e à família em uma perspectiva preventiva. Historicamente, a atenção à criança evoluiu lentamente. Desde a ratificação do Estatuto da Criança e do Adolescente (ECA)[23],

22. Texto construído a partir da apresentação na mesa redonda "A Solidariedade Aplicada na Comunidade. De Comunidade Infantil a Escola Paulistinha de Educação – EPE: a Trajetória de Atuação da Enfermagem Pediátrica", proferida por Maria das Graças Barreto da Silva no II Congresso de Enfermagem do Hospital São Paulo – Unifesp, out. 2008.

23. Lei n. 8.069 de 13 de julho de 1990 – Dispõe sobre o Estatuto da Criança e do Adolescente, e dá outras providências.

seja no lar junto à família ou em instituições, a prevenção e a promoção da saúde têm sido idealizadas pela busca de uma assistência integral à criança, utilizando-se para isso variadas formas de cuidado, em diferentes cenários.

Embora sejam bastante antigas, no Brasil as creches, a princípio, foram organizadas e dirigidas por mulheres ligadas a congregações religiosas. Apenas posteriormente surgiram as instituições públicas e particulares. Com a entrada crescente das mulheres no mercado de trabalho ao longo do século XX, a luta por espaços de cuidado intensificou-se. Isso resultou na conquista de creches mais numerosas e de melhor qualidade, pois seu papel social estava se modificando. Os poderes públicos buscaram dar cobertura por meio de seus programas de proteção materno-infantis, emitindo em 1972 um documento para auxiliar o funcionamento das creches[24].

A Comunidade Infantil como creche, denominação dada à educação infantil pelo grupo de professores da Enfermagem Pediátrica do curso de Enfermagem da então EPM, já era considerada uma das formas mais adequadas de assistência à criança. Sua finalidade era proporcionar assistência integral nos primeiros anos de vida, decisivos para a criança desenvolver todas as suas potencialidades.

Marianna Augusto, enfermeira especializada em Pediatria e Puericultura pela École de Puericulture de la Faculté de Medecine de la Universidade de Paris, França, fundadora dos cursos de pós-graduação *stricto* e *lato sensu* da Disciplina Enfermagem Pediátrica nos anos 1970, coordenou a implantação da Comunidade Infantil pelos professores da disciplina, auxiliada pela professora Dirce Trevise Prado Novaes – também com especialização em Pediatria e Puericultura pela mesma escola.

Observamos que, em seu pioneirismo, elas preconizavam a criação de um órgão governamental que pudesse auxiliar as creches com

24. Brasil, Ministério da Saúde, Secretaria de Assistência Médica, Coordenação de Projeto Materno-Infantil, *Creches: Instruções para Instalação e Funcionamento*.

assessoria técnica, supervisão e subvenções. Ao planejarem o curso de Auxiliar de Puericultura, as docentes já pensavam na importância de profissionalizar o cuidado prestado às crianças em ambiente coletivo/institucional: "Consideramos a necessidade afetiva da criança como ponto principal a ser reforçado dentro das atividades assistenciais [...] principalmente nos três primeiros anos de vida, para que haja um crescimento e desenvolvimento harmonioso, e a criança se torne ajustada e responsável na sociedade"[25].

Ressaltavam ainda a importância dos aspectos físicos das instalações, indicando que as creches deveriam ser construídas de modo a facilitar o acesso às mães mais necessitadas. Defendiam ainda que as instituições deveriam ser programadas para atingir os objetivos de assistência à criança e à família, estando situadas no local de trabalho da mãe ou em bairro próximo, contando com pessoal especializado e toda a infraestrutura necessária[26].

A idealização da Escola Paulistinha de Educação (EPE), em sua origem Comunidade Infantil, expressa a solidariedade da EPE e da Disciplina Enfermagem Pediátrica para com os funcionários, docentes e estudantes do complexo EPM/HSP. A iniciativa demonstra o compromisso social em ampliar os espaços de formação e intervenção para estudantes dos cursos de graduação e pós-graduação, com destaque para o CEPP, que recebia diferentes profissionais, além de enfermeiros, tendo como objetivo capacitá-los para atuarem de forma global na assistência à criança e à família em comunidade.

Dessa maneira, o trabalho na Comunidade Infantil tornou-se referência nacional, pois repercutiu de maneira positiva para a formação de recursos humanos no âmbito preventivo numa perspectiva social e humanística. O serviço configurou-se como espaço que reunia as áreas de saúde e educação, e foi pioneiro em seu caráter interdisciplinar.

25. Marianna Augusto (org.), *Comunidade Infantil. Creche.*
26. M. Augusto, E. B. Feige e P. C. Gomes, "Comunidade Infantil do Departamento de Enfermagem da Escola Paulista de Medicina".

Professores e estudantes de pós-graduação da Disciplina Enfermagem Pediátrica contribuíram, inclusive, com assessoria técnica e científica a projetos de estruturação, implantação e funcionamento de creches de diferentes órgãos e instituições públicas, como o Ministério da Educação (Brasília), o Tribunal de Contas do Município de São Paulo e prefeituras de cidades do interior paulista, como Santo André. Entre outros desdobramentos, houve a produção de conhecimentos científicos sobre a temática, com a publicação de livros e artigos em periódicos.

Histórico da Comunidade Infantil

Em 1971, uma professora e uma secretária da EPE tinham que prestar cuidados a seus filhos e, tendo que trabalhar, solicitaram à direção da Escola autorização para trazê-los consigo ao trabalho, pois não contavam com familiares ou pessoas de confiança competentes para assisti-los. Foi concedida autorização para que três crianças permanecessem sob os cuidados de duas funcionárias, atendentes de enfermagem. Em seguida, outras professoras e funcionárias que tinham filhos começaram a trazê-los durante o período de trabalho. Em uma sala ampla, as crianças recebiam cuidados físicos e contavam com recreação. As funcionárias tinham conhecimento específico para cuidar de crianças hospitalizadas, mas não de crianças sadias.

De início, embora as professoras da Enfermagem Pediátrica reconhecessem a precariedade da assistência prestada, não puderam atuar na organização e supervisão do trabalho desempenhado pelas atendentes, dada a carência de professores para colocar em prática a programação necessária ao desenvolvimento integral das crianças.

No ano seguinte, sob orientação de professores dessa disciplina, as estudantes da primeira turma do CEPP elaboraram um projeto para implantar a Comunidade Infantil na EPE. Ao ampliar seu quadro docente, em 1973, a Enfermagem Pediátrica encontrou condições para executar o projeto.

Instruídas por Marianna Augusto, as professoras propuseram à madre Áurea Vieira da Cruz, então diretora da EPE, a criação da

Comunidade Infantil. Aprovada a proposta, coube à Enfermagem Pediátrica a responsabilidade pela implantação e pelo funcionamento da Comunidade, sob a orientação direta de Maria Aparecida Carlini, enfermeira especializada em Pediatria e Puericultura pela EPE com aprimoramento em Psicopedagogia pelo Institute National de Recherches Pedagogiques da França. O objetivo era promover a assistência integral às crianças, atendendo suas necessidades básicas de acordo com cada faixa etária.

Dinâmica de funcionamento da Comunidade Infantil

Em 1985, a Comunidade Infantil já recebia quarenta crianças no Departamento de Enfermagem da EPM, distribuídas de acordo com a faixa etária.

O corpo de funcionários, em regime de trabalho de oito horas diárias, era composto por uma diretora, uma vice-diretora – docente de Enfermagem Pediátrica –, uma pedagoga, três auxiliares de enfermagem, quatorze auxiliares de puericultura e uma operadora de serviços gerais. O espaço físico destinado ao atendimento das crianças dividia-se em recepção e secretaria, uma copa, cinco salas destinadas aos berçários e aos maternais, e dois banheiros para crianças e adultos. A Comunidade funcionava diariamente das 7h às 18h30, com tolerância de quinze minutos no período da tarde. Os horários de entrada das crianças não eram rígidos, para adequar-se ao horário de trabalho das mães.

Para que as crianças fossem matriculadas, os pais solicitavam uma vaga, expondo suas necessidades. Tais solicitações eram analisadas pela diretoria da Comunidade Infantil e, havendo vaga na faixa etária pretendida, a criança era matriculada. Dava-se prioridade às crianças em fase de aleitamento materno e àquelas de famílias financeiramente mais carentes.

Na fase de adaptação, os pais podiam permanecer junto à criança até que ela se sentisse integrada. As mães que amamentavam podiam ir à Comunidade quantas vezes fosse necessário. Os pais tinham entrada livre, a fim de que a criança percebesse que ali era uma continuação de seu lar. Além disso, recebiam cópia do regulamento interno, contendo as informações sobre as necessidades materiais da criança no dia a dia (tipo e quantidade de roupas pessoais, de cama e banho, material de higiene pessoal etc.).

Tanto as mães como as auxiliares de puericultura recebiam ensinamentos formais e informais. Por meio da educação em saúde, eram apresentadas aos temas do cotidiano, de maneira lúdica. O material para as atividades psicopedagógicas era fornecido pelos pais, que também pagavam uma porcentagem dos seus vencimentos de acordo com a estadia da criança, em período integral ou parcial.

As crianças eram observadas minuciosamente em relação ao seu crescimento por meio de medidas antropométricas, e avaliadas em seu desenvolvimento pelo Teste de Triagem de Desenvolvimento de Denver[27] – ponto de partida para programar as atividades de estimulação psicomotora. As cadernetas de vacinação eram acompanhadas, e as mães eram esclarecidas sobre a vacinação básica e os reforços necessários. A partir dos dez meses de idade, a cada seis meses a criança passava por um exame protoparasitológico. Em relação ao acompanhamento médico, cada criança tinha seu pediatra, que era procurado nas intercorrências, após a criança ter recebido na CI o atendimento de emergência necessário, encaminhado pela mãe e/ou pai:

> As atividades assistenciais desenvolvidas eram aquelas consideradas promotoras da saúde e que preveniam as doenças, tais como higiene individual, banho de sol, higiene ambiental, higiene alimentar, prevenção de acidentes, imunização, e estimulação ou programação psicopedagógicas, de acordo com a faixa etária da criança[28].

27. W. K. Frankenburg, J. B. Dodds e A. W. Fandal, *Denver Developmental Screening Test: Manual/Workbook for Nursing Paramedical Personnel.*
28. Augusto, Feige e Gomes, *op. cit.*

Rotinas de atenção às necessidades básicas

Alimentação

Inicialmente, a CI não dispunha de recursos para preparar a alimentação das crianças: ela era fornecida pelos pais. Entretanto, com o aumento no número de crianças atendidas e do quadro de pessoal, tal dinâmica foi revista. Então, designou-se uma auxiliar de enfermagem para elaborar as refeições. Sempre contando com a colaboração dos pais, as crianças começaram a receber sopa no almoço. Nesses momentos, cantavam canções infantis e rezavam, agradecendo o alimento. Depois, em postura correta, almoçavam.

Formação de hábitos de higiene, sono e repouso

Durante o período em que permaneciam na CI, as crianças recebiam especial atenção quanto à formação de hábitos saudáveis de higiene, como escovação dos dentes, limpeza das mãos após as atividades, postura corporal e cuidados com o material de uso individual. Outro aspecto importante relacionava-se aos horários destinados ao repouso e ao sono.

Brincadeiras e atividades de estimulação

De manhã e à tarde, quando a criança se apresentava receptiva, eram propostas atividades de educação ambiental ao ar livre.

Tais atividades eram programadas e executadas pela professora da Unidade de Programa de Higiene Infantil da Pediatria Social, em conjunto com uma pedagoga, estudantes do CEPP e auxiliares de puericultura. Os pais também recebiam treinamento sobre as técnicas de estimulação, de maneira que pudessem realizá-las no ambiente familiar e, assim, reforçar o vínculo afetivo com seus filhos. Do mesmo modo, desde 1987 as funcionárias recebiam treinamento sobre massagem para bebês, com a introdução do programa sistemático da massagem conhecida como *Shantala*.

A partir de 1980, cursos de atualização sobre estimulação psicomotora foram oferecidos de maneira sistemática a alunas do CEPP, familiares e docentes. Esses cursos foram ministrados voluntariamente por uma especialista na área[29]. Ao final do estágio na CI, solicitava-se a cada turma de estudantes um móbile e um brinquedo de sucata, para que eles e as crianças pudessem desenvolver sua criatividade.

Como consequência da crescente demanda por vagas, ocorre a primeira mudança de espaço físico. Foi ocupada uma casa próxima ao Departamento de Enfermagem. Permaneceram na CI crianças do maternal com dois a três anos de idade e enquanto no novo espaço eram atendidas crianças de berçário, entre um mês e dois anos de idade.

No mesmo período em que aumentou o número de crianças matriculadas, deu-se a promulgação da nova Constituição Federal, em 1988, que transferiu da Secretaria da Previdência Social para a Secretaria de Educação a responsabilidade pela supervisão das creches. As mudanças estruturais foram desde exigências quanto à formação dos profissionais – por exemplo, a diretoria deveria ser ocupada por uma pedagoga –, até a organização de jardim da infância. Entraram em cena os pré-escolares, o que implicava empregar professoras com formação em magistério para essas atividades. Como eram poucas as opções de instituições para a idade pré-escolar, as crianças frequentavam a CI até entrar na escola fundamental.

O serviço foi ampliado para atender também as mães que trabalhavam nos finais de semana no Serviço de Enfermagem do HSP. Essa foi outra mudança importante decorrente da alteração no regime de trabalho das auxiliares de enfermagem, que passaram a dar plantões nos finais de semana e feriados para cuidar das crianças em aleitamento materno.

Sobre esse período, a professora Amélia Maranhão comentou:

> De repente, começou a haver reivindicação do povo da Escola que também queria vaga. Houve a proposta de "vamos fechar esta creche", já que não dava para todo mundo [...]. A proposta foi parar no Conselho Adminis-

29. L. M .R. Silveira, *apud* M. A. Newcomb, *Bebês e Objetos.*

trativo da EPM. Por coincidência, eu era membro do conselho, e também a professora Vera Barbosa, da Pediatria. Na reunião [...] [passaram] para nós duas um estudo do problema para emitir um parecer [...]. Eu e Vera logo procuramos a legislação trabalhista sobre a criação de creches, [...] e emitimos um parecer claro que foi aprovado imediatamente. Em resumo, dizia que era obrigatória uma instituição com certo número de mulheres ter uma creche para crianças de zero a três anos, ou era preciso dar um auxílio para que as mães pudessem colocar os seus filhos em algum lugar. Quando demos esse parecer, [que] [...] foi aprovado, a solução foi caminhando e [...] é hoje a Escola Paulistinha de Educação[30].

Em 1989, a Coordenadoria de Assuntos Especiais da EPM assumiu a elaboração de uma proposta de regimento interno para implantar uma escola, agora Escola Paulistinha de Educação.

Com todas essas alterações, alheias à vontade dos professores da Disciplina Enfermagem Pediátrica, perdeu-se o espaço construído até então. Em 1990, juntaram-se os berçários e os maternais, ocupando-se duas casas adaptadas no terreno onde hoje está situada a EPE. Com o aumento do número de profissionais, a equipe passou a ter nova administração.

Com a reformulação curricular implantada no curso de graduação em Enfermagem em 1995[31], a Unidade de Programa de Pediatria Social passou a ser denominada Enfermagem em Saúde da Criança e do Adolescente I, disciplina curricular da Enfermagem Pediátrica, integrando conteúdos teórico-práticos com a Disciplina Enfermagem em Saúde Pública, em parceria com suas docentes. Durante esse período, os estágios teórico-práticos dos estudantes da terceira série de Enfermagem eram realizados na creche do Centro Assistencial Cruz de Malta e na creche municipal Suzana Campos, que propiciavam a oportunidade de

30. Entrevista concedida por Amélia Maranhão, em 12 nov. 2008.

31. Sobre essa e outras reformas curriculares na graduação em Enfermagem, ver o capítulo 2.

conhecer e monitorar o desenvolvimento neuropsicomotor da criança sadia, assim como desenvolver conteúdos de educação em saúde.

Atualmente, a Escola Paulistinha de Educação está vinculada ao Departamento de Assuntos Comunitários (DAC) da Pró-Reitoria de Extensão. Sua programação pedagógica incorpora projetos interdisciplinares, recebendo graduandos dos cursos de Enfermagem, Fonoaudiologia, Medicina e Tecnologia Oftálmica para atuar junto a crianças desde o berçário até o ensino fundamental.

A relação da EPE com a Escola Paulistinha de Educação

Em 2000, a Disciplina Enfermagem Pediátrica da EPE retomou o vínculo com a Escola Paulistinha de Educação, por meio da Enfermagem em Saúde da Criança e Adolescente I, para desenvolver os conteúdos dessa disciplina curricular junto à educação infantil e ao ensino fundamental. O objetivo dessa prática é possibilitar ao estudante (re)conhecer o desenvolvimento neuropsicomotor do lactente e do pré-escolar sadios, e aplicar os conteúdos ministrados em sala de aula. Nas atividades desenvolvidas durante o acompanhamento das rotinas diárias da criança, individual e coletivamente, observa-se o cuidado prestado às necessidades básicas e às características de cada faixa etária. A partir da definição do perfil de desenvolvimento da criança com a aplicação de um instrumento científico, o Teste de Triagem de Desenvolvimento de Denver II (TTDD II[32]), planeja-se e realiza-se uma programação de atividades de estimulação psicomotora junto às educadoras. Tais atividades propiciam o surgimento de propostas e considerações acerca da função da enfermeira na creche e sua contribuição ao organizar e planejar as ações de cuidados na rotina das crianças.

Como estratégia para otimizar a integração com a equipe da EPE, e visando manter o trabalho realizado no cenário da prática, a docente responsável, Maria das Graças Barreto da Silva, organiza oficinas para aprimorar e capacitar as funcionárias. Outra forma de participação

32. Frankenburg, Dodds e Fandal, *op. cit.*

dos docentes ocorre nos cursos de atualização programados pela equipe da Escola Paulistinha, bem como no envolvimento das graduandas dos programas acadêmicos de monitoria, iniciação científica e extensão da Unifesp, em projetos com essas temáticas.

No ensino fundamental, a pauta é cuidar das crianças e educá-las quanto ao direito à saúde e aos determinantes do processo saúde/doença, por meio de ações educativas referentes a promoção, proteção e recuperação da saúde. As atividades envolvem princípios teóricos e abordagem do cuidar, desenvolvimento e atendimento da saúde do escolar, e assistência de enfermagem à criança e à sua família.

A partir da reforma curricular implantada em 2004[33], a disciplina Enfermagem em Saúde da Criança e do Adolescente I passou a ser ministrada na segunda série do curso de graduação. A Escola Paulistinha mantém-se até hoje como um dos cenários da prática educativa da disciplina, com atividades relacionadas ao desenvolvimento neuropsicomotor infantil e às denominadas atividades assistenciais. Com esses estágios, busca-se propiciar aos graduandos o conhecimento da criança pequena, numa perspectiva de "aprendizado por meio da convivência com a saúde, isto é, com os parâmetros de normalidade". O objetivo é fazer com que o profissional em formação venha a:

1. Abordar a criança sadia, particularmente o lactente e o pré-escolar, individualmente e no contexto coletivo/institucional, atendendo-a em suas necessidades básicas, com competência profissional e respeito humano.

2. Compreender o processo de crescimento e desenvolvimento humano, bem como os determinantes sociais, emocionais e biológicos que o influenciam, reconhecendo as competências da criança em suas características por faixa etária, a partir da observação/interação.

3. Definir o perfil de competências das crianças em quatro áreas do desenvolvimento – pessoal-social, motor fino adaptativo, linguagem e motor grosseiro – utilizando-se, para isso, do TTDD II.

33. Cf. capítulo 2.

Figura 6. Equipe da Escola Paulistinha de Educação: educadoras de salas, coordenadora pedagógica, orientadora educacional, assistente social, médica pediatra e técnica de enfermagem na vivência teórico-prática do curso "Massagem em Bebês: Recurso para Humanização do Cuidado", ministrado pela professora Maria das Graças Barreto da Silva, set.-out. de 2004. Foto: Acervo do Projeto de Extensão Grupo de Massagem e Estimulação de Bebês – GMEB.

4. Planejar e realizar estimulação psicomotora em integração com as educadoras da EPE.

5. Relacionar teoria e prática nas experiências vivenciadas no cotidiano de cuidado com as crianças e descrever o percurso vivenciado, em diálogo com a literatura.

6. Refletir acerca da importância dos conhecimentos sobre a criança sadia para a prática profissional do enfermeiro em diferentes contextos.

As atividades de ensino da disciplina Enfermagem em Saúde da Criança e Adolescente I se estendem também às famílias da Escola Paulistinha de Educação, pela articulação de ações com o Projeto de Extensão Grupo de Massagem e Estimulação de Bebês – GMEB/Unifesp, coordenado pela professora Maria das Graças Barreto da Silva.

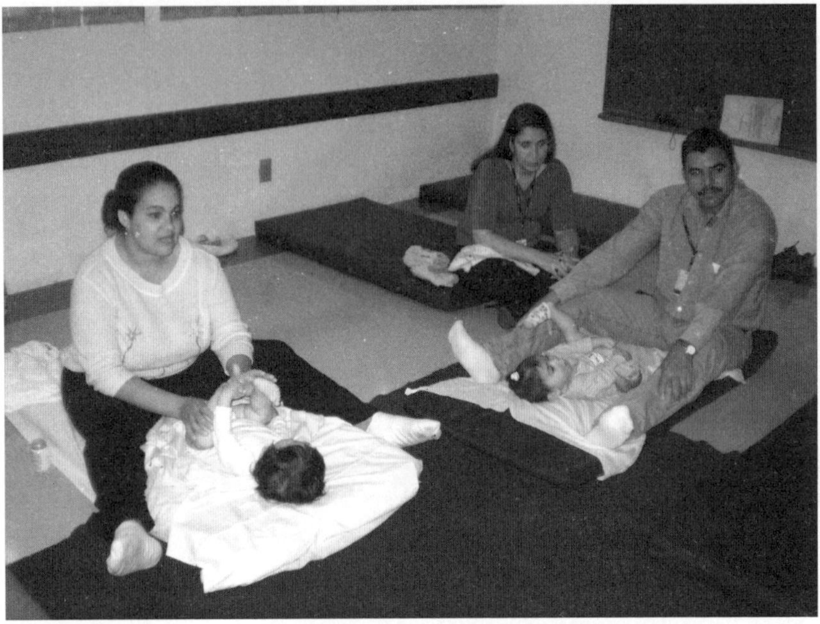

Figura. 7. Vivência de Grupo Terapêutico de Massagem e Estimulação de Bebês – GTMEB, uma das ações do GMEB. A prática vem sendo realizada ao longo de anos e busca favorecer o contato físico e o vínculo afetivo entre mãe/pai e bebê a partir da comunicação corporal. Foto: Acervo do Projeto de Extensão GMEB.

6

Enfermagem: Uma Profissão Feminina? O Caso do Curso de Enfermagem da Universidade Federal de São Paulo

Jaime Rodrigues e Janine Schirmer

PALAVRAS-CHAVE
História de São Paulo / Enfermagem / História da Enfermagem / Escolas de Enfermagem / Estudos de gênero

TEMÁRIO

Mulheres na enfermagem e sua imagem social no século XX / Presença masculina na profissão: um fenômeno recente / O curso de Enfermagem da Unifesp

A enfermagem, no Brasil, é uma profissão exercida predominantemente por mulheres. Ao fazer tal afirmação, não devemos imaginar que essa é uma situação atual simplesmente herdada de um passado unívoco, como se em meio às duas dimensões do tempo não houvesse um processo permeado por mudanças e permanências. A constatação do predomínio feminino é legítima e, no entanto, não é imutável, na medida em que podemos perceber, datar e analisar a ampliação na procura de homens pela profissão de enfermeiro. Ainda que exercida predominantemente por mulheres, a imagem social dessas profissionais não foi sempre a mesma, como nem sempre as mulheres foram as mesmas. A enfermeira da primeira metade do século XX, por exemplo, projetava e tinha projetada sobre si uma imagem bastante diferente da atual.

É sobre questões dessa ordem que este capítulo se debruça. Travaremos um diálogo bibliográfico com os estudos dedicados ao gênero feminino e ao exercício da enfermagem, bem como costuraremos indicações acerca da imagem social das mulheres na profissão e de algumas das transformações pelas quais essa imagem passou. Ao mesmo tempo em que dialoga com a literatura especializada, este capítulo ensaia um estudo de caso, centrado no curso de Enfermagem da Unifesp – passando pela EEHSP, pela EPE e pelo Departamento de Enfermagem da Universidade –, baseado especialmente nos depoimentos de docentes e em informações colhidas junto aos egressos do curso.

* * *

Em História, natureza e cultura eventualmente se confundem. A natureza, ou a visão que temos sobre ela, é uma construção humana e, como tal, trata-se de um produto da cultura. Em outros campos do conhecimento e mesmo no senso comum, essa é uma discussão relativamente pouco explorada. A constatação do predomínio feminino no exercício profissional da enfermagem, por exemplo, muitas vezes é considerada como um dado da natureza, como se não se tratasse de uma construção cultural e, por isso, histórica.

Nos estudos sobre o assunto, algumas abordagens acerca de gênero refletem sobre a presença de mulheres em termos majoritários na profissão. Na maioria desses estudos, especialmente nos mais recentes, a abordagem da condição feminina como inerente à profissão de enfermeira vem sendo questionada ou apresentada como historicamente construída, na medida em que a própria condição feminina e sua especificidade e distinção em relação à masculinidade são entendidas como construções históricas. O próprio conceito de gênero é parte da reflexão, como entendem Padilha, Vaghetti e Brodersen (2006), ao afirmarem que sua construção não decorre apenas das relações entre os sexos masculino e feminino, mas também das relações entre homens e homens, mulheres e mulheres. É só a partir dessa rede relacional que se pode compreender a escolha profissional, dentre outras escolhas, de mulheres condicionadas desde a infância a optar por uma "carreira condizente com a sua condição *feminina*, como professora primária, secretária, enfermeira etc., profissões que são consideradas por muitos como pouco qualificadas e competitivas no mercado de trabalho"[1]. No caso da enfermagem, o predomínio de mulheres pode ser explicado pela capacidade de cuidar desenvolvida ancestralmente no convívio doméstico, e não como qualidade inata ou genética[2]. Trata-se, portanto, do resultado de uma experiência humana, que não é imutável nem deve ser entendida como natural. Na visão da docente Maria das Graças Barreto da Silva, "o cuidado na organização social foi sendo configurado de maneira a predominar no feminino", mas "não é só da mulher": "Como sabemos, existem homens que são mais maternais do que algumas ou muitas mulheres. Assim, com a diminuição da cobrança social dos papéis, a sensibilidade masculina também vem emergindo de maneira a poder ser explicitada".

Gêneros, diferentemente de sexos, não são dados da natureza, mas sim da cultura. Assim, a forte presença de mulheres na enfermagem é apresentada como produto de relações sociais que não envolvem apenas a condição do gênero feminino, mas também suas conexões em um espectro mais amplo, que inclui as diferenças entre classes sociais, as diversas temporalidades, as relações entre os gêneros e as imagens produzidas e projetadas pela sociedade sobre as enfermeiras – evidentemente, entendendo-se as mulheres e as enfermeiras como partes constituintes dessa mesma sociedade. Vejamos o que dizem alguns estudos produzidos nos últimos anos.

Estudiosas das questões de gênero, como Elizabeth Badinter e Joan Scott, forneceram o embasamento teórico de boa parte dos estudos sobre a presença feminina na enfermagem – não naquilo que é biológico, mas no que se refere às relações e processos sociais, organização política

1. Maria Itayra Coelho de Souza Padilha, Helena Heidtmann Vaghetti e Gladys Brodersen, "Gênero e Enfermagem: uma Análise Reflexiva", pp. 293 e 296. Destaque no original.
2. Maria Auxiliadora M. de Moraes, *O Legado Histórico das Mulheres Provedoras de Cuidado*, pp. 63 e 65.

e institucional e práticas sociais cotidianas[3]. Contrariando uma afirmação muito conhecida de Simone de Beauvoir ("não se nasce mulher, torna-se mulher"), em enfermagem é comum ouvir dizer que "as enfermeiras nascem, não se fazem". Essa formulação se deve, em parte, às assertivas da fundadora da enfermagem moderna, Florence Nightingale, para quem a atividade era, ao mesmo tempo, profissão e vocação. Encontramos nas palavras de Nightingale uma lista dos atributos requeridos das profissionais, quando ela definiu uma boa enfermeira:

> [...] uma pessoa com quem se pode contar, uma mulher de sentimentos delicados e recatados, observadora, sagaz e discreta, sóbria e honesta, religiosa e devotada, enfim, alguém que respeita sua própria vocação, porque a vida, a mais preciosa de Deus, é posta em suas mãos [...] Um homem é escolhido para enfermeiro quando não se adapta às fileiras e quando se trata de um indivíduo torpe e desajeitado[4].

Quando reunidas em um mesmo indivíduo do sexo feminino, vocação e espírito profissional seriam as características básicas que tornariam qualquer mulher uma boa enfermeira[5]. De modo atemporal, o trabalho em enfermagem foi comparado às funções maternas ou religiosas e "assim, erroneamente, interpretado pela sociedade", como afirmou Álvaro Pereira.

Indagadas sobre as razões que fazem da enfermagem uma profissão de predomínio feminino, numerosas egressas desse curso deram respostas muito semelhantes, representadas nos exemplos abaixo:

> É algo histórico, desde antes do início da profissão eram mulheres que eram cuidadoras. É cultural [...].

3. *Idem*, p. 40.
4. *Apud* Osnir Claudiano da Silva Jr. e Cristina Maria Loyola Miranda, "A Suave Presença do Anjo Branco: a Enfermagem, uma História de Mulheres", pp. 10-11.
5. Maria Itayra Coelho de Souza Padilha, "A Mulher/Enfermeira nos Âmbitos Doméstico-familiar e Público: uma Abordagem Teórica-contextual", pp. 251-252.

O motivo que explica isso, fundamentalmente, é a própria história da enfermagem, do cuidar [...].

Em minha opinião, esta característica tem um fator fundamentalmente histórico, que ainda exerce forte influência [...]. Creio eu que esta preocupação com o próximo também seja uma característica predominantemente feminina, que contribui com este grande número de mulheres na área.

Acredito que a enfermagem é uma profissão ocupada fundamentalmente por mulheres devido à sua história, que começou com Florence e suas sucessoras.

Na minha opinião, o grande número de mulheres na profissão se deve à função que estas exerceram ao longo da história: a de cuidar.

A enfermagem é uma profissão ocupada na sua maior parte pelo sexo feminino devido a toda a história que esta carrega. Iniciou-se com o cuidar, e o cuidado faz parte da mulher, porém acredito que esse predomínio tem se transformado com o passar dos anos.

Diante de respostas como essas, é possível ressaltar que a interpretação da enfermagem como profissão feminina porque maternal foi assimilada por muitas de suas próprias oficiantes e, seguramente, é um conteúdo discutido durante a graduação. Nessa visão, o histórico e o natural confundem-se, como se o passar do tempo fosse um dado da natureza, como se cultura fosse sinônimo de tradição e como se a história fosse um ente dotado de vida e vontade, ao qual temos de nos submeter de forma inelutável em vez de sermos seus próprios agentes construtores por meio da experiência individual e coletiva. Ao privilegiar as origens da enfermagem e o modelo apresentado por Nightingale – chamada apenas pelo prenome, num sinal de convivência privada como aquela que temos com nossos parentes íntimos –, talvez estejamos deixando de lado a história da enfermagem como um processo que ultrapassa o mito de origem.

Entre as docentes, também é comum encontrar posições que justificam a presença majoritária de mulheres na enfermagem pelo cumprimento de tarefas ligadas ao amor pelo próximo, inclusive o maternal, e decorrentes das obrigações domésticas historicamente exercida por mulheres, uma percepção que a postura de Nightingale não alterou:

> Essa Escola tem uma característica muito forte que é importante: cuidar, e o cuidado envolve amor. Mulher? Eu acho que tem a ver com a história da enfermagem, que começou com homens, depois com prostitutas e depois veio a Florence Nightingale, que foi para a guerra e era uma mulher muito inteligente, foi a primeira a fazer o estudo estatístico de campo. Eu tive uma professora [...] [que] disse assim: "A enfermeira é como a dona de casa". Mas isso tem muito a ver com a mulher, porque a mulher coordena a casa, ela coordena o crescimento de cada filho, ela coordena a evolução do marido para que o marido possa trazer a caça, só foi acrescida mais uma carga para a gente. Voltando para a enfermagem, a característica da mulher que faz enfermagem assistencial, talvez seja que ela é mais amorosa, coordena o ambiente do cuidado, supervisiona a equipe e faz as pessoas interagirem[6].

A disponibilidade das mulheres em se doar, "porque elas se doam em casa, no lar", foi apontada por uma docente como uma característica da "psicologia feminina"[7]. Na mesma linha de raciocínio, entende-se que a enfermagem é tida como profissão de mulheres por estar ligada à assistência, "e essa assistência é quase que doméstica. Então você vai tomar conta do indivíduo, você vai ver as questões de higiene do indivíduo, vai entrar na intimidade do indivíduo, e eu acho que isso é uma característica mais ligada à mulher do que ao homem"[8].

Por conformismo ou pela construção cultural, "é a irmã, ou é a mãe, ou é a filha que é escolhida ou se propõe a cuidar":

6. Entrevista concedida por Alba Lucia Bottura Leite de Barros em 18 nov. 2008.
7. Entrevista concedida por Amélia Maranhão em 12 nov. 2008.
8. Entrevista concedida por Lucila Amaral C. Vianna em 13 nov. 2008.

O que explica isso eu não sei! Se é algo dado geneticamente entre as mulheres e os homens, ou culturalmente construído porque perpassa culturas diferentes, você vê desde uma tribo até culturas de países altamente desenvolvidos em que a mulher ocupa esse papel. Tenho também outra visão em relação ao predomínio das mulheres, elas veem como algo necessário o atendimento de pessoas que estavam doentes e que os médicos, na maioria homens, não atendiam. Era um serviço também inferior, então a mulher poderia exercer. Então há esses dois fatores que se juntaram numa simbiose. Um serviço menor que poderia ser exercido pelas mulheres com algo que já vem de uma natureza, dessa proteção, desse cuidado, desse amparo[9].

Na reflexão desta última docente, natureza e cultura se conjugam na construção do predomínio das mulheres na profissão de enfermeira focada nos cuidados. A submissão feminina à tarefa de cuidadora seria, assim, tanto imposta pela cultura do grupo do qual as mulheres fazem parte como pela cultura dos profissionais da saúde, que tem nos médicos sua autoridade máxima. Ao mesmo tempo, a assunção dessa tarefa como dom ou dado genético tende a relativizar a tarefa de cuidar como submissão ou vocação estritamente religiosa.

Cuidadoras do lar, mulheres tornaram-se enfermeiras como que por decorrência natural, na maior parte das explicações encontradas na bibliografia e nos discursos orais. Mas não se trata de uma explicação unânime ou confortável; para outras docentes, o tema merece reflexão mais profunda por parte dos membros da categoria, ainda que de antemão não haja uma explicação pronta:

Eu desmistifico essa profissão como profissão de mulher, ela é de mulher porque possui um maior número de mulheres, mas eu não diria que é uma profissão feminina, eu não sei, é difícil falar. Eu acho que tem mais de uma variável, ela foi criada por uma mulher, corre nas pessoas que compõem esse

9. Entrevista concedida por Maria Gaby Rivero de Gutiérrez em 3 out. 2008.

grupo imenso feminino uma associação com cuidar, porque há enfermeiras que não cuidam, mas descuidam[10].

A ausência de serviços hospitalares acessíveis ao conjunto da população é apontada por Álvaro Pereira como um fator histórico de desvalorização profissional: "O trabalho doméstico e o contato primário com os enfermos em casa determinaram através dos tempos essa identificação com a profissão. Do mesmo modo, também se iguala à vocação religiosa"[11].

É fato que, nos primórdios da profissão no Brasil, destacou-se a atividade das religiosas católicas. Sem pretender elaborar uma genealogia da prática de cuidar dos enfermos, sabemos que as instituições hospitalares da Colônia e do Império limitavam-se, na maior parte dos casos, às Santas Casas de Misericórdia, administradas por católicos e subvencionadas pelo Estado português e brasileiro, com forte presença feminina no trabalho das enfermarias. É sabido também que, no caso da EEHSP, esse destaque seria mantido tanto no corpo docente como nas turmas de estudantes ao longo de décadas, avançando bastante pelo século XX[12].

O estudo de Maria José Nunes apresenta indicações sugestivas para compreendermos a origem religiosa e a posterior laicização do campo da enfermagem a partir de meados do século passado. De acordo com a autora, no final do século XIX as freiras se faziam presentes em atividades socialmente necessárias, como assistência social, educação e saúde: "Afora as mulheres pobres, as freiras foram as primeiras a exercerem uma profissão, quando ainda a maioria da população feminina era 'do lar'"[13]. Apesar da mudança do regime político, com

10. Entrevista concedida por Laís Helena Ramos em 17 out. 2008.
11. Álvaro Pereira, "Reflexões sobre a Evolução da Enfermagem e o Surgimento do Homem na Profissão", p. 49.
12. Ver capítulo 1.
13. Maria José Rosado Nunes, "Freiras no Brasil", p. 482.

o advento da República, os anos que se seguiram não demarcaram uma mudança brusca no âmbito da vida religiosa e da assistência aos necessitados prestada por essas mulheres. Ao contrário, desde fins do século XIX até os anos 1960, as formas da vida religiosa feminina expandiram-se, adquiriram estabilidade institucional e certa autonomia diante das autoridades eclesiásticas locais. Tudo isso em razão dos subsídios governamentais, das doações de particulares e dos recursos arrecadados nas obras religiosas, como os colégios e os rendimentos de propriedades. O ponto de inflexão se deu na segunda metade do século XX, "quando uma crise se instala nas ordens religiosas, em meio ao intenso processo de transformações da sociedade brasileira e de mudanças internas na Igreja católica – estas promovidas depois do Concílio Vaticano II [1962-1965]"[14].

Ao ingressar como aluna na EEHSP em 1963, quando o Concílio ainda não havia encerrado seus trabalhos, a mais tarde docente Rosa Pimenta de Castro sentiu a influência católica de maneira muito forte em sua formação. Isso nos ajuda a compreender a persistência de temas vinculando a enfermagem à condição da mulher, entendida como cuidadora de corpos doentes e de lares que demandam disciplina, trabalho árduo e capacidade de coordenação, à sombra de um poder masculino:

> Quando você passa por uma profissão, não digo estigmatizada, mas posta por gêneros, a posição do homem e da mulher da sociedade influencia isso. Nos primórdios da enfermagem, realmente havia um caráter maternal exacerbado, essa coisa de mãe, de anjo, isso na sociedade pegou pesado. Outra coisa que pode ser uma variável importante é a dedicação total na área de atendimento; para exercer essa posição tem que haver consciência do papel muito importante que se tem na recuperação da pessoa. Na minha época de aluna, ainda tinha-se em mente que o papel da mulher era cuidar da casa, e do ho-

14. *Idem*, pp. 495-496.

mem, prover o sustento. Isso foi muito forte na sociedade, então interpretou-se a enfermagem como um trabalho filantrópico[15].

As transformações advindas do Concílio Vaticano II restringiam a possibilidade de manutenção da vida religiosa feminina católica nos moldes até então praticados. A clausura, por exemplo, continuava a ser uma opção, embora cada vez mais limitada frente às necessidades da Igreja em adaptar-se aos novos tempos, "'inserir-se no mundo' e ser um 'fermento da massa', para usar expressões da literatura religiosa da época. Influenciar a sociedade baseando-se em ideais cristãos passou a ser um dever imperativo dos fiéis católicos"[16]. Certamente, tais transformações não se fizeram sem resistências por parte das ordens e congregações que vinham de uma tradição secular de organização interna, hierarquia e inserção social bastante diferenciada – principalmente as ordens conventuais com hábitos de inspiração camponesa europeia, altos muros e exigências de horários, comportamentos, obediência e penitência: "Essa forma de viver se dava tanto nos conventos – sedes das congregações e ordens – quanto nas 'obras' – colégios, hospitais e casas de assistência, como asilos e orfanatos. Aí, grupos de freiras trabalhavam e viviam em comunidade [...]"[17].

A partir da década de 1960, a quietude e a regularidade da vida conventual foram abaladas. Obrigadas a se renovarem, as congregações e comunidades alteraram sinais exteriores para sinalizar à sociedade uma mudança de postura: saíram de cena os antigos hábitos, entraram as roupas comuns. Os locais de trabalho e de residência, por sua vez, foram separados e "as religiosas passaram a morar em pequenas casas, ou em apartamentos, diferentemente do modelo tradicional da vida religiosa, em que residência e trabalho realizavam-se no mesmo espaço físico [...]"[18].

15. Entrevista concedida por Rosa A. Pimenta de Castro em 14 out. 2008.
16. Nunes, *op. cit.*, p. 496.
17. *Idem*, p. 497.
18. *Idem*, pp. 497-498.

As Franciscanas Missionárias de Maria administravam a EEHSP desde a criação da Escola[19]. Não se tratava de um espaço conventual, por certo, mas as transformações advindas do Concílio Vaticano II também se fizeram sentir na instituição. As madres mudaram-se das instalações do HSP – onde viviam pela opção religiosa de estar disponível em tempo integral aos doentes que requeressem cuidados – para a residência das enfermeiras, em 1970. Na verdade, a iniciativa da mudança antecedeu as determinações conciliares, como já vimos no episódio da disputa em torno da propriedade do edifício desde a época de sua construção, em 1950, envolvendo as Franciscanas Missionárias que dirigiam a EEHSP e a direção da EPM, na gestão de Jairo de Almeida Ramos.

Foram muitas, e permanecem em boa parte desconhecidas, as formas de resistência às alterações introduzidas pelo Concílio Vaticano II, entendidas por diversos grupos religiosos como excessivamente liberalizantes. Entre as determinações do Concílio e sua efetiva assimilação, deu-se um processo de embate e, a princípio, não se podia dizer quem recuaria – se o Vaticano de João XXIII ou os grupos religiosos mais apegados à tradição vigente. Até hoje, o grupo criado em torno do falecido bispo francês Marcel Lefebvre continua atuante na oposição às reformas estabelecidas pelo Concílio, numa evidência de que o processo não está encerrado.

Resistentes ou não, as congregações e ordens religiosas acabaram forçadas a introduzir alterações. Todavia, no caso da EEHSP, mesmo o espectro doutrinário renovado não foi suficiente para manter as Franciscanas Missionárias de Maria à frente da EEHSP e da EPE. O Estado e o restante da sociedade também se transformaram. Após a federalização da EPE, em 1977, não interessava mais ao Estado manter as religiosas à frente da Escola e de suas congêneres, ao mesmo tempo em que a sociedade também impunha a necessidade de uma profissionalização das enfermeiras que ultrapassasse os limites da vida

19. Cf. capítulo 1.

religiosa, ainda que estes fossem renovados. As enfermeiras, tanto as formadas aqui como em outras escolas, poderiam continuar a privilegiar o cuidado com o outro, mas também era preciso valorizar sua individualidade, seus prazeres, suas amizades e sua afetividade – enfim, seus vínculos com o mundo exterior à profissão.

Apesar do peso da opção religiosa na enfermagem, a importância de processos ocorridos no meio laico também podia ser observada. O final do século XIX e as primeiras décadas do século XX foram marcados pelas primeiras iniciativas de profissionalização, tendo como balizas a fundação da Alfredo Pinto, a primeira escola de enfermagem no Brasil, voltada à formação de enfermeiras para hospícios e hospitais civis e militares (1890), e a criação da Escola de Enfermagem do Departamento Nacional de Saúde Pública, atual Anna Nery (1923)[20].

Tal profissionalização não resultou apenas da existência dessas escolas, mas de transformações radicais na sociedade brasileira do século XX: superado o trabalho compulsório de homens e mulheres negros e indígenas nos períodos colonial e imperial, a sobrevivência das famílias e a composição da renda passaram a depender, muitas vezes, do trabalho remunerado das mulheres livres e pobres, fossem elas imigrantes ou egressas da escravidão. Tal trabalho não as isentou das tarefas domésticas, caracterizando assim a dupla jornada que ainda hoje é exercida por muitas.

No caso das enfermeiras, a dupla jornada é um dos conflitos enfrentados na atualidade, ao qual Padilha acrescenta outros, frutos da maior complexidade do exercício profissional: a educação continuada *versus* a burocratização e o cuidado direto do paciente *versus* a administração da assistência[21]. De algum modo, este último conflito tem um encaminhamento na própria hierarquização da enfermagem em três diferentes categorias, existentes ainda nos primeiros anos do século XXI: o enfermeiro, de nível superior; o técnico, de nível médio;

20. Padilha, *op. cit.*, pp. 253-254.
21. *Idem*, p. 255.

e o auxiliar. Nesse mesmo período, os enfermeiros com títulos universitários não totalizavam 12% do contingente total em São Paulo. Suas atividades concentravam-se na gerência de recursos humanos e materiais; as "práticas manuais do ato de cuidar" eram exercidas por profissionais auxiliares e técnicos.

Ao constatar tal fato, Lucila Vianna afirma que aquilo que poderia parecer uma ascensão profissional na verdade acentuou a subordinação dos enfermeiros aos médicos[22]. Isso, nas palavras de Maria Socorro Rodrigues, pode ter suas origens no momento mesmo da profissionalização, quando o cuidado com os pacientes passou a requerer mais do que o simples "debruçar-se sobre o sofrimento" nos hospitais de caridade. Para Rodrigues, esse recorte situa-se entre as décadas de 1940 e 1970, período em que as enfermeiras se organizaram, beneficiadas pelo convívio com a já centenária categoria organizada dos médicos. Se isso trouxe benefícios em termos organizacionais, trouxe ao mesmo tempo "outras consequências indesejáveis", como o reforço da submissão aos médicos. Paralelamente à submissão relacional e historicamente construída, era preciso espelhar-se na autoridade dos médicos para impor-se aos pacientes com autoridade, "o que configura uma contradição marcante"[23].

Os estereótipos de abnegação, bondade, dedicação, carinho, obediência e servilismo, bem como a doação "naturalmente" feminina, marcaram gerações de profissionais até o século XX. A alguns autores não escapou a percepção de que tais atributos, não por acaso, eram os mesmos "almejados pelos pais, maridos, patrões ou qualquer outra pessoa que convive ou convivesse com a mulher"[24]. Mas essas imagens também passaram por um longo e inconcluso processo de revisão, na

22. Lucila Vianna, "Enfermagem: da Vida Abnegada à Auto-determinação Profissional", p. 21.

23. Maria Socorro Pereira Rodrigues, "De Fada e Feiticeira à Sua Imagem Atual. A Mulher Enfermeira: Cuidadora, Gerente, Pesquisadora", p. 111.

24. Padilha, Vaghetti e Brodersen, *op. cit.*, p. 294.

medida em que se transformavam a sociedade brasileira e a enfermagem nela exercida:

> [...] o espírito de abnegação e doação [...] vem sendo substituído pelo esforço de algumas enfermeiras em mostrar que esta é uma profissão com características específicas. Acreditamos que um dos entraves da enfermagem para atingir o *status* de profissão plena é proveniente da subestimação da mulher e do valor de seu trabalho, como mais-valia na sociedade. A história da submissão e sujeição da mulher ao homem dificulta a sua entrada igualitária na vida profissional, e faz com que muitas mulheres sejam profissionalmente conservadoras, inclusive as enfermeiras[25].

A submissão social da mulher ao homem, manifestada de forma evidente na relação entre médicos e enfermeiras, também permeia o imaginário exterior à esfera profissional. A erotização das enfermeiras, considerada um tema tabu quando se trata da reflexão sobre o mundo do trabalho nessa categoria, é um dado que também pode ser interpretado historicamente. Foi o que fez um grupo de estudiosas que analisou imagens veiculadas em programas de televisão ou em propagandas. Identificado o tabu nos tempos atuais, elas enfrentaram a discussão sobre a visão estereotipada das enfermeiras no âmbito sexual. Nesse caso, afirmam tê-lo feito sem abrir mão da própria sexualidade, entendida como "a forma como nos relacionamos no mundo, como vivemos a vida – pessoal e profissional"[26], reagrupando a identidade da profissão e dos indivíduos que a exercem sem viver as questões e os enfrentamentos de forma segmentada, com horários para começar e terminar os expedientes de um cotidiano repartido entre o trabalho e a vida privada. A dedicação integral à profissão, ao que tudo indica, permanece como característica da enfermagem,

25. Padilha, *op. cit.*, p. 255.
26. Vera R. S. Sobral *et al.*, "De Florence a DuLoren", p. 103.

ainda que não mais nos padrões do catolicismo que impregnou suas origens no Ocidente.

A partir das imagens erotizantes, o grupo de estudiosas procurou identificar quais eram os sentimentos das enfermeiras quando viam sua imagem vinculada ao erotismo e/ou à sexualidade. Primeiramente identificaram, na literatura de ficção do século XIX e no "mito de origem" representado por Nightingale, a ambivalência de uma profissão que transparece, em público, uma aura sagrada e ao mesmo tempo profana. Essa ambivalência marca a identidade profissional até os dias de hoje, a julgar pelas reações dos órgãos de representação da categoria quando as enfermeiras são apresentadas como corpos erotizados[27]. No balanço feito pelas autoras, parte do imaginário decorreria da mística que recobre a própria prática de enfermagem: cuida-se do outro a partir de um conjunto de procedimentos que são "monopólio de competência e conhecimento" das enfermeiras e permanecem ocultos aos leigos[28]. Para estes, sejam pacientes ou não, a eficácia dos procedimentos que lhes são interditados aproxima as enfermeiras de fadas e feiticeiras, que, juntamente com as bruxas, foram marcadas desde tempos imemoriais por uma sexualidade exacerbada e fora do controle masculino e institucional – algo que atrai os homens para caminhos perigosos e, por isso, requer punição. A feitiçaria, invenção da Igreja medieval, não por acaso foi associada à condição feminina; reprimi-la era tarefa de religiosos do sexo masculino que, ao exercerem suas prerrogativas normatizantes, cumpriam o papel social de submeter as mulheres. Declarada feiticeira, até a Idade Moderna a mulher que ameaçava o poder religioso e masculino deveria morrer[29] ou ser corrigida por meio de penitência pública,

27. *Idem*, p. 105.
28. *Idem*, p. 106.
29. Rodrigues, *op. cit.*, p. 109. Para um rápido sumário dos papéis feminino e masculino nos cuidados com o enfermo e a imagem da mulher como feiticeira na Idade Média e Moderna, ver Padilha, Vaghetti e Brodersen, *op. cit.*, pp. 295-296.

dependendo da gravidade do ato que se lhe atribuía. Quando tal imagem passa a ser associada à enfermeira, esta também precisa ser submetida – no caso, pelos médicos, os mesmos profissionais cujas competências eram questionadas pela eficácia da feitiçaria medieval e moderna exercida por mulheres. Isso na visão doutrinária de uma Inquisição que, nos tempos modernos, foi tanto religiosa quanto estatal, pautando-se por uma inegável atuação política.

Retomando a questão da identidade profissional, as imagens de irmã de caridade, devota, caridosa, bondosa, assexuada e virgem foram mencionadas no estudo qualitativo conduzido por Sobral e outras autoras, mencionado anteriormente[30]. Em outros trabalhos, a virgindade e a viuvês também foram identificadas como atributos do grupo de mulheres com funções e obrigações junto aos pobres da Igreja. É o caso do estudo de Padilha, Mazário e Stipp, que procuraram conectar as propostas de Nightingale à influência oriunda das ordens de caridade e que marcam o ideário da profissão até hoje[31]. Se o trabalho desenvolvido por religiosas foi marcante, a importância de Nightingale se deve ao fato de que seu desempenho deu "voz ao silêncio daqueles que realizavam o cuidado de enfermagem e que, provavelmente, não tinham noção da importância daqueles rituais que indicavam uma prática de enfermagem já organizada, tanto no cotidiano de ações de enfermagem como na distribuição de trabalho por classes sociais"[32].

Nem demônios, nem anjos. Tampouco prostitutas. As enfermeiras são profissionais que acompanharam as transformações científicas, tecnológicas e feministas em sua autoafirmação. Nem por isso o imaginário social isentou essas mulheres da obrigação de se submeterem e de uma certa erotização daí decorrente. Enfermeiras de diferentes

30. Sobral *et al.*, *op. cit.*, p. 107.

31. Maria Itayra Coelho de Souza Padilha, Nazaré Otília Mazário e Marluce Andrade Conceição Stipp, "O Legado e o (Re)negado: a Enfermagem e as Ordens/Associações Religiosas", pp. 72-73.

32. *Idem*, p. 86.

estados do Brasil, respondendo ao estímulo da propaganda visual que associa a profissão ao erotismo, usaram palavras como "imoral", "inaceitável", "inacreditável, "absurdo" e "indecente" para reagir às imagens e qualificar os anúncios. Para o grupo de estudiosas que analisou os dados da pesquisa, ao reagir dessa maneira, "as enfermeiras defendem a imagem do *anjo que lhes ensinaram a ser*, aceitando que seus corpos são de trabalhadoras e, como tal, disciplinados, contidos e desprovidos de prazer, encarnando o 'lado sagrado da profissão'". A comparação com anjos foi identificada como a que mais agrada as estudantes entrevistadas[33]. A ambivalência nas representações das enfermeiras é um tema incipiente e ampliar a reflexão é fundamental, na opinião das autoras: "É o ponto de partida para a construção, por nós mesmas, de uma outra representação da enfermeira, o que poderá contribuir para a (re)construção da nossa identidade profissional na sociedade [...]"[34].

Certamente, a identidade é um tema relevante para todas as categorias profissionais. Observamos, porém, que a análise, sofisticada em alguns sentidos, também traz um viés simplificador, na medida em que descola as enfermeiras da sociedade e atribui às primeiras o dever de construir uma imagem que, uma vez pronta e acabada, será apresentada à segunda, como se enfermeiras e sociedade fossem *locus* distintos, estanques, e não partes do mesmo todo, em interação inevitável. Os profissionais que exercem a enfermagem (como de resto quaisquer outros profissionais) continuarão a refletir sobre a própria identidade e a produzi-la no cotidiano, sem perder de vista que as características identitárias são relacionais, autoatribuídas e reconhecíveis pelos demais grupos, sejam eles antagônicos ou aliados. A identidade, em suma, não é um processo concebido e executado de modo unilateral e, em seguida, imposto ao restante da sociedade, entendida como algo semelhante a uma tela de projeção cinematográfica. Em vez dis-

33. Sobral *et al.*, *op. cit.*, p. 110. Destaque no original.
34. *Idem*, p. 111.

so, as projeções socialmente construídas sobre grupos – de enfermeiras, por exemplo, mas também de qualquer categoria profissional ou de grupos como homossexuais, roqueiros, parlamentares, torcedores e outros aos quais um indivíduo pode estar vinculado – interferem na identidade dos mesmos, na medida em que pressupõem aceitação ou reação a valores positivos, estereótipos ou distorções.

Lucila Vianna apontou um processo histórico no qual a abnegação, que marcou as origens da enfermagem, ainda se faz presente – apesar das lutas para transformar a imagem social da categoria, incluindo mudanças na organização e no funcionamento do próprio grupo profissional, em busca da autodeterminação profissional. Tomando o exemplo das primeiras iniciativas para a criação da EEHSP, Vianna recupera o conteúdo de uma carta de Octávio de Carvalho a Álvaro Guimarães Filho, nos anos 1930, onde ele relatou sua intenção e disse ter conversado longamente com Odete de Souza Carvalho, provavelmente sua parenta. Essa senhora teria opinado sobre a iniciativa:

> Este tipo de enfermeira será para uso externo, pois elas, uma vez formadas, ou se casam com os médicos ou desejarão receber vencimentos que o HSP jamais poderá pagar... Esta Escola será, talvez, antes uma escola de casamentos, aliás de finalidade bastante justificada, muito útil para o meio, porém de pouca eficiência para o Hospital. O segundo tipo será o das enfermeiras práticas, sem grande instrução, e cuja inclinação para a profissão poderá ser aproveitada para o nosso fim[35].

Para Vianna, o comentário é cômico, mas também revelador de mentalidades: "À mulher de bem, de classe média, restava o casamen-

35. Vianna, *op. cit.*, p. 18. Ver ainda Márcia R. B. da Silva, *Estratégias da Ciência: a História da Escola Paulista de Medicina (1933-1956)*, p. 161. A autora cita um trecho de depoimento de Carvalho afirmando que uma escola de enfermagem possibilitaria o "ingresso da mulher paulista da nossa melhor sociedade". Ela aponta, ainda, que os cursos destinados ao "público feminino" apareceriam como tema nos discursos oficiais de lançamento da pedra fundamental do HSP e em outras ocasiões.

to como solução de vida. Às jovens proletárias e da baixa classe média, restava trabalhar muito e receber pouco, o que aliás não difere muito dos dias atuais [...]". Apesar da forte presença de religiosas e da orientação caritativa vigente até fins da década de 1960, instituiu-se um forte preconceito contra a profissão de enfermeira por cuidar de corpos alheios. Isso tornou mais difícil o desenvolvimento de uma enfermagem cientificamente fundamentada. Outro aspecto das origens da profissão que marcou a história da imagem e da identidade das formadas nessa Escola – e em boa parte do país no mesmo período – era sua origem social: "Salvo algumas exceções de candidatas de famílias mais abastadas, as alunas eram, em sua maioria, religiosas ou aspirantes à vida religiosa, provindas de famílias de baixa renda e com pouca bagagem cultural [...]"[36].

Mal preparadas – talvez porque simplesmente abnegadas – e oficiantes de uma profissão manual e mal remunerada: tal combinação resultou em preconceitos sensíveis até a atualidade, ainda que suas motivações tenham sido superadas. O afastamento dos homens da profissão durante décadas pode encontrar uma de suas explicações nessa noção disseminada de fragilidade. A persistência do preconceito na atualidade ainda faz com que poucos homens inscrevam-se nos vestibulares para o curso de enfermagem. A mesma situação não se observa em fisioterapia ou terapia ocupacional, por exemplo, cujas carteiras universitárias são ocupadas de forma mais proporcional entre jovens de ambos os sexos, e cujos profissionais irão trabalhar em equipes multidisciplinares de assistência em saúde.

Para ultrapassar os preconceitos e, sobretudo, a submissão das mulheres que exercem a enfermagem, autoras como Lúcia Costa propõem que as transformações tenham lugar nas próprias instituições de ensino profissional, particularmente nos cursos superiores. Para ela, é desse espaço que, articulado ao "tecido real", poderão surgir relações de poder mais horizontalizadas, "a partir da desnaturalização dos conceitos de

36. Vianna, *op. cit.*, pp. 18-19.

masculino e feminino como diferença apenas sexual e que engendram as desigualdades de poder entre homens e mulheres"[37].

Se Vianna identificou a origem social das alunas da EEHSP entre as famílias de baixa renda, outras autoras, que lidaram com um espectro temporal mais amplo, depararam-se com a mesma característica, numa época em que as enfermeiras atuantes no Brasil não contavam com escolas de formação profissional. Foi o que apontou Clara Curtis em meados do século XX, ao indicar que desde o final do século anterior "os enfermeiros, na opinião pública, pertenciam todos a uma só classe – a de humildes servidores. Somente gozavam de consideração especial as religiosas que cuidavam dos doentes, embora não tivessem curso de enfermagem"[38].

Nas palavras de Denise Pires, tanto no Brasil como na Inglaterra industrial a profissionalização das enfermeiras foi um processo do qual participaram mulheres "com vinculações de classe dicotômicas". De um lado estavam atendentes e auxiliares, que realizavam seu trabalho manual junto aos pacientes e provinham do proletariado. De outro estavam as candidatas aos cursos de formação de enfermeiras, que viriam a atuar como supervisoras, professoras e administradoras, ou seja, em tarefas intelectuais, e eram oriundas da burguesia[39]. Portanto, a atração exercida por certas atividades de enfermagem sobre mulheres vindas de famílias pobres é não apenas antiga, como também não se prende às fronteiras nacionais. O mesmo se pode dizer da forte hierarquização interna à organização profissional, que reproduz as hierarquias sociais mais amplas constituídas no interior do capitalismo.

37. Lucia H. Rodrigues Costa, "Preparando o Despertar de Lilith: a Enfermagem no Feminino Retratada pelas Publicações da RBEn durante as Décadas de 80 e 90 do Século XX", p. 304.
38. Clara Curtis, "A Enfermagem e o Progresso Social do Brasil", pp. 5-6.
39. Denise Pires, *Hegemonia Médica na Saúde e a Enfermagem: Brasil 1500 a 1930*, p. 79.

Formada por uma ampla maioria de mulheres pobres e atravessada por preconceitos ligados ao trabalho manual, à abnegação religiosa e à erotização pejorativa, a enfermagem exercida durante boa parte do século XX no Brasil era vista também como uma profissão que se transformava pelo esforço de quem atuava nela. O médico Lourival Ribeiro, que em meados daquele século presidia a Sociedade Brasileira de Tuberculose, apontou o processo em pleno curso, com certa dose de paternalismo de quem pertencia a uma categoria profissional que, havia muito tempo, desfrutava de prestígio social elevado:

> A árdua luta que as enfermeiras sustentaram para bem se conceituarem, moral e profissionalmente, na opinião pública, durou tempo e muito lhes custou em doutrina e ação [...]. O ingresso na profissão era quase sempre marcado por uma aventura ou por uma necessidade. Nunca pelo idealismo. Então, passou a ser chamado enfermeiro todo aquele que, não sendo médico ou estudante de medicina, cuidava de doentes nos hospitais ou servia aos clínicos em consultórios. Infelizmente, essa malsinada convenção ainda perdura no meio popular[40].

Ribeiro apontou ações da categoria profissional nas origens de um "conceito desprimoroso sobre a moral social de todos os que trabalhavam em enfermagem". Esse baixo conceito do público provinha, na opinião do médico, da liberdade, da ausência de códigos de ética e de regulamentação, tudo contribuindo para que cada profissional agisse como queria. A situação só começou a mudar, na análise dele, depois da criação da Escola Anna Nery e da imposição de "severas medidas procurando fazer delas [as alunas] exemplos modeladores de filhas, es-

40. Lourival Ribeiro, "Velhos e Novos Conceitos sobre os Profissionais de Enfermagem no Brasil", pp. 42 e 49. Sobre a construção de um discurso médico acerca das enfermeiras, ver também Maria Itayra Coelho de Souza Padilha *et al.*, "Enfermeira: a Construção de um Modelo de Comportamento a Partir dos Discursos Médicos do Início do Século".

posas e profissionais"[41]. Entendendo as enfermeiras como as mulheres portadoras de diplomas oferecidos por cursos de formação, Ribeiro elaborou a tabela a seguir, para acentuar o marco representado pela Anna Nery e as mudanças decorrentes da profissionalização ao longo da primeira metade do século XX:

TABELA I. ENFERMEIRAS DIPLOMADAS NO BRASIL, 1917-1952

Ano	*Formadas*	*Ano*	*Formadas*
1917	8	1935	69
1918	8	1936	84
1919	0	1937	87
1920	0	1938	92
1921	24	1939	78
1922	17	1940	89
1923	34	1941	59
1924	38	1942	123
1925	47	1943	106
1926	66	1944	149
1927	53	1945	72
1928	44	1946	113
1929	61	1947	166
1930	51	1948	191
1931	51	1949	211
1932	67	1950	246
1933	56	1951	231
1934	87	1952	273

Fonte: Ribeiro, *op. cit.*, p. 52.

Preocupados em vincular a profissão à sociedade em transformação, outros estudiosos foram unânimes em estabelecer os meados do século XX em diante como tempo de mudança. A primeira metade

41. Ribeiro, *op. cit.*, p. 49.

desse século já evidenciava o surgimento de "novas figuras-tipo de mulher", que rompiam com as imagens femininas tradicionais. Deixando o espaço exclusivamente reservado à casa e à vida privada, a conquista de espaços na vida pública pelas mulheres não necessariamente se fez de forma radical. Esse processo incorporou tanto mulheres com atitudes situadas em limites que não questionavam o poder masculino instituído como também as transgressoras: "Mas, por meios e modos distintos, figuras de ambos os tipos conseguiram, de algum modo, exercitar o poder e dar visibilidade aos seus nomes e ao espaço onde atuaram. Nesse contexto inserem-se as novas profissões femininas, com destaque para a enfermagem, que se constituiu em importante vetor de emancipação econômica e social da mulher"[42].

As entrevistas realizadas com docentes do curso de Enfermagem da Unifesp que realizaram sua formação a partir de meados do século XX deixam entrever essa ruptura com os modelos femininos tradicionais por meio da conquista de espaço profissional, enfrentando preconceitos familiares ou socialmente enraizados. Uma delas, que ingressou no curso em 1958, lembra que, "naquela época, ser enfermeira era até feio. Tinha toda aquela história de ser companheira de médico, coisas assim", ainda que, em casa, ela fosse estimulada a aderir à profissão: "Eu vim por causa da minha família, do meu pai, que falava que esta profissão era muito bonita, muito feminina. As profissões do cuidado e educadoras, enfermeiras e professoras, são muito valorizadas. Podem até não ganhar bem, mas são valorizadas"[43].

Outra entrevistada apontou preconceitos mais abrangentes, que se expressavam indistintamente na vida privada e no meio social. Nas

42. Ieda de Alencar Barreira, "A Reconfiguração da Prática da Enfermagem Brasileira em Meados do Século 20", p. 481.

43. Entrevista concedida por Lúcia Hisako Takase Gonçalves em 22 out. 2008. Mariana Fernandes de Souza, entrevistada em 17 out. 2008, que ingressou no curso em 1957, afirmou: "Na época em que eu era criança, não podia nem pensar nisso [em ser enfermeira]. Não é que meus pais tivessem preconceitos quanto à enfermagem, mas isso era muito comum na época".

palavras dela, seu pai afirmava que a filha nunca cursaria enfermagem, "porque isso era profissão de freira ou de mulher que não presta". Considerando que a entrevistada tornou-se uma enfermeira reconhecida, sabemos que ela enfrentou a resistência paterna, encontrando na enfermagem um meio de direcionar sua vocação e encontrar uma profissão que lhe permitisse criar autonomia frente aos poderes com os quais as mulheres de sua geração lidaram: "Eu conquistei! Esperava todo dia depois que ele almoçasse, depois que ele estava bem satisfeito, eu falava: 'Então papai...' [risos]"[44].

* * *

Sem esquecer que a presença feminina no mundo do trabalho no Brasil remonta às escravas da época colonial e imperial, e abrange as trabalhadoras assalariadas do Império e da República, pode-se afirmar que a década de 1960 ficou marcada como tempo da transformação na imagem da mulher, da conquista profissional e do reconhecimento de seu valor no mercado de trabalho especializado. Essas conquistas, por sua vez, estão fortemente vincadas pelo feminismo.

Paradoxalmente, foi também nessa década renovadora que os homens começaram a aparecer, ainda que timidamente, na esfera da enfermagem. Isso sugere que o feminismo, além de ser um movimento libertador das mulheres em relação aos papéis sociais até então por elas desempenhados, também promoveu a liberação dos homens para exercerem atividades profissionais até então vedadas a eles. De 1939 (ano de sua fundação) a 1968 (ano tido como marco simbólico do "novo feminismo"[45]) apenas mulheres ingressaram na EEHSP, que tinha um caráter fundamentalmente católico. Tornada EPE nesse último ano, apenas em 1969 ali ingressariam dois homens, em meio a uma turma de vinte estudantes. A tabela a seguir apre-

44. Entrevista concedida por Marianna Augusto em 29 set. 2008.
45. Grossi, *apud* Costa, *op. cit.*, p. 302.

senta o número de alunas e alunos de enfermagem ingressantes na EEHSP/EPE/Departamento de Enfermagem da Unifesp ao longo de sua existência.

TABELA 2. MULHERES E HOMENS INGRESSANTES NO CURSO DE ENFERMAGEM (EEHSP/EPE/DEPTO. DE ENFERMAGEM DA UNIFESP)

Ano de ingresso e número total de ingressantes	*Mulheres*		*Homens*	
	Número de ingressantes	*% sobre o total*	*Número de ingressantes*	*% sobre o total*
1939 – 6	6	100	-	-
1940 – 6	6	100	-	-
1941 – 8	8	100	-	-
1942 – 2	2	100	-	-
1943 – 13	13	100	-	-
1944 – 4	4	100	-	-
1945 – 12	12	100	-	-
1946 – 13	13	100	-	-
1947 – 6	6	100	-	-
1948 – 4	4	100	-	-
1949 – 8	8	100	-	-
1950 – 5	5	100	-	-
1951 – 6	6	100	-	-
1952 – 3	3	100	-	-
1953 – 15	15	100	-	-
1954 – 3	3	100	-	-
1955 – 8	8	100	-	-
1956 – 4	4	100	-	-
1957 – 8	8	100	-	-
1958 – 10	10	100	-	-
1959 – 12	12	100	-	-
1960 – 9	9	100	-	-
1961 – 10	10	100	-	-
1962 – 5	5	100	-	-

Ano de ingresso e número total de ingressantes	*Mulheres*		*Homens*	
	Número de ingressantes	*% sobre o total*	*Número de ingressantes*	*% sobre o total*
1963 – 13	13	100	-	-
1964 – 16	16	100	-	-
1965 – 17	17	100	-	-
1966 – 16	16	100	-	-
1967 – 25	25	100	-	-
1968 – 17	17	100	-	-
1969 – 20	18	90	2	10
1970 – 23	22	95,65	1	4,35
1971 – 34	34	100	-	-
1972 – 51	51	100	-	-
1973 – 43	43	100	-	-
1974 – 55	55	100	-	-
1975 – 34	34	100	-	-
1976 – 73	73	100	-	-
1977 – 72	70	97,22	2	2,78
1978 – 73	73	100	-	-
1979 – 76	74	97,37	2	2,63
1980 – 65	63	96,92	2	3,08
1981 – 91	88	96,70	3	3,3
1982 – 49	47	95,92	2	4,08
1983 – 87	86	98,85	1	1,15
1984 – 82	78	95,12	4	4,88
1985 – 70	68	97,14	2	2,86
1986 – 30	29	96,67	1	3,33
1987 – 41	41	100	-	-
1988 – 26	26	100	-	-
1989 – 21	20	95,24	1	4,76
1990 – 55	51	94,44	4	5,56
1991 – 63	60	95,24	3	4,76
1992 – 65	64	98,46	1	1,54
1993 – 67	65	97,01	2	2,99
1994 – 71	66	92,96	5	7,04

Ano de ingresso e número total de ingressantes	*Mulheres*		*Homens*	
	Número de ingressantes	*% sobre o total*	*Número de ingressantes*	*% sobre o total*
1995 – 65	62	95,38	3	4,62
1996 – 70	63	90	7	10
1997 – 75	67	89,33	8	10,67
1998 – 72	68	94,44	4	5,56
1999 – 76	74	93,67	2	6,33
2000 – 75	68	90,67	7	9,33
2001 – 75	69	92	6	8
2002 – 71	66	92,96	5	7,04
2003 – 66	63	95,45	3	4,55
2004 – 78	71	91,02	7	8,98
2005 – 71	65	91,55	6	8,45
2006 – 70	66	94,29	4	5,71
2007 – 77	73	94,80	4	5,2
2008 – 84	78	92,85	6	7,15
2009 – 90	85	94,40	5	5,6

Fonte: Elaborada a partir das listas de ingressantes fornecidas pela Pró-reitoria de Graduação da Unifesp. Os dados incluem as três denominações da instituição: EEHSP, EPE e Departamento de Enfermagem da Unifesp.

Se, em 1969, dois homens apareciam timidamente entre os ingressantes do curso de graduação em Enfermagem da EPE, eles representavam 10% do corpo discente naquele ano. Esse percentual só seria superado em 1997, quando a Escola já era designada Departamento de Enfermagem da Unifesp, com um percentual apenas um pouco maior de ingressantes homens num contexto em que o curso ampliara substancialmente suas vagas. Podemos considerar o feminismo da década de 1960 como um dos motivos dessa presença masculina no curso de Enfermagem, mas não é plausível supor que tenha sido o único responsável pela novidade. Afinal, entre 1971 e 1976 e, mais tarde, em 1987 e 1988, as mulheres voltaram a ser a totalidade das ingressantes.

No período seguinte (de 1979 a 1986), os alunos homens nunca chegaram a alcançar 5% do total do corpo discente. De modo irregular, mas mantendo presença contínua, estudantes de enfermagem do sexo masculino nunca mais deixaram de figurar na lista de ingressantes da Escola, desde os solitários de 1989 e 1992 até os grupos mais numerosos de oito e sete homens dentre 75 ingressantes em 1997 e em 2000, respectivamente. No século XXI, a presença masculina não se tornou substancialmente diferente: entre os ingressantes de 2001 até 2008, a média de alunos homens situa-se em torno de 7%.

Sendo assim, devemos buscar outras motivações para as mudanças no perfil de gênero dos profissionais da enfermagem e pensar nas consequências da presença de homens na cultura da profissão. Se trabalharmos com a tendência, em longo prazo, de equilíbrio entre mulheres e homens, é possível cogitar que a erotização ainda existente da profissão possa vir a desaparecer – isso se não quisermos adentrar por um caminho tortuoso como o da disseminação do imaginário erótico para as mulheres atendidas por homens enfermeiros.

Uma pista para desvendar o interesse masculino pela enfermagem foi dada acima, ao tratarmos das formas pelas quais a profissão tornou-se mais complexa. Tal complexidade foi construída na medida em que se extrapolava a função de cuidar dos enfermos – tradicionalmente vista como feminina, maternal, submissa, dependente e fraca – e foram incorporadas ao âmbito da enfermagem a administração da assistência e a burocratização – campos de trabalho tradicionalmente exercidos por homens, sob o argumento de que requerem autoridade, dominação, independência e força.

Nas palavras de uma egressa do curso, grande parte das mulheres continua focada na prática assistencial, enquanto os homens atuam em pesquisa, ensino e atividades administrativas – ou seja, mantêm menos contato com pacientes no cotidiano profissional. Com ligeiras variações, essa opinião encontra outros seguidores. Embora sem uma base quantitativa, muitas docentes e egressas observam que enfermeiros, via de regra, ocupam-se mais de cargos administrativos e menos do cuidado dos enfermos. Alba Lucia Bottura de Barros, ao endossar essa opinião, afirma ainda que "qualquer ser humano que tenha sensibilidade será muito bem-vindo na profissão, seja homem ou mulher"[46]. Já a docente Maria Isabel Sampaio Carmagnani percebe a conquista de autonomia e de possibilidades de ascensão na carreira por homens pela ocupação de cargos de chefia e pela inserção no ensino e na pesquisa. O processo não atinge as mulheres da mesma maneira, talvez pelo fato de que muitas enfermeiras foram auxiliares ou técnicas, interferindo em sua postura de liderança no trabalho ou na ambição de subir na carreira.

Além das tarefas administrativas, a presença masculina também é observada em áreas como urologia, unidades de terapia intensiva, pronto-socorros e atendimento de emergência, bem como em ações de saúde pública, exemplificadas em tempos mais recentes pelo Programa de Saúde da Família[47]. Novos terrenos para atuação masculina foram abertos pelas recentes necessidades advindas do envelhecimento populacional no Brasil. A enfermagem gerontológica e os serviços de atendimento domiciliar para idosos são exemplos disso, como assinalou Maria das Graças Barreto da Silva. Cronologicamente, o ingresso de homens na profissão deu-se no atendimento a internos psiquiátricos do Hospício Pedro II, fundado em 1852. A internação psiquiátrica, chamada de "destratamento" por Mariana Fernandes de Souza, requeria enfermeiros do sexo masculino sob a justificativa de que se necessitava de "gente forte para dominar os doentes"[48].

A também mencionada necessidade de diploma de curso superior para o exercício das atividades administrativas e burocráticas, bem como a tripartição entre auxiliares, técnicos e enfermeiros, podem ter tornado a profissão atrativa para homens em tempos mais recentes. Assim, podemos formular uma hipótese a ser avaliada: enquanto a luta pelo

46. Entrevista concedida por Alba Lucia Bottura Leite de Barros, em 18 nov. 2008.
47. Entrevistas concedidas por Lúcia Hisako Takase Gonçalves (22 out. 2008) e Lucila Amaral C. Vianna (13 nov. 2008).
48. Entrevista concedida por Mariana Fernandes de Souza, em 17 out. 2008.

reconhecimento profissional, levada a efeito sobretudo por mulheres, alcançava resultados palpáveis e conseguia valorizar a imagem social das enfermeiras, inclusive conquistando melhor remuneração, os homens passaram a encarar a profissão como uma possibilidade de garantir seu papel de provedor familiar. Liberadas pelo feminismo do encargo exclusivo de cuidar do paciente, as enfermeiras podiam passar a conviver com homens na profissão; estes, de certa forma também liberados pelo feminismo, puderam ingressar num campo profissional que se tornava, ao mesmo tempo, interessante financeiramente e reconhecido socialmente, na medida em que abrangia campos ampliados e tradicionalmente masculinos, como a administração e a assistência que demanda maior força muscular. Homens e mulheres exercendo a enfermagem, desde a segunda metade do século XX, podem administrar serviços de saúde e cuidar de corpos enfermos e alheios com interdições sociais menos perceptíveis. Transformação e permanência, características dos processos históricos de longo prazo, estão aqui representadas de maneira clara.

O tema da melhoria da remuneração como atrativo aos homens e, ao mesmo tempo, como campo profissional adequado às mulheres quando se pagam salários mais baixos é apontado também por Pereira. Citando outros estudos, o autor endossa a afirmação de que há valores sociais determinando que mulheres possam deixar de ser promovidas, sejam submetidas a controles mais rígidos de chefias e recebam salários menores do que homens, embora executando as mesmas tarefas. É como se esse fosse o preço a pagar pela "permissão" de participarem do trabalho produtivo, reduto masculino por excelência[49].

Pereira chama a atenção para certas especificidades da incorporação dos homens ao trabalho em enfermagem. Muitas vezes, essa incorporação se faz em função da maior força muscular ou sob a justi-

49. Pereira, *op. cit.*, p. 50. Um histórico abreviado da presença masculina no campo dos cuidados com os enfermos pode ser encontrado no mesmo texto, às pp. 51 e ss., e em José Francisco Filho e Clarice Tasqueti, "O Homem na Enfermagem: um Pouco de sua História".

ficativa de que há especialidades do atendimento em saúde para a qual eles estão mais habilitados em função da força ou de peculiaridades anatômicas – citando, entre outras especialidades, a psiquiatria, a urologia, a ortopedia, a reabilitação e o atendimento de emergência:

> Esse pretenso argumento tem determinado o escalonamento de enfermeiros, em algumas instituições hospitalares do país, para áreas onde se exige maior força física ou em enfermarias com pacientes do mesmo sexo. Essa discriminação velada ou aberta [...] tem pesado sobre os ombros dos profissionais masculinos da enfermagem, impedindo-os de optar por outras áreas e prestar sua contribuição[50].

Homens que escolhem a enfermagem como profissão devem contornar as pressões familiares, entre outras. Quando não se explicita, o preconceito é velado. Nas brincadeiras infantis, meninos brincam de médicos; meninas, de enfermeiras, ou faz-se outra divisão sexual semelhante das brincadeiras – como notou uma egressa do curso de Enfermagem da Unifesp:

> O cuidar está presente na vida das mulheres desde a infância, quando brincamos de boneca, de casinha, e a própria sociedade relaciona o cuidado com as mulheres, pelo fato da maternidade também. Hoje em dia já existem muito mais homens cursando enfermagem do que na minha época de faculdade, mas ainda são minoria. Muitos hospitais ainda preferem contratar mulheres, é raro ver enfermeiros trabalhando. Há ainda o preconceito por parte dos homens em escolher essa profissão, pois se veem muitos homossexuais nessa área.

Amplificadas, as pressões familiares alimentam representações sociais que fazem com que a proporção entre homens e mulheres na en-

50. Pereira, *op. cit.*, p. 52. Ver também Francisco Filho e Tasqueti, *op. cit.*

fermagem não se pareça com a proporção de inscritos nos vestibulares para cursos como medicina, engenharia e direito, por exemplo[51].

Os preconceitos e interdições que afetam, em maior ou menor escala, os homens no exercício da enfermagem em atividades de cuidado dos enfermos estendem-se às áreas de ginecologia e obstetrícia, e também podem ser vistos na preferência dada às mulheres por hospitais particulares ao contratar profissionais de enfermagem. Há uma pauta extensa a ser cumprida com responsabilidade e ética profissional por mulheres e homens no campo dessa profissão. Essa pauta alimentará um processo de longo prazo até que a profissão possa alcançar um grau de equilíbrio em relação aos poderes constituídos no interior dos serviços de saúde:

> No sexo feminino, a luta continuará dependente da intensificação das conquistas da mulher pela liberdade de pensamento e busca de igualdade institucional como direito e não como privilégio. O sexo masculino, por ser minoria na enfermagem, espera a compreensão por parte dos colegas de profissão e de profissionais de outras áreas da saúde. Que cada um assuma o seu papel com competência, dando o melhor de si pela profissão, contribuindo desse modo para diminuir as diferenças e impasses existentes no exercício profissional e na relação com a equipe multiprofissional, sobretudo na valorização da força de trabalho da enfermagem[52].

Ainda que não se possa afirmar como regra, a convivência entre enfermeiros e enfermeiras não parece ser atravessada por preconceitos, nas palavras de Francisco Filho e Tasqueti. Para os autores, as enfermeiras e os pacientes não rejeitam a "contribuição do elemento masculino na enfermagem". A discriminação viria do "próprio estrato masculino da sociedade, seja ele profissional ou familiar"[53]. Nenhuma das entre-

51. Francisco Filho e Tasqueti, *op. cit.*
52. Pereira, *op. cit.*, p. 53.
53. Francisco Filho e Tasqueti, *op. cit.*, p. 55.

vistadas, bem como nenhum dos egressos e das docentes que responderam aos questionários de coleta de dados para este livro, afirmou, de forma explícita ou velada, qualquer incômodo frente à convivência de homens e mulheres na condição de enfermeiros no mercado de trabalho. Indagados a respeito da mudança que uma presença masculina maciça poderia trazer à cultura profissional, os depoentes emitiram opiniões favoráveis.

Maria Gaby Rivero de Gutierrez ressaltou que a enfermagem é exercida em equipe e que não pode ser entendida como uma profissão subalterna. Portanto, restringir as atividades dos homens às tarefas de gestão ou de enfermagem do trabalho e deixar às mulheres o atendimento direto faria reproduzir as já severas divisões sexuais do trabalho presentes na sociedade. A docente não endossa a ideia de que a presença de homens na profissão poderia resultar em atitudes mais firmes, pois "as mulheres estão mais firmes nos seus posicionamentos", e o avanço profissional se fará na parceria entre os gêneros, e que isso "não tem a ver com a fragilidade de um ou a supremacia do outro"[54].

Ao comentar o mesmo tema, Lucila Vianna sugeriu uma possível melhoria nas relações internas de uma equipe formada por mulheres e homens, "porque você imagina: em uma profissão que tem praticamente só mulheres, existe uma série de conflitos que, com a presença de homens, talvez fossem minimizados [...]. Os homens são mais racionais, assim como as mulheres são mais sensíveis"[55]. Márcia Barbieri, enfermeira atuante na área obstétrica, foi uma das poucas a lembrar que, na década de 1980, quando ela ingressou como docente da Escola, conviveu com dois alunos homens que se especializaram em obstetrícia. Ela considera esse fato um marco, em função da dificuldade que as próprias pacientes tem em aceitar cuidados ministrados por homens em hospitais: "Às vezes, as pacientes não querem ser cuidadas por homens, mas a gente faz com que elas os vejam como profissio-

54. Entrevista concedida por Maria Gaby Rivero de Gutiérrez, em 3 out. 2008.
55. Entrevista concedida por Lucila Amaral C. Vianna, em 13 nov. 2008.

nais da área da saúde, não como homens, assim como os médicos. Por que os médicos elas aceitam e o enfermeiro não pode cuidar? É isso que tentamos esclarecer às mulheres"[56].

Mulheres ou homens podem trazer contribuições ao exercício da enfermagem e têm questões a enfrentar nesse processo. A questão fundamental da profissão, no entanto, continuar a ser o reconhecimento social:

> Já se faz a hora de buscar uma nova definição e legitimidade social, embasada na qualificação e na competência técnico-cientítica, que não exclui a vocação nem tampouco a predominância das mulheres, mas transforma a atitude em relação ao trabalho, para encontrar o lugar e o valor desta profissão, qualificando-a como uma função socialmente necessária, através de *status* político e remuneração salarial justa. Precisamos romper com a imagem construída na essência da condição da mulher, enfermeira devota e disponível[57].

56. Entrevista concedida por Márcia Barbieri, em 10 out. 2008.
57. Janine Schirmer, "Editorial".

7

Cronologia do Curso de Enfermagem da Unifesp

Jaime Rodrigues

A consolidação dos dados desta cronologia fez-se ao longo do processo de pesquisa que resultou neste livro. Os números entre parênteses indicam a fonte da informação, que pode ser conferida na lista arrolada ao final do texto, retirada das Referências Bibliográficas. Eventuais divergências foram assinaladas no rodapé.

1926

- Fundação da Abed, em 12 de agosto (13; 16, p. 6; 26, p. 39).

1929

- O Brasil torna-se membro do Conselho Internacional de Enfermeiras (16, p. 6).

1935

- Madre Marie Domineuc (nascida Jeanne Josephine Roquet em 1911) chega ao Brasil (15, p. 89; 20, p. 261).

1937

- Instalação das enfermarias de Clínica Propedêutica Médica no Pavilhão Maria Thereza (7, p. 125).
- Primeira referência ao curso de Enfermagem, em carta de Octávio de Carvalho a Raul Leitão da Cunha, em 10 de setembro (18, p. 17).
- Álvaro Guimarães Filho pede autorização à EPM e à Divisão de Ensino Superior do MEC para implantar um curso de Enfermagem Obstétrica (18, p. 17).

1938

- A Divisão de Ensino Superior do MEC autoriza a instalação do curso de Enfermagem Obstétrica, em 26 de fevereiro. O início do funcionamento deu-se em outubro (7, p. 211; 9, p. 32; 18, p. 17; 23, p. 73; 3, p. 27).
- Criação dos cursos de Enfermagem, de Parteiras e de Técnicos de Laboratório (10, p. 56). O Serviço de Enfermagem, organizado em setembro desse ano, seria o ponto de partida para a criação da EEHSP (15, p. 89), a partir de decisão da Congregação da EPM em 4 de outubro (20, p. 261).
- Decreto n. 2.956, de 10 de novembro, estabelece o dia 12 de maio, nascimento de Florence Nightingale, como Dia Nacional do Enfermeiro (13).

1939

- Início do funcionamento dos cursos de Enfermagem e Enfermagem Obstétrica, bem como da EEHSP, a partir da chegada de religiosas da Congregação das Franciscanas Missionárias de Maria (1) (2) (27, p. 141). Os cursos começam a funcionar em 15 de março (8, p. 266; 7, p. 211; 10, p. 56; 11, p. 10; 18, pp. 17-18; 23, p. 73). Em 20 de março, o CTA assina contrato de locação de serviços com a Congregação, representada por madre Maria do Menino Jesus, representante da madre geral das Franciscanas Missionárias de Maria, e designa o corpo docente da EEHSP (9, pp. 34-35).

- Criação do Amparo Maternal, em agosto (15, p. 89; 20, p. 261; cf. 7, p. 213: teria sido no ano de 1941).

1940
- Inauguração dos quatro primeiros andares do Hospital São Paulo, em 4 de outubro (6, p. 130; 7, pp. 73 e 229; 9, p. 43[1]; 11, p. 10[2]).

1941
- Crise relacionada à Segunda Guerra Mundial faz multiplicar os preços de produtos importados usados em larga escala. Paralisam-se as obras do HSP, e a Caixa Econômica Federal restringe suas operações de crédito (9, p. 44).

1942
- Inauguração completa do HSP e mudança da EPM para as instalações da rua Botucatu (10, p. 55).
- Reconhecimento da EEHSP pelo governo federal, em 24 de março, por meio do decreto n. 9.101 (9, p. 52; 11, p. 10; 18, p. 18).
- Colação de grau da primeira turma de enfermeiras da EEHSP (9, p. 54).
- Ratificação do contrato entre a EPM e Congregação das Franciscanas Missionárias de Maria para que esta administrasse o HSP (9, p. 54).

1943
- Estudos realizados por madres e enfermeiras recém-formadas traçam o perfil das enfermeiras e docentes da EEHSP (11, p. 11; 18, p. 19).
- Realização da Primeira Semana de Estudos de Enfermagem (15, p. 90; 20, p. 261).

1. Esta fonte informa que teriam sido cinco andares.
2. Informa que a inauguração ocorreu em 30 de janeiro de 1940.

- A Ureb, até então sediada no Rio de Janeiro, transfere-se para São Paulo (15, p. 90; 20, p. 261[3]; 25, p. 507[4]; 27, p. 417[5]; ver também 1946).
- Primeira reunião de diretoras de escolas de enfermagem, realizada no Rio de Janeiro de 20 a 27 de novembro (24, p. 530).
- Primeiro Congresso de Enfermeiras Religiosas, de 27 a 30 de novembro, em São Paulo (20, p. 261).
- Começa a ser exigido o diploma de enfermeira às candidatas ao curso de Enfermagem, transformando-o em curso de Especialização em Enfermagem Obstétrica (27, pp. 141-142[6]).

1944

- Criação do Serviço Social do Hospital São Paulo (9, p. 62).
- A EPM participa de convênio firmado entre Brasil, Estados Unidos e Panamá, e começa a aceitar matrículas de estudantes panamenhos (9, p. 69).
- Madre Maria das Dores, primeira diretora da Escola, é substituída por madre Áurea Vieira da Cruz (18, p. 19).
- Criação do curso de Auxiliares de Enfermagem (18, p. 19).
- Primeiro curso de Especialização em Enfermagem Obstétrica na EEHSP (20, p. 262).
- Segunda reunião de diretoras de Escolas de Enfermagem, realizada no Rio de Janeiro em fevereiro (24, p. 531).

3. Informa que a Ureb foi fundada em 1944.
4. Afirma que, em 1944, "sob a liderança de madre Domineuc, ex-alunas desta Escola [de Enfermeiras do Hospital São Paulo] se reuniram e fundaram a Ureb".
5. Informa que, em 1944, ex-alunas religiosas da EEHSP reuniram-se para planejar a fundação da Ureb, e que o primeiro núcleo teria se formado no Rio de Janeiro em 18 de maio.
6. "Esse curso serviu de paradigma a outros que foram criados com a mesma finalidade. Os certificados conferidos por eles davam às enfermeiras assim formadas o mesmo título conferido pelos cursos que se regiam pelo decreto n. 20.865/31, isto é, o de enfermeira obstétrica."

- Terceira reunião de diretoras de escolas de enfermagem, realizada no Rio de Janeiro, de 25 a 30 de setembro (24, p. 531).
- Primeiro Congresso Nacional de Enfermeiras Religiosas reúne-se em novembro, em São Paulo, presidido pelo Cardeal Carlos Carmelo de Vasconcelos Mota (27, p. 417).

1945

- Madre Áurea Vieira da Cruz licencia-se da direção da EEHSP para ingressar na Congregação das Franciscanas Missionárias de Maria (18, p. 19).
- Quarta reunião de diretoras de escolas de enfermagem, realizada no Rio de Janeiro em fevereiro (24, p. 534).
- Quinta reunião de diretoras de escolas de enfermagem, realizada no Rio de Janeiro em julho (24, p. 534).

1946

- Criação do Serviço de Anestesia do HSP (7, p. 59).
- A sede da Ureb transfere-se do Rio de Janeiro para São Paulo, na Escola de Enfermagem São José da Santa Casa de Misericórdia, em junho (27, p. 417; ver também 1943).
- Segundo Congresso Nacional de Enfermeiras Religiosas, em julho, em São Paulo, recomenda a união da Ureb à Abed, o que se realiza nesse ano (27, p. 418; 15, p. 90). Em 4 de setembro, o nome da nova associação muda para Abed/Seção de S. Paulo (27, p. 97[7]).
- Reconhecimento da profissão de auxiliar de enfermagem (17, p. 17).
- Eleição da primeira diretoria da seção paulista da ABEn, em 22 de fevereiro (27, p. 97).

7. "Nessa reunião, foi aprovada, por unanimidade de votos, a sugestão da rvdm. madre Domineuc para que fosse realizado um Congresso Nacional de Enfermagem. Submetida à apreciação da Abed, foi esta sugestão aprovada no Rio de Janeiro."

1947

- I CNEn, realizado em São Paulo em maio. A partir do IX congresso, o evento passaria a se chamar Congresso Brasileiro de Enfermagem (12, pp. 50-51; 16, p. 6; 20, p. 262; 27, p. 98; 28, pp. 22-23; 29, p. 82).
- Conclusão das obras do HSP e doação de um terreno nas proximidades pela prefeitura, onde viria a ser construída a sede definitiva da EEHSP (30, p. 186).

1948

- Madre Áurea Vieira da Cruz reassume a direção da EEHSP (18, p. 19).
- Fundação da Uceb, em São Paulo (25, p. 507; 27, p. 419).

1949

- II Congresso Nacional de Enfermagem, no Rio de Janeiro (16, p. 6).
- Lei n. 775, de 6 de agosto, sobre o ensino de enfermagem, faculta a adaptação dos cursos de Enfermagem Obstétrica, transformando-os em nova modalidade de cursos de Especialização em Enfermagem (18, pp. 19-20; 27, p. 129). Até esta data, toda a legislação sobre o ensino de parteiras estava contida na legislação sobre medicina (23, p. 73).

1950

- Aprovação do Regulamento da EEHSP pelo CNE (27, p. 141).

1953

- Instalação da enfermaria de ortopedia no HSP. Até então, o serviço funcionava no Pavilhão Fernandinho Simonsen, na Santa Casa de Misericórdia de São Paulo (7, p. 164).

1954

- A partir deste ano, os *Anais de Enfermagem* (criados em 20 de maio de 1932) passam a se denominar *Revista Brasileira de Enfermagem* – Reben (13).
- Criação do Departamento de Saúde da Conferência dos Religiosos do Brasil e início da fusão entre este e a Ureb (27, p. 419).

1956

- Federalização da EPM, em 21 de janeiro. O HSP mantém seu caráter privado. A federalização implicou na exigência de dedicação integral dos catedráticos. O governo federal assumiu o patrimônio e os compromissos da Escola (2; 6, p. 131).
- Criação da Sociedade Paulista para o Desenvolvimento da Medicina (11, p. 7).
- Lei n. 2.995, de 10 de dezembro, adia por cinco anos a exigência de curso secundário para ingresso no curso de Enfermagem (27, p. 134).

1957

- Portaria n. 456 do MEC designa comissão para estudar o problema da reforma do ensino de enfermagem e apresentar sugestões para elaborar anteprojeto de lei incluindo as profissões de enfermeiro e auxiliar de enfermagem (27, p. 148).

1958

- Reunião da Subcomissão de Diretoras de Escolas de Enfermagem (27, p. 150).

1960

- Decreto n. 48.202, de 12 de maio, estabelece a Semana Brasileira de Enfermagem, entre 12 e 20 de maio de cada ano (13).
- Lei n. 3.835, de 13 de dezembro de 1960, cria a Universidade Federal de São Paulo, com sede na cidade de São Carlos (2; 3).

1961-1964

- EPM é incorporada à Universidade Federal de São Paulo (2; 3; 6, pp. 131-132[8]; 10, p. 58).
- Reconhecimento do curso de Enfermagem como de nível superior (7, p. 212; 27, p. 134; 26, p. 39[9]).

1962

- O curso de Enfermagem deixa de ser oferecido em três anos de formação geral mais um de habilitação e passa a ser em quatro anos, com especialização posterior (18, p. 20).

1964

- A EPM desliga-se da Universidade Federal de São Paulo em 6 de outubro (10, p. 58), dando cumprimento ao que determinava a lei n. 4.421, de 29 de setembro.
- O ex-reitor da Universidade Federal de São Paulo, Marcos Lindenberg, é aposentado compulsoriamente (7, p. 35).

1968

- A EEHSP passa a denominar-se EPE (7, p. 212).

1970

- Inauguração do edifício que atualmente sedia o Departamento de Enfermagem da Unifesp, onde a EPE passou a funcionar. Religiosas

8. "Em 1961 foi discutida e realizada a incorporação à Universidade Federal de São Paulo, recém-criada, das seguintes instituições de ensino: Escola Paulista de Medicina; Escola de Engenharia de São Carlos; Faculdade de Filosofia, Ciências e Letras de Araraquara; Faculdade de Farmácia e Odontologia de Araçatuba; e Faculdade de Economia de Santo André. Esta incorporação nunca foi do agrado da EPM e, em 1964, solicitou desligamento, no que foi atendida. Esta primeira Universidade Federal de São Paulo também deixou de existir."
9. Informa que isso se deu em 1957.

docentes da Escola deixam de residir dentro do HSP, passando a viver nesse edifício (11, p. 12).

1971

- O curso de especialização em Enfermagem Obstétrica é substituído pela habilitação na área (31, p. 22).

1972

- Criação do curso de especialização em Pediatria e Puericultura na EPE (7, p. 213; 15, p. 93; 18, p. 20; 21; 31, p. 22).
- Parecer do CNE altera o currículo mínimo de enfermagem, criando as habilitações (18, p. 20).
- Criação da Comunidade Infantil da EPE, creche destinada aos filhos de professoras e funcionários da Escola e do HSP (18, p. 20). O projeto foi elaborado pelas alunas do curso de especialização em Pediatria e Puericultura (19, p. 30).
- Criação do Centro de Estudos para o Desenvolvimento da Pesquisa no Campo Social e da Saúde – Cepes, no âmbito da EPE (18, p. 20; 7, p. 213[10]).
- A EPE é organizada nos seguintes departamentos: Saúde Pública e Administração; Enfermagem Obstétrica; Enfermagem Pediátrica e Fudamentos de Enfermagem e Enfermagem Médico-cirúrgica (18, p. 20).

1973

- Lei n. 5.905, de 12 de julho, cria os conselhos federal e regionais de Enfermagem, constituindo autarquias federais vinculadas ao Ministério do Trabalho e Previdência Social (14; 26, p. 39).
- Madre Cristo Redentor (Francisca Nogueira Soares) assume a direção da EPE (18, p. 20).

10. Informa que a criação é de 1974.

- Execução do projeto de atenção à criança – Comunidade Infantil (19, p. 30).

1974

- Irmã Marie Domineuc recebe o prêmio Associação Brasileira de Enfermagem, no XXVI Congresso Brasileiro de Enfermagem, realizado em julho, em Curitiba. O prêmio foi instituído por sugestão de Glete de Alcântara, e o fundo para sua atribuição fora criado em março (27, p. 455).

1975

- Adoção da sistematização da assistência de enfermagem no HSP, de acordo com o referencial de Wanda de Aguiar Horta (11, p. 40).
- Curso de Auxiliar de Enfermagem é reconhecido pelo decreto n. 36.726, de 3 de março (18, p. 20).
- Criação da ABEE, em 1 de agosto, na assembleia do XXVII Congresso Brasileiro de Enfermagem (27, p. 474).

1976

- Início do curso de especialização em Enfermagem do Trabalho (7, p. 213; 18, p. 21; 31, p. 22[11]).
- Estudos visando à federalização da EPE (18, p. 20).
- Esmeralda Augusto assume a direção da EPE, sendo a primeira leiga a ocupar o cargo (18, p. 21).

1977

- Federalização da EPE como Departamento de Enfermagem da EPM (7, p. 213; 18, pp. 20-21).
- Constituída uma comissão para estudo do regulamento da Comunidade Infantil e outra para a revisão do currículo do curso de Enfermagem (18, p. 21).

11. Informa que o início do curso deu-se em 1979.

- Resolução sobre o currículo dos cursos de Enfermagem e Obstetrícia define que a formação de enfermeiras ou obstetrizes passa a ser responsabilidade das escolas de enfermagem.

1978
- Início do funcionamento do primeiro curso de pós-graduação *stricto sensu* na EPE – mestrado em Enfermagem Pediátrica e Pediatria Social (18, p. 21).
- Criação da SPDE, com o objetivo de absorver o curso de Auxiliar de Enfermagem (18, p. 21; 7, p. 213[12]).

1979
- Reimplantação do curso de especialização em Enfermagem Obstétrica e Obstetrícia Social (7, p. 213; 23, p. 74; 31, p. 22).
- Implantação do curso de especialização em Enfermagem Médico-cirúrgica (18, p. 21; 31, p. 22).
- Credenciamento do curso de pós-graduação criado no ano anterior (7, p. 213; 18, p. 21).
- Criação do Cepen (26, p. 39).

1980
- Implantação do mestrado em Enfermagem Obstétrica (18, p. 21).

1981
- Início da incorporação dos funcionários do HSP à EPM. O processo continuaria até 1983 (7, p. 232).

1982
- Laís Helena Ramos de Oliveira Franco assume a chefia do Departamento de Enfermagem (18, p. 21).

12. Informa que a criação se deu em 1979.

1984

- Credenciamento do mestrado em Enfermagem Obstétrica (7, p. 214; 18, p. 21).

1986

- Último ano do curso de especialização em Enfermagem do Trabalho (7, p. 213; 18, p. 21).
- Início do doutorado em Enfermagem em Saúde Pública (18, p. 21).
- Promulgação da lei n. 7.498, de 25 de junho, sobre o exercício profissional da Enfermagem (26, p. 39).

MEADOS DA DÉCADA DE 1980

- Tentativa de reaproximação entre o Departamento de Enfermagem e a Divisão de Enfermagem do HSP, sem sucesso (11, p. 13).
- Criação do Conselho de Enfermagem do HSP, reunindo a chefia da Divisão de Enfermagem, enfermeiras do hospital e da chefia, docentes e alunos do curso de Enfermagem (11, p. 14).

1988

- Criação do curso de especialização em Enfermagem Psiquiátrica (18, p. 21).
- Rosa Aparecida Pimenta de Castro assume a chefia do Departamento de Enfermagem (18, p. 21).
- Encaminhamento do projeto de criação do mestrado em Enfermagem, Área de Saúde do Adulto (18, p. 21).
- Início da publicação da revista *Acta Paulista de Enfermagem* (31, p. 23).

1990

- Acervo da biblioteca da Enfermagem é incorporado à Biblioteca Central da EPM (2; 3).
- Criação do Grupo de Enfermagem Oncológica (7, p. 214).
- Criação do Núcleo de Informática em Enfermagem (7, p. 214).

- Criação do Núcleo de Estudos e Pesquisa em saúde da mulher e Relações do Gênero (7, p. 214).

1991

- Criação do Núcleo de Estudos e Pesquisas sobre Práticas de Saúde e de Enfermagem em Distritos Sanitários, contando com profissionais do Departamento de Enfermagem, da Faculdade de Saúde Pública da USP e das secretarias municipal e estadual da Saúde (7, p. 214).
- Enfermeiras do HSP procuram as docentes do Departamento de Enfermagem para promover a reestruturação da Divisão de Enfermagem do hospital, em outubro (11, p. 14).

1992

- Credenciamento do doutorado em Enfermagem Materna e Infantil (que fora criado em 1976) (7, p. 214).
- Criação do Centro de Estudos em Enfermagem Obstétrica (7, p. 215).
- Proposta de mudanças na Divisão de Enfermagem do HSP são encaminhadas ao diretor da EPM em janeiro. A reestruturação tem início em março (11, pp. 14 e ss).
- Desde esse ano, não foram mais contratados atendentes de enfermagem no HSP, com base na lei n. 7.498, de 25 de junho de 1986, que estabelecia uma carência de dez anos para a implementação da medida (11, p. 22).

1993

- Início da elaboração do manual de procedimentos básicos de enfermagem no HSP, concluído no ano seguinte (11, p. 24).

1994

- Criação da Unifesp, nos termos da lei n. 8.957, de 15 de dezembro (2; 3; 9, p. 132), à qual o Departamento de Enfermagem da antiga EPM é incorporado, dividido em quatro disciplinas: Fundamentos de Enfermagem e Enfermagem Médica e Cirúrgica; Enfermagem Pediátrica; Enfermagem Obstétrica; Enfermagem de Saúde Pública e Administração Aplicada à Enfermagem (31, p. 23).

- Os cerca de quinhentos atendentes existentes no HSP recebem treinamento no curso de Auxiliar de Enfermagem (11, p. 22).
- Dosagem de medicamentos, até então aplicada manualmente, passa a ser informatizada no HSP (11, p. 23).
- Novo sistema de segurança e controle de visitantes é implantado no HSP (11, p. 23).
- Estudos visam à implantação de um programa de sistematização de assistência de enfermagem informatizada no HSP (11, p. 25).
- Criação da Residência de Enfermagem, a ser implantada no ano seguinte (11, p. 25).
- Reforma no estatuto da SPDM reintroduz a Diretoria de Enfermagem na entidade (11, p. 26).

1995

- Aprovação do novo currículo do curso de Enfermagem (5).

1996

- Início da aplicação do Teste do Progresso (5).
- Reforma curricular no curso de graduação em Enfermagem (22, p. 30).
- O curso de especialização em Enfermagem Obstétrica foi oferecido também na Universidade Federal de Mato Grosso do Sul, em Campo Grande (23, p. 74).

1997

- Dissolução do Grupo de Trabalho em Ventilação Mecânica do HSP, cujas atividades haviam sido iniciadas em 1994 (11, p. 25).
- Criação do Centro de Estudos de Enfermagem do HSP, com vistas a obter autonomia financeira para a Diretoria de Enfermagem do Hospital (11, p. 28).

- Aprovação do regulamento dos cinco cursos até então existentes na Unifesp, em outubro (5).
- Neste ano e no seguinte, o curso de especialização em Enfermagem Obstétrica foi oferecido também na Universidade Estadual de Santa Cruz, em Ilhéus, Bahia (23, p. 74).

1998
- Neste ano e no seguinte, o curso de especialização em Enfermagem Obstétrica foi oferecido também na Universidade do Sagrado Coração de Jesus, em Bauru, São Paulo (23, p. 74).

1999
- HSP sedia o V Encontro de Enfermeiras de Hospitais de Ensino de São Paulo (11, p. 28).

2001
- Formatura da primeira turma de auxiliares de enfermagem indígena no Parque Indígena do Xingu (4, p. 104).

2003
- Início da implantação do novo currículo de graduação, em obediência às Diretrizes Curriculares Nacionais para Cursos de Enfermagem.

2007
- Escolha do novo logotipo da Universidade Federal de São Paulo (21 de novembro).
- Fim da implantação do novo currículo, iniciada quatro anos antes.

2009
- O curso de Enfermagem completa setenta anos de funcionamento.

FONTES

1. Carvalho, "História da Escola Paulista de Medicina".
2. Borges, "Departamento de Medicina, os Primeiros 50 Anos".
3. Guímaro e Prata (eds.), *A Universidade da Saúde: Escola Paulista de Medicina, 70 Anos.*
4. Baruzzi e Junqueira (orgs.), *Parque Indígena do Xingu: Saúde, Cultura e História.*
5. Borges, *Relatório do Pró-Reitor de Graduação da Unifesp (jul. 1995-jul. 1999).*
6. Leme, *O Retorno Social do Investimento Público e Privado na Academia: um Estudo de Caso.*
7. *Escola Paulista de Medicina: 60 Anos de História.*
8. Valle, *A Escola Paulista de Medicina: Dados Comemorativos de seu 40º Aniversário (1933-1973) e Anotações Recentes.*
9. Albernaz, *A Escola Paulista de Medicina: Notícia Histórica dos Primeiros 25 Anos.*
10. Lacaz, *Três Escolas de Medicina de São Paulo.*
11. Barros, *O Trabalho Docente Assistencial de Enfermagem no Hospital São Paulo da Unifesp/EPM.*
12. Pêgas, *Os Desafios da Formação: o Enfermeiro no Contexto Hospitalar.*
13. *Site* da ABEn, http://www.abennacional.org.br/index.php?path=10.
14. *Site* do Coren, http://corensp.org.br/072005.
15. Secaf e Costa, *Enfermeiras do Brasil: História das Pioneiras.*
16. Curtis, "A Enfermagem e o Progresso Social do Brasil".
17. Vaghetti e Vaz, "Década de 40: Uma Reflexão sobre o Contexto Socioeconômico e Político Brasileiro e Sua Influência na Enfermagem".
18. Augusto e Maranhão, "Resenha Histórica do Departamento de Enfermagem da Escola Paulista de Medicina".
19. Augusto, Feige e Gomes, "Comunidade Infantil do Departamento de Enfermagem da Escola Paulista de Medicina".
20. "Notícias e Comentários: Madre Marie Domineuc".
21. "Madre Marie Domineuc".

22. De Santi *et al.*, "Fragmentos da História do Currículo do Curso de Enfermagem da Unifesp: o Percurso nos Últimos Dez Anos".
23. Schirmer *et al.*, "Enfermagem Obstétrica: 60 Anos de História".
24. Almeida Filho *et al.*, "Reunião de Diretorias de Escolas de Enfermagem: um Cenário de Lutas Simbólicas no Campo da Educação em Enfermagem (1943-1945)".
25. Gomes *et al.*, "Enfermeiras Católicas em Busca de Melhores Posições no Campo da Educação e da Prática em Enfermagem nos Anos 40 e 50 no Brasil, no Século XX".
26. Geovanini *et al.*, *História da Enfermagem: Versões e Interpretações.*
27. Carvalho, *Associação Brasileira de Enfermagem, 1926-1976: Documentário.*
28. Fonseca, Forcella e Bertolozi, *Congressos Brasileiros de Enfermagem: Meio Século de Compromisso da ABEn.*
29. Oguisso e Freitas, "Ensino e Pesquisa sobre História da Enfermagem na Graduação e Pós-graduação da Escola de Enfermagem, da Universidade de São Paulo".
30. Silva, *Estratégias da Ciência: a História da Escola Paulista de Medicina (1933-1956).*
31. Vianna, "Enfermagem: da Vida Abnegada à Auto-determinação Profissional".

Posfácio

Alba Lucia Bottura Leite de Barros, Jaime Rodrigues e Márcia Barbieri

O tempo na História não tem a mesma medida do tempo dos relógios. Por vezes, os processos históricos são longos e lentos e, em outras situações, o tempo parece acelerar-se.

A história do curso de Enfermagem que escrevemos aqui possui as duas características. Trata-se de um processo de longa duração, que soma setenta anos de conquistas cotidianas, pontuados por crises, como sempre ocorre em processos longos. Mas também ocorreram momentos de aceleração do tempo.

Um processo híbrido se deu entre o fechamento dos capítulos deste livro e o seu lançamento. Setenta anos de luta por autonomia do curso de Enfermagem foram coroados por uma conquista importante na sessão do Conselho Universitário que finalizou a discussão do novo estatuto da Unifesp, em 31 de março de 2010, após dois anos de debates. O Departamento de Enfermagem, por decisão estatutária, tornar-se-á Escola Paulista de Enfermagem da Unifesp.

A Escola Paulista de Enfermagem (EPE) retoma o nome existente entre 1968 e 1977. Federalizada neste último ano, a EPE foi incorporada como Departamento de Enfermagem à então Escola Paulista de Medicina (EPM). Para docentes e alunos, começava uma peleja pela recuperação da autonomia cujo resultado positivo acaba de ser alcançado. O Ministério da Educação dará a palavra final sobre o novo estatuto, mas a decisão interna foi tomada e aguarda sua implantação definitiva, reorganizando o *campus* São Paulo da Unifesp.

A história não se repete. É necessário recolocar esse axioma para afirmar que a Escola Paulista de Enfermagem não renasce no ponto exato em que foi extinta, em 1977. O nome representa um marco simbólico pelo qual se lutou. Ele também significa a manutenção de uma experiência de qualidade mantida ao longo dos anos, que agora terá condições renovadas de se consolidar e expandir. A nova Escola Paulista de Enfermagem manterá sua excelência no ensino e na pesquisa, qualificando seus quadros docentes e formando profissionais aptos a cumprir suas funções na sociedade, agora num ambiente de maior respeito e autonomia. Uma vitória não se limita ao momento em que é conquistada, mas sim requer a continuidade da luta pela manutenção do que conquistamos. O momento é de celebração, com a certeza de que temos um longo caminho a trilhar, em respeito à nossa própria história, ao futuro que queremos construir e ao legado que queremos deixar.

Acreditamos que a discussão que levou à escrita deste livro tenha tido um papel mobilizador na comunidade da Enfermagem da Unifesp, lançando mão da consciência da História da instituição para estimular a conquista que obtivemos no fechamento da primeira década do século XXI.

Outras conquistas e outras histórias virão. A Escola Paulista de Enfermagem está pronta para os novos desafios, assentada em uma sólida trajetória de setenta anos e na capacidade de manter sua identidade mesmo quando seu valor possa ter sido negado por alguns componentes de nossa comunidade universitária. A autonomia conquistada e sua celebração é a melhor resposta que podemos dar a isso.

Referências Bibliográficas

LIVROS E ARTIGOS

"80 Anos da ABEn: uma História de Compromisso com a Enfermagem Brasileira". Disponível em http://www.abennacional.org.br/index.php?path=10, acesso em jan. 2009.

"Breve Histórico Institucional da EEAN". Disponível em http://www.eean.ufrj.br/sobre/sobre.htm, acesso em jan. 2009.

"Conselho Nacional de Enfermagem". Disponível em http://corensp.org.br/072005.

"Hospital Universitário João de Barros Barreto". Disponível em http://www2.ufpa.br/webhujbb/, acesso em jan. 2009.

"João de Barros Barreto". Disponível em http://pt.wikipedia.org/wiki/Jo%C3%A3o_de_Barros_Barreto, acesso em jan. 2009.

"Madre Marie Domineuc". *Revista Brasileira de Enfermagem*, 14 (1), pp. 14-15, 1979.

"Ministro Raul Leitão da Cunha". Disponível em http://portal.mec.gov.br/index.php?option=content&task=view&id=207&Itemid=339, acesso em jan. 2009.

"Notícias Comentários: Madre Marie Domineuc". *Revista Brasileira de Enfermagem*, pp. 261-265, s.d.

ABEn. "Relatório da Subcomissão de Professores Privativos". *Revista Brasileira de Enfermagem*, 13 (1), pp. 9-43, 1960.

______. *Proposta do Novo Currículo Mínimo para o Curso Superior de Enfermagem: a Formação do Enfermeiro*. Brasília, 1991.

A Igreja nos Quatro Séculos de São Paulo. São Paulo, Edonal, 1955, vol. 1.

Albernaz, Paulo Mangabeira. *A Escola Paulista de Medicina: Notícia Histórica dos Primeiros 25 Anos*. São Paulo, EPM, 1968.

Almeida Filho, Antonio José de *et al.* "Reunião de Diretorias de Escolas de Enfermagem: um Cenário de Lutas Simbólicas no Campo da Educação em Enfermagem (1943-1945)". *Texto & Contexto Enfermagem*, 14 (4), pp. 528-536, out.-dez. 2005.

Associação Brasileira de Enfermagem. Disponível em http://www.abennacional.org.br/index.php?path=10, acesso em nov. 2008.

Augusto, Marianna & Maranhão, Amélia Maria Scarpa de Albuquerque. "Resenha Histórica do Departamento de Enfermagem da Escola Paulista de Medicina". *Anais da Semana Comemorativa do Jubileu de Ouro do Curso de Graduação em Enfermagem da Escola Paulista de Medicina*. São Paulo, EPM/Departamento de Enfermagem, 1989, pp. 17-22.

Augusto, Marianna (org). *Comunidade Infantil. Creche*. São Paulo, Guanabara Koogan, 1979.

Augusto, Marianna; Feige, Elizabeth Brigitta & Gomes, Paulo Cobellis. "Comunidade Infantil do Departamento de Enfermagem da Escola Paulista de Medicina". *Revista Enfermagem Moderna*, 3 (4), pp. 29-33, out.-dez. 1985.

Barreira, Ieda de Alencar. "A Reconfiguração da Prática da Enfermagem Brasileira em Meados do Século 20". *Texto & Contexto Enfermagem*, 14 (5), pp. 480-487, out.-dez. 2005.

______. "Os Primórdios da Enfermagem Moderna no Brasil". *Escola Anna Nery - Rev. de Enfermagem*, número de lançamento: jul. 1997, pp. 161-176.

Barros, Alba Lucia Bottura Leite de. *O Trabalho Docente Assistencial de Enfermagem no Hospital São Paulo da Unifesp/EPM*. São Paulo, EPM/Universidade Federal de São Paulo, 1998 (tese de livre-docência).

BARROS, A. L. B. L. & MICHEL, J. L. M. "Curso de Especialização em Enfermagem – Modalidade Residência: Experiência de Implantação em um Hospital-escola". *Revista Latino-Americana de Enfermagem*, 8 (1), pp. 5-11, jan. 2000.

BARUZZI, Roberto G. & JUNQUEIRA, Carmen (orgs.). *Parque Indígena do Xingu: Saúde, Cultura e História*. São Paulo, Universidade Federal de São Paulo/Terra Virgem, 2003.

BEOZZO, José Oscar. "A Igreja entre a Revolução de 1930, o Estado Novo e a Redemocratização". In: FAUSTO, Boris (dir.). *História Geral da Civilização Brasileira. Tomo 3, vol. 4: Economia e Cultura*. São Paulo, Difel, 1984.

BIONDI, Luigi. "Não Éramos mais Universidade: a Política na Escola Paulista de Medicina, da Universidade Federal à Ditadura". In: RODRIGUES, Jaime (org.). *A Universidade Federal de São Paulo aos 75 Anos: Ensaios sobre História e Memória*. São Paulo, Editora Unifesp, 2008, pp. 141-185.

BORBA, F. da S. (coord.). *Dicionário Gramatical de Verbos do Português Contemporâneo do Brasil*. 2ª ed. São Paulo, Editora da Unesp, 1991.

BORGES, Durval Rosa. "Departamento de Medicina, os Primeiros 50 Anos". *Folha Médica*, 2 (120), pp. 68-113, abr.-jun. 2001.

BRÊTAS, A. C. P. *As Enfermeiras, o Poder, a História: um Estudo Exploratório sobre Mentalidades*. Campinas, Faculdade de Educação/Unicamp, 1994 (dissertação de mestrado).

CARVALHO, Amália C. de. "Saudação à Madre Domineuc". *Revista Brasileira de Enfermagem*, s. d., s. n.

CARVALHO, Anayde Corrêa de. *Associação Brasileira de Enfermagem, 1926-1976: Documentário*. Brasília, ABEn, 1976.

CARVALHO, Octávio de. "História da Escola Paulista de Medicina". *Jornal Brasileiro de Medicina*, 14 (2), pp. 169-180, fev. 1943.

CONSELHO Internacional de Enfermagem. *Classificação para a Prática Internacional de Enfermagem: Versão 1.0*. São Paulo, Algol, 2007.

CONSELHO Regional de Enfermagem – São Paulo. Disponível em http://corensp.org.br/072005/, acesso em nov. 2008.

COSTA, Lucia H. Rodrigues, "Preparando o Despertar de Lilith: a Enfermagem no Feminino Retratada pelas Publicações da RBEn durante as Décadas de Oitenta e Noventa do Século xx". *Revista Brasileira de Enfermagem*, 55 (3), pp. 331-335, 2002.

Curtis, Clara. "A Enfermagem e o Progresso Social do Brasil". *Anais de Enfermagem*, 2 (1), pp. 5-9, 1949.

Cytrynowicz, Roney. *Guerra Sem Guerra: a Mobilização e o Cotidiano em São Paulo durante a Segunda Guerra Mundial*. São Paulo, Geração Editorial/Edusp, 2000.

De Santi, Maria Célia *et al.* "Fragmentos da História do Currículo do Curso de Enfermagem da Unifesp: o Percurso nos Últimos Dez Anos". *Acta Paulista de Enfermagem*, 13 (n. esp., parte 2), pp. 29-32, 2000.

Departamento do Patrimônio Histórico – dph/smc/pmsp. *A Cidade de São Paulo e Sua História*. Disponível em www.prodam.sp.gov.br/dph/historia, acesso em nov. 2008.

escola *Paulista de Medicina: 60 Anos de História*. São Paulo, epm/Banco Real, 1993.

Fernandes, J. "Diretrizes Curriculares e Projetos Pedagógicos de Cursos de Graduação em Enfermagem". In: Teixeira, E. *et al. O Ensino de Graduação em Enfermagem no Brasil: o Ontem, o Hoje e o Amanhã*. Brasília, mec/inec, 2006, pp. 9-21.

Fonseca, Rosa Maria Godoy Serpa da; Forcella, Hideko Takeuchi & Bertolozi, Maria Rita. *Congressos Brasileiros de Enfermagem: Meio Século de Compromisso da aben*. Brasília, aben, 2000.

Francisco Filho, José & Tasqueti, Clarice. "O Homem na Enfermagem – um Pouco de Sua História". *Revista Campineira de Enfermagem*, 1 (2), pp. 53-56, 1998.

Frankenburg, W. K.; Dodds, J. B. & Fandal, A. W. *Denver Developmental Screening Test: Manual/Workbook for Nursing Paramedical Personnel*. Denver, University of Colorado Medical Center, 1973.

Freitag, B. *Estado, Escola & Sociedade*. 6ª ed. São Paulo, Moraes, 1980.

Galindo, Marly Bittencourt. *Interdisciplinaridade na Graduação de Enfermagem*. São Paulo, Universidade Federal de São Paulo, 2006.

Gastaldo, D. M. & Meyer, D. E. "A Formação da Enfermeira: Ênfase na Conduta em Detrimento do Conhecimento". *Revista Brasileira de Enfermagem*, 42 (1/4), pp. 7-13, 1989.

GEORGE, G. B. *Teorias de Enfermagem*. Porto Alegre, Artes Médicas, 2001.

GEOVANNI, Telma *et al. História da Enfermagem: Versões e Interpretações*. 2ª ed. Rio de Janeiro, Revinter, 2002.

GERMANO, R. M. *Educação e Ideologia da Enfermagem no Brasil*. São Paulo, Cortez, 1983.

GOMES, T. O.; ALMEIDA FILHO, A. J. & BATISTA, S. S. "Enfermeiras-religiosas na Luta por Espaço no Campo da Enfermagem". *Revista Brasileira de Enfermagem*, 58 (3), pp. 361-366, 2005.

GOMES, T. O. *et al.* "Enfermeiras Católicas em Busca de Melhores Posições no Campo da Educação e da Prática em Enfermagem nos Anos 40 e 50 no Brasil, Século XX". *Texto & Contexto – Enfermagem*, 14 (4), pp. 506-512, 2005.

GUÍMARO, Ana Luiza & PRATA, Leonel (eds.). *A Universidade da Saúde: Escola Paulista de Medicina 70 Anos (1933-2003)*. São Paulo, Gabarito de Marketing Editorial, 2003.

GUTIÉRREZ, Maria Gaby Rivero de *et al.* "O Programa de Pós-graduação em Enfermagem da Universidade Federal de São Paulo". *Acta Paulista de Enfermagem*, 11 (n. esp.), 1998.

______. "Seguimento de Egressos do Programa de Pós-graduação em Enfermagem da Universidade Federal de São Paulo" [resumo]. In: *II Encontro Internacional de Pesquisa em Enfermagem*, out. 2002, pp. 28-31, Livro-Programa. Águas de Lindoia, São Paulo, 2002, p. 214.

______. "Acompanhamento e Avaliação da Pós-graduação no Brasil: Retrospectiva Histórica da Representação da Enfermagem". *Escola Anna Nery Revista de Enfermagem*, 5 (2), pp. 161-172, 2001.

HORTA, Wanda A. *Processo de Enfermagem*. São Paulo, EPU, 1979.

ITO, E. E. *et al.* "O Ensino de Enfermagem e as Diretrizes Curriculares Nacionais: Utopia *x* Realidade". *Revista da Escola de Enfermagem, USP*, 40 (4), pp. 570-575, 2006.

JOHNSON, M.; MAAS, M. & MOORHEAD, S. *Classificação dos Resultados de Enfermagem (NOC)*. 2ª ed. Porto Alegre, Artmed, 2004.

LACAZ, Carlos da Silva. *Três Escolas de Medicina de São Paulo*. São Paulo, Antonio Bellini, s. d.

LARGURA, Marília. *Madre Marie Domineuc*. São Paulo, ed. do autor, 2007.

LEME, Maria Alice Vanzolini da Silva. *O Retorno Social do Investimento Público e Privado na Academia: um Estudo de Caso*. São Paulo, Fesbe, 2004.

LISBOA, Karen M. "Comemorações, Memória, História e Identidade". In: RODRIGUES, Jaime (org.). *A Universidade Federal de São Paulo aos 75 Anos: Ensaios sobre História e Memória*. São Paulo, Editora Unifesp, 2008, pp. 35-91.

MACHADO, Roberto M. C. (org.). *Danação da Norma: Medicina Social e Constituição da Psiquiatria no Brasil*. Rio de Janeiro, Graal, 1978.

MARINHO, A.; MORENO, A. B. & CAVALINI, L. T. *Avaliação Descritiva da Rede Hospitalar do Sistema Único de Saúde (SUS)/Descritive Valuation of Hospitalar Net of Sistema Único de Saúde (SUS)*. Rio de Janeiro, PPEA, dez. 2001, 35 p. tab. (Texto para Discussão, 848).

MORAES, Maria Auxiliadora M. de. *O Legado Histórico das Mulheres Provedoras de Cuidado*. São Paulo, Universidade Federal de São Paulo, 1998 (dissertação de mestrado).

MORIYA, Tokico Murakawa *et al. Pós-graduação "Stricto Sensu" em Enfermagem: um Estudo de Seu Desenvolvimento no Brasil*. Ribeirão Preto, Fundação Instituto de Enfermagem de Ribeirão Preto, 1998.

NAKAMAE, D. D. *Bases para o Encaminhamento da Questão do Ensino de Enfermagem*. São Paulo, EEUSP, 1986 (tese de doutorado).

NASCIMENTO, Estelina Souto do *et al. Criação, Quotidiano e Trajetória da Escola de Enfermagem da UFMG: um Mergulho no Passado*. Belo Horizonte, Escola de Enfermagem da UFMG, 1999.

NEMI, Ana Lúcia L. "A Escola Paulista de Medicina entre Tradição e Modernidade (1933-1956)". In: RODRIGUES, Jaime (org.). *A Universidade Federal de São Paulo aos 75 anos: Ensaios sobre História e Memória*. São Paulo, Editora Unifesp, 2008, pp. 93-140.

NEWCOMB, Mary Ann. *Bebês e Objetos*. Rio de Janeiro, Pestalozzi do Brasil, 1978.

NORTH American Nursing Diagnosis Association (Nanda), Edição Comemorativa 25 Anos. Porto Alegre, Artmed, 2000.

NOTÍCIAS da ABEn – Seção de S. Paulo, n. 4, maio 1962.

NUNES, Maria José Rosado. "Freiras no Brasil". In: PRIORE, Mary Del (org.). *História das Mulheres no Brasil*. 7ª ed. São Paulo, Contexto/Editora da Unesp, 2004.

OGUISSO, Taka. "Influência Francesa na Enfermagem Brasileira". *Revista Paulista de Enfermagem*, 23 (3/4), 2005.

OGUISSO, Taka & FREITAS, Genival Fernandes de. "Ensino e Pesquisa sobre História da Enfermagem na Graduação e Pós-graduação da Escola de Enfermagem da Universidade de São Paulo". *R. de Pesq.: Cuidado é Fundamental*, 9 (1/2), pp. 79-91, 2005.

OLIVEIRA, F. V. S. *Associação Brasileira de Enfermagem: Mudanças e Continuidades? A Propósito do Movimento Participação (1979/1989)*. Natal, UFRN, 1990 (dissertação de mestrado).

PACHECO, José Augusto & CUNHA, Luiz Antônio. "A Presença da Religião no Currículo das Escolas Públicas Portuguesas e Brasileiras no Período do Estado Novo". *Actas do VII Congresso Luso-Brasileiro de História da Educação*. Porto, Universidade do Porto, jun. 2008. Disponível em http://web.letras.up.pt/7clbheporto/trabalhos_finais/eixo2/IB2098.pdf, acesso em jan. 2009.

PADILHA, Maria Itayra Coelho de Souza. "A Mulher/Enfermeira nos Âmbitos Doméstico-familiar e Público: uma Abordagem Teórica-contextual". *Revista da Escola de Enfermagem da USP*, 29 (3), pp. 246-260, 1995.

PADILHA, Maria Itayra Coelho de Souza; MAZÁRIO, Nazaré Otília & STIPP, Marluce Andrade Conceição. "O Legado e o (Re)negado: a Enfermagem e as Ordens/Associações Religiosas". *Texto & Contexto – Enfermagem*, 7 (1), pp. 71-89, 1998.

PADILHA, Maria Itayra Coelho de Souza; VAGHETTI, Helena Heidtmann & BRODERSEN, Gladys. "Gênero e Enfermagem: uma Análise Reflexiva". *Revista de Enfermagem da UERJ*, 14 (2), pp. 292-300, abr.-jun. 2006.

PADILHA, Maria Itayra Coelho de Souza *et al.* "Enfermeira: a Construção de um Modelo de Comportamento a partir dos Discursos Médicos do Início do Século". *Revista Latino-Americana de Enfermagem*, 5 (4), pp. 25-33, out. 1997.

PAIM, Lygia. "A Formação de Enfermeiros no Brasil na Década de 70". *Revista Brasileira de Enfermagem*, 54 (2), pp. 185-196, 2001.

PAULY, Evaldo Luis. "O Dilema Epistemológico do Ensino Religioso". *Revista Brasileira de Educação*, n. 27, dez. 2004. Disponível em http://www.scielo.br/scielo.php?script=sci_arttext&pid=S1413-24782004000300012&lng=pt&nrm=iso, acesso em nov. 2008.

PÊGAS, Rosimere Rosemira da Silva. *Os Desafios da Formação: o Enfermeiro no Contexto Hospitalar*. Santos, Unisantos, 2006 (dissertação de mestrado). Disponível em http://biblioteca.unisantos.br/tede/tde_busca/arquivo.php?codArquivo=38, acesso em nov. 2008.

PEREIRA, Álvaro. "Reflexões sobre a Evolução da Enfermagem e o Surgimento do Homem na Profissão". *Acta Paulista de Enfermagem*, 4 (2/4), pp. 49-54, jun.-dez. 1991.

PERRY, C. P. *et al.* "Experiência de Trabalho Comunitário no Jardim Sabiá". *Ciência e Cultura*, Simpósio II, SBPC, Brasília, pp. 67-92, 1976.

PIRES, Denise. *Hegemonia Médica na Saúde e a Enfermagem: Brasil 1500 a 1930*. São Paulo, Cortez, 1989.

RIBEIRO, Lourival. "Velhos e Novos Conceitos sobre os Profissionais de Enfermagem no Brasil". *Anais de Enfermagem*, 7 (1), pp. 42-54, 1954.

RIBEIRO, Maria Alice Rosa. *História do Sem Fim... Inventário da Saúde Pública São Paulo – 1880-1930*. São Paulo, Editora da Unesp, 1993.

RODRIGUES, Jaime (org.). *A Universidade Federal de São Paulo aos 75 Anos: Ensaios sobre História e Memória*. São Paulo, Editora Unifesp, 2008.

RODRIGUES, Maria Socorro Pereira. "De Fada e Feiticeira à Sua Imagem Atual. A Mulher Enfermeira: Cuidadora, Gerente, Pesquisadora". *Texto & Contexto – Enfermagem*, 6 (1), pp. 104-117, jan.-abr. 1997.

SCHIRMER, Janine. "Editorial". *Acta Paulista de Enfermagem*, 9 (1), jan.-abr. 1996.

SCHIRMER, Janine *et al.* "Enfermagem Obstétrica: 60 Anos de História". *Acta Paulista de Enfermagem*, 13 (n. esp., parte 2), pp. 73-75, 2000.

SEABRA, T. M. R. *A Dimensão Psicossocial do Cuidar na Enfermagem: a Expressão Representacional da Práxis*. São Paulo, USP, 1999 (dissertação de mestrado).

SECAF, Victoria & COSTA, Hebe C. Boa-Viagem. *Enfermeiras do Brasil: História das Pioneiras*. São Paulo, Martinari, 2007.

SILVA JR., Osnir Claudiano da & MIRANDA, Cristina Maria Loyola. "A Suave Presença do Anjo Branco: a Enfermagem, uma História de Mulheres". *Cadernos de Pesquisa*, 3 (1), jan.-mar. 1999.

SILVA, Conceição Vieira da *et al.* "Avaliação das Atividades Desenvolvidas pelas Egressas do Curso de Doutorado em Enfermagem Materna e Infantil da Unifesp". *Acta Paulista de Enfermagem*, 12 (1), pp. 9-18, 1999.

SILVA, Márcia Regina B. da. *Estratégias da Ciência: a História da Escola Paulista de Medicina (1933-1956)*. Bragança Paulista, Edusf, 2003.

SILVA, Maria Regina Guimarães. *A Criação da Escola de Enfermeiras do Hospital São Paulo e o Desenho do Seu Primeiro Currículo (1939-1942)*. São Paulo, Universidade Federal de São Paulo, 2007 (dissertação de mestrado).

SOBRAL, Vera R. S. *et al.* "De Florence a DuLoren". *Revista de Enfermagem da UERJ*, 4 (1), pp. 103-112, maio 1996.

SOUZA, Mariana Fernandes de. "O Ensino de Graduação em Enfermagem no Departamento de Enfermagem da Escola Paulista de Medicina: Sua Relação com o Estágio de Desenvolvimento da Profissão". *Anais do Jubileu de Ouro do Curso de Graduação em Enfermagem da Escola Paulista de Medicina*. São Paulo, EPM, 1989, pp. 47-56.

VAGHETTI, Helena & VAZ, Marta Regina C. "Década de 40: Uma Reflexão sobre o Contexto Socioeconômico e Político Brasileiro e Sua Influência na Enfermagem". *Texto & Contexto – Enfermagem*, 7 (1), pp. 9-26, 1998.

VALE, Eucléa G. & FERNANDES, Josicélia D. "Ensino da Graduação em Enfermagem: a Contribuição da Associação Brasileira de Enfermagem". *Revista Brasileira de Enfermagem*, 59 (n. esp.), pp. 417-422, 2006.

VALLE, José Ribeiro do. *A Escola Paulista de Medicina: Dados Comemorativos de seu 40º Aniversário (1933-1973) e Anotações Recentes*. São Paulo, Revista dos Tribunais, 1977.

VALLOSO, Jacques. "Introdução". In: VALLOSO, Jacques (org.). *A Pós-graduação no Brasil: Formação de Mestres e Doutores no País*. Brasília, Capes, 2002, pp. 35-37.

VIANNA, Lucila Amaral Carneiro. "Enfermagem: da Vida Abnegada à Auto-determinação Profissional". *Acta Paulista de Enfermagem*, 13 (n. esp.), parte 1, pp. 17-26, 2000.

Vietta, E. P. *et al.* "Tomada de Depoimento Pessoal de Enfermeiras Hospitalares da Década de 50: Subsídios para a Compreensão da Enfermagem Atual". *Revista Latino-Americana de Enfermagem*, 3 (2), pp. 19-35, 1995.

Wright, Maria da Gloria Miotto; Paim, Lygia & Rodrigues, Kazue Horigoshi. "Enfermagem. Seplan – cnpq". *Avaliação & Perspectivas*, Brasília, 6, pp. 135-191, 1983.

FONTES

Documentos Oficiais

Borges, Durval. *Relatório do Pró-Reitor de Graduação da Unifesp (jul. 1995--jul. 1999)*. São Paulo, Universidade Federal de São Paulo, 1999.

Brasil. Ministério da Saúde. Secretaria de Assistência Médica. Coordenação de Projeto Materno-Infantil. *Creches: Instruções para Instalação e Funcionamento*. Rio de Janeiro, 1972.

Documento de área. Período de avaliação: 1998/2000. Área de Avaliação: Enfermagem. Disponível em http://www1.capes.gov.br/DistribuicaoArquivos/Avaliacao/Arquivos/2000/Doc_Area/2000_020_Doc_Area.pdf, acesso em fev. 2009.

Documento de área. Período de avaliação: 2001/2003. Área de Avaliação: Enfermagem. Disponível em http://www1.capes.gov.br/DistribuicaoArquivos/Avaliacao/Arquivos/2003/Doc_Area/2003_020_Doc_Area.pdf, acesso em fev. 2009.

Infocapes. "1º Plano Nacional de Pós-graduação, 1975". *Boletim Informativo da Capes*. Brasília, Capes, 6 (1), pp. 13-49, 1998.

mec/capes. *Comissão de Avaliação dos Programas/Cursos de Enfermagem. Avaliação Triênio 2004-2006 dos Programas/Cursos da Área de Enfermagem*, ago. 2007. Disponível em http://conteudoweb.capes.gov.br/conteudoweb/VisualizadorServlet?nome=33009015/020/2006_020_33009015035P2_Ficha.pdf&aplicacao=avaliacaotrienal&idEtapa=2&ano=2006&tipo=divulga, acesso em fev. 2009.

______. *Plano Nacional de Pós-graduação (pnpg) 2005-2010*. Brasília, Capes, 2004. Disponível em http://www.capes.gov.br/servicos/plano-nacional-de-pos-graduacao, acesso em mar. 2009.

PROGRAMA de Pós-graduação em Enfermagem da Unifesp. *Projeto de Unificação dos Cursos de Pós-graduação em Enfermagem. Documento da Comissão de Ensino de Pós-graduação*, 1995.

Entrevistas[1]

Alba Lucia Bottura Leite de Barros, em 18 de novembro de 2008, a Jaime Rodrigues e Silvia Helena de Araújo Bueno.

Amélia Maria Scarpa de Albuquerque Maranhão, em 12 de novembro de 2008, a Jaime Rodrigues, Márcia Barbieri e Silvia Helena de Araújo Bueno.

Laís Helena Ramos, em 17 de outubro de 2008, a Jaime Rodrigues e Silvia Helena de Araújo Bueno.

Lúcia Takasi Gonçalves, em 22 de outubro de 2008, a Jaime Rodrigues.

Lucila Amaral C. Vianna, em 13 de outubro de 2008, a Jaime Rodrigues e Silvia Helena de Araújo Bueno.

Márcia Barbieri, em 10 de outubro de 2008, a Jaime Rodrigues e Silvia Helena de Araújo Bueno.

Maria Adonai [madre], s. d., a Maria Lúcia Mott. Projeto "Lembranças do Nascimento: Parto e Parteiras em São Paulo (1930-1980)", coordenado por Maria Lúcia Mott e Maria Luiza Riesco.

Maria Áurea Vieira da Cruz [madre], em 18 de dezembro de 2007, a professoras do Departamento de Enfermagem e a Jaime Rodrigues.

Maria de Santo Antão [madre], em 18 de dezembro de 2007, a professoras do Departamento de Enfermagem.

Maria Gaby Rivero de Gutiérrez, em 3 de outubro de 2008, a Jaime Rodrigues e Silvia Helena de Araújo Bueno.

Mariana Fernandes de Souza, em 17 de outubro de 2008, a Jaime Rodrigues.

Marianna Augusto, em 29 de setembro de 2008, a Jaime Rodrigues, Sônia Regina Pereira e Silvia Helena de Araújo Bueno.

Rosa Aparecida Pimenta de Castro, em 14 de outubro de 2008, a Jaime Rodrigues.

1. Salvo indicação em contrário, as entrevistas foram concedidas para o projeto que resultou neste livro, intitulado *Memórias do Cuidar: Setenta Anos da Escola de Enfermagem*.

Legislação[2]

Decreto n. 791, de 27 de setembro de 1890. Disponível em http://www6.senado.gov.br/legislacao/ListaPublicacoes.action?id=69617.

Decreto n. 19.941, de 30 de abril de 1931. Disponível em http://www6.senado.gov.br/legislacao/ListaPublicacoes.action?id=41530.

Decreto n. 20.109, de 15 de junho de 1931. Disponível em http://www6.senado.gov.br/legislacao/ListaPublicacoes.action?id=36500.

Decreto n. 2.956, de 10 de agosto de 1938. Disponível em http://www6.senado.gov.br/legislacao/ListaPublicacoes.action?id=100975.

Lei n. 775, de 6 de agosto de 1949. Disponível em http://www6.senado.gov.br/legislacao/ListaPublicacoes.action?id=106735.

Lei n. 2.604, de 17 de setembro de 1955. Disponível em http://www6.senado.gov.br/legislacao/ListaPublicacoes.action?id=110603.

Decreto n. 79.656, de 4 de maio de 1977. Disponível em http://www6.senado.gov.br/legislacao/ListaPublicacoes.action?id=208539.

Decreto n. 9.101, de 24 de março de 1952. Disponível em http://www6.senado.gov.br/legislacao/ListaPublicacoes.action?id=37678.

Decreto n. 36.726, de 3 de maio de 1955. Disponível em http://www6.senado.gov.br/legislacao/ListaPublicacoes.action?id=168254.

Lei n. 2.995, de 10 de dezembro de 1956. Disponível em http://www6.senado.gov.br/legislacao/ListaPublicacoes.action?id=111339.

Decreto n. 62.689, de 10 de maio de 1968. Disponível em http://www6.senado.gov.br/legislacao/ListaPublicacoes.action?id=193704.

Lei n. 5.540, de 28 de novembro de 1968. Disponível em http://www6.senado.gov.br/legislacao/ListaPublicacoes.action?id=102363.

Lei n. 8.069 de 13 de julho de 1990. Disponível em http://www6.senado.gov.br/legislacao/ListaPublicacoes.action?id=102414.

Lei n. 8.080, de 19 de setembro de 1990. Disponível em http://www6.senado.gov.br/legislacao/ListaPublicacoes.action?id=134238.

Portaria n. 1.721, de 16 de dezembro de 1994. *Diário Oficial da União*, Brasília, 16 de dezembro de 1994, Seção 1: 19301-19302.

2. Todos os documentos acessados em jan. 2010.

Lei n. 9.394, de 20 de dezembro de 1996. Disponível em http://www6.senado.gov.br/legislacao/ListaTextoIntegral.action?id=75723.

Resolução CNE/CES n. 3, de 7 de novembro de 2001. *Diretrizes Curriculares Nacionais do Curso de Graduação em Enfermagem*. Brasília, 2001.

Portaria Interministerial n. 2.118, de 3 de novembro de 2005. *Diário Oficial da União*, Brasília, 4 nov. 2005, Seção 1, p. 112.

Manuscritos e Impressos

Acervo Histórico do Denf-Unifesp/EPE:

Livro 1 – Histórico da Escola de Enfermeiras do HSP (1939-1942).

Livro 2 – Atas da Associação das Alunas Enfermeiras do Hospital São Paulo.

Livro de Atas de Reuniões do Conselho Diretor da EEHSP.

Acervo Centro de História e Filosofia das Ciências da Saúde-Unifesp:

Pasta 208 – Enfermagem.

Arquivo da Reitoria da Unifesp:

Livro de Atas do CTA, vol. II.

Livro de Atas do CTA, vol. III.

Livro de Atas do CTA, vol. VI.

Arquivo da Prograd-Unifesp:

Caixa 1195 – Inspetoria Federal, Enfermagem (1945 a 1949).

Caixa 1196 – Inspetoria Federal, Enfermagem (1950 a 1953).

Caixa 1197 – Inspetoria Federal, Enfermagem (1957).

Caixa 1198 – Inspetoria Federal, Enfermagem (1959 a 1963).

Caixa 1223 – Inspetoria Federal, Medicina (1938 a 1939).

Caixa 1224 – Inspetoria Federal, Medicina (1940 a 1942).

Caixa 1225 – Inspetoria Federal, Medicina (1944 a 1944).

Caixa 1226 – Inspetoria Federal, Medicina (1945 a 1946).

Caixa 1227 – Inspetoria Federal, Medicina (1946 a 1947).

Processo 59, Arquivo 4, Pasta 64.

Arquivo da Cúria Metropolitana de São Paulo:

Boletim Eclesiástico, 17 (13), ago. 1940.

Boletim Eclesiástico, 17 (2), set. 1939.

Livro de Tombo da Cúria Metropolitana de São Paulo (1931-1941), Livro 19-2-35.

Pasta CBA 03-03-04 (Correspondência dos bispos e arcebispos/Franciscanas Missionárias de Maria, 1935-1972).

Pasta CBA 04-03-23 (Correspondência dos bispos e arcebispos, D. Duarte Leopoldo e Silva, 1938).

Pasta CBA 04-03-25 (Correspondência dos bispos e arcebispos, D. José Gaspar de Afonseca e Silva, 1939).

Sobre os Autores Colaboradores

ALBA LUCIA BOTTURA LEITE DE BARROS.
Enfermeira. Professora Titular do Departamento de Enfermagem da Unifesp. Chefe do Departamento de Enfermagem da Unifesp.

ANA CRISTINA PASSARELLA BRÊTAS.
Enfermeira. Socióloga. Professora associada do Departamento de Enfermagem da Unifesp.

EDVANE B. L. DE DOMENICO.
Enfermeira. Doutora em Enfermagem pela Escola de Enfermagem da Universidade de São Paulo. Professora adjunta do Departamento de Enfermagem, Disciplina de Fundamentos de Enfermagem e Enfermagem Médico-cirúrgica da Unifesp.

JAIME RODRIGUES.
Professor adjunto de História do Brasil da Unifesp. Doutor em História Social pela Unicamp.

JANINE SCHIRMER.
Enfermeira obstetra. Professora titular do Departamento de Enfermagem da Unifesp. Coordenadora do programa de pós-graduação em Enfermagem da Unifesp.

MÁRCIA BARBIERI.
Enfermeira obstetra. Professora associada da Disciplina de Enfermagem Obstétrica do Departamento de Enfermagem da Unifesp.

MARIA DAS GRAÇAS BARRETO DA SILVA.
Professora assistente da Disciplina de Enfermagem Pediátrica da Unifesp. Coordenadora do projeto de extensão Grupo de Massagem e Estimulação de Bebês (GMEB).

MARIA GABY RIVERO DE GUTIÉRREZ.
Professora associada e livre-docente do Departamento de Enfermagem, Disciplina de Fundamentos de Enfermagem e Enfermagem Médico-cirúrgica da Unifesp. Pesquisadora bolsista de Produtividade em Pesquisa do CNPq.

MARIA ISABEL SAMPAIO CARMAGNANI.
Professora adjunta da Disciplina de Saúde Pública e Administração Aplicada à Enfermagem do Departamento de Enfermagem da Unifesp. Diretora de enfermagem do HSP.

MARIANA FERNANDES DE SOUZA.
Enfermeira. Mestre em Enfermagem pela Universidade de São Paulo. Doutora em Ciências pela Universidade Federal do Rio Grande do Sul. Pós-doutorado no Teachers College da Columbia University, EUA. Livre-docente pela UFRGS. Professora titular do Departamento de Enfermagem da Unifesp.

MAVILDE DA LUZ GONÇALVES PEDREIRA.
Professora adjunta da Unifesp. Vice-coordenadora do programa de pós-graduação em Enfermagem da Unifesp. Pesquisadora bolsista de Produtividade em Pesquisa do CNPq.

Sônia Regina Pereira.
Professora adjunta da Disciplina de Enfermagem Pediátrica do Departamento de Enfermagem da Unifesp. Coordenadora de ensino e pesquisa da Diretoria de Enfermagem do HSP/SPDM.

Silvia Helena Araújo Bueno e
Maurício Antunes de Oliveira Soares.
Graduandos em História na Unifesp e bolsistas de iniciação científica do Pibic/CNPq. Atuaram na coleta e transcrição de entrevistas e na organização e descrição do Acervo Histórico do Denf-Unifesp/EPE, respectivamente.

TÍTULO	*Memórias do Cuidar*
	Setenta Anos da Escola Paulista de Enfermagem
ORGANIZADORES	Márcia Barbieri e Jaime Rodrigues
PRODUÇÃO	Fabio Kato
	Adriana Garcia
EDITORAÇÃO DE TEXTO	Aristóteles Angheben Predebon
PREPARAÇÃO DE TEXTO	Jonathan Busato
REVISÃO DE TEXTO	José de Souza Muniz Jr.
PROJETO GRÁFICO E EDITORAÇÃO ELETRÔNICA	Fabio Kato
CAPA	Adriana Garcia
SECRETARIA EDITORIAL	Fernanda Dias de Godoi Ornaghi
DIVULGAÇÃO	Mariana Forones
FORMATO	16 x 23 cm
TIPOLOGIA	Adobe Garamond Pro 11,8 / 15,5 pt
PAPEL	Polen Soft 80 g/m^2
NÚMERO DE PÁGINAS	280
TIRAGEM	1500
IMPRESSÃO E ACABAMENTO	Lis Gráfica